Tejer punto
paso a paso

TIKAL

Dirección editorial: Isabel Ortiz
Realización: Atelier de Revistas SL
Edición: Maite Martín
Asesoría técnica: Lídia Pons
Corrección: Loly Crispín
Diseño y maquetación: David Anglès
Fotografías: Mar C. Llop
Preimpresión: Miguel Ángel San Andrés

© SUSAETA EDICIONES, S.A. - Obra colectiva
Tikal Ediciones
C/ Campezo, 13 - 28022 Madrid
Tel.: 91 3009100 - Fax: 91 3009118
www.susaeta.com

Índice

Los egipcios y los romanos ya tejían fibras vegetales con dos agujas para confeccionar alfombras y prendas. Durante siglos, las abuelas hicieron calceta, y hoy se ha recuperado esta bella artesanía. Tejer punto se ha convertido en la manualidad de moda, ideal tanto para decorar la casa como para crear prendas para toda la familia.

Este libro recoge cuanto necesitas saber para empezar a tejer tus propias labores. Desde cómo montar los puntos hasta las explicaciones para tejer los calados más delicados. Esta es una guía que ayuda a principiantes y aconseja a las tejedoras más expertas en nuevos puntos y labores. Siempre con detalladas explicaciones paso a paso y completos gráficos y patrones.

Materiales

Tipos de hilos

A la hora de tejer, el abanico de opciones es amplio y variado: fibras naturales como el algodón, el lino o la seda, sintéticas como acrílicos o poliéster, e incluso combinaciones de distintas fibras para aprovechar las cualidades de ambas. Cada tipo de fibra ofrece como resultado un tejido diferente, por lo que es importante elegir bien el tipo de hilo para cada proyecto. Estos son los más comunes.

Los hilos pueden pertenecer a dos grandes familias de fibras, las naturales o las sintéticas, de procedencia química. Las **fibras naturales**, se tejen con hilos de procedencia animal, como la lana o la seda, y con pelo de otros animales, como la alpaca o la llama. El mundo vegetal ofrece también tallos y frutos para preparar fibras con las que tejer. Es el caso del algodón, el lino, el cáñamo e incluso el yute. La gran ventaja de las fibras naturales es su inigualable tacto y su gran calidad. Son hilos transpirables que regulan la temperatura del cuerpo, por lo que resultan los más indicados para tejer prendas que vayan a estar en contacto directo con la piel.

En cuanto a las **fibras sintéticas**, las hay fabricadas con celulosa, como la viscosa o el rayón; con polímeros sintéticos, como el poliéster o la poliamida... Todas ellas presentan una doble ventaja: su resistencia al lavado y su bajo precio.

En los últimos años, la tendencia es **mezclar los distintos tipos de fibras** para lograr hilos que combinen lo mejor de cada material. Así, la lana suele mezclarse con fibra sintética para hacerla más resistente, o se combina con fibras muy suaves como la angora o el mohair para lograr una suavidad extrema. Incluso se comercializan hilos con lentejuelas o cuentas para lograr vistosos **efectos de fantasía**.

Todos los tipos de hilos se fabrican en hilaturas de distinto grosor, para adaptarse al tipo de labor que se quiera realizar. Las fibras más finas deben tejerse con agujas de diámetro pequeño, y con ellas se obtienen tejidos tupidos y ligeros. Las hilaturas más gruesas, en cambio, precisan de agujas de mayor diámetro y se tejen con mayor rapidez.

Lana ❯

Muy resistente y de gran capacidad aislante, la lana ofrece tantas variedades como tipos de ovejas de las que se obtiene. Se presenta hilada en diferentes grosores y ofrece prendas duraderas. Cálida y suave, es uno de los hilos preferidos para tejer prendas de punto.

Lana merino ❯

Considerada la más suave de todas las lanas, la merino es una gran elección para las prendas de invierno, ya que mantiene la temperatura del cuerpo. De alta calidad, sus fibras son muy finas y minimizan el riesgo de alergias o irritaciones. Es ideal para tejer ropa de bebé.

Lana *superwash* ❯

Esta lana superlavable es fruto de un tratamiento que evita el fieltrado de la fibra, permitiendo que pueda lavarse en lavadora con total garantía. Se recomienda hacerlo con el programa delicado a una temperatura máxima de 30 grados y no utilizar suavizante.

◄ Seda

La seda es la única fibra que la naturaleza ofrece ya hilada. Se puede adquirir con su característico acabado brillante o con sugerente aspecto rústico, fruto de fibras más cortas e irregulares. Ambas ofrecen tejidos con mucha caída.

◄ Lino

Es la fibra más antigua que existe y, aunque su color original es crudo, puede encontrarse teñida en infinidad de colores gracias a su gran capacidad de absorción. Es una fibra ligera, suave, fresca y seca, ideal para el verano.

◄ Viscosa

Esta fibra manufacturada procede de una sustancia natural, la celulosa. También llamada rayón, la viscosa es suave, ligera y fresca, ideal para prendas de verano. Es transpirable, muy absorbente y de tacto muy confortable, aunque se arruga fácilmente.

Algodón ›

La fibra del algodón es fresca y suave, ideal para los climas cálidos. Además, es transpirable y no provoca alergias en la piel. Combinada con otras fibras aumenta su elasticidad y resistencia. El algodón natural más apreciado procede de cultivos orgánicos.

Algodón mercerizado ›

La mercerización es un proceso químico por el que las fibras de algodón no encogen al lavarlas. En este procedimiento, el algodón adquiere un acabado sedoso y brillante y aumenta su capacidad de resistencia.

Algodón egipcio ›

Gracias a la longitud de las fibras de este tipo de algodón, se obtiene un hilo muy fino que resulta sedoso y suave al tacto. Ideal para prendas de bebé por su delicadeza, el algodón egipcio se caracteriza también por su aspecto lujosamente brillante.

Además del color, la principal característica de una fibra para tejer es su textura. Suavidad, resistencia, brillo o elasticidad son factores que debemos tener en cuenta a la hora de elegir el hilo para las labores de punto.

‹ Alpaca

Fibra proveniente del pelo del animal del mismo nombre, la alpaca es cálida y aislante. Con frecuencia se mezcla con lana para obtener hilaturas de mayor suavidad y elasticidad. Suele presentarse en su color natural, o bien en la gama de grises, crudos y marrones.

‹ Cachemira

También llamada *cashmere*, esta fibra procede de la pelusa más suave que cubre la piel de las cabras. Extremadamente fina y ligera, es muy apreciada por su suavidad y calidez. Las fibras son muy finas y pueden presentarse mezcladas con lana.

‹ Mohair

Muy suave y ligero, este hilo procedente de una raza turca de cabras puede presentar reacciones alérgicas, por lo que suele mezclarse con lana para evitarlo. Su fibra larga y de tacto sedoso es a la vez una de las más resistentes.

Angora ›

Procedente del pelo de un conejo de esta raza, es una de las fibras más esponjosas. Suave y agradable al tacto, es también muy ligera. Su principal inconveniente a la hora de tejerla es su escasa elasticidad, por lo que no es conveniente utilizarla si se busca resistencia.

Baby alpaca ›

Se obtiene del primer esquilado de las alpacas y es una de las fibras más suaves que existen. Es más cálida que la lana y muy transpirable, lo que unido a su ligereza la convierte en un material idóneo para tejer prendas para bebés.

Baby llama ›

Si bien la fibra que se obtiene de la llama es áspera, la que se obtiene del primer esquilado es suave y cálida. Al tejerla se obtienen prendas ligeras de gran capacidad aislante, por lo que resultan perfectas para tejer prendas de invierno como guantes y ponchos.

❮ Acrílico

Esta fibra sintética se utiliza como la lana, aunque no tiene su durabilidad y resistencia. Es ideal para prendas de mucho uso, ya que suele admitir bien el lavado a máquina. Muy económica, se comercializa en un sinfín de colores y grosores.

❮ Poliéster

Esta variedad de fibra sintética es extremadamente resistente, no se arruga y se lava con facilidad. Mucho más ligera que la lana, no es transpirable ni aislante térmicamente, como las fibras naturales, aunque ofrece una increíble resistencia a la deformación.

❮ Poliamida

Ligera y elástica, esta fibra sintética no se arruga y se seca con facilidad. Puede presentarse en acabado mate, imitando la lana o el algodón, o bien en hilos de mayor brillo. En contra, es poco transpirable debido a su escasa capacidad de absorción.

Con lentejuelas ❯

Ideales para tejer prendas de fiesta, algunas fibras se comercializan con lentejuelas o *paillettes* cosidas al hilo. La fibra base suele ser lana, algodón, mohair o acrílica.

Viscosa metalizada ❯

Esta mezcla de viscosa con fibras metálicas es perfecta para jugar a crear nuevas texturas y brillos en el tejido. A diferencia de las fibras metalizadas como el lúrex, es extremadamente agradable al cuerpo y no presenta problemas de alergia. Se lava bien.

Con cuentas ❯

Algunos hilos se decoran con cuentas o bolitas de plástico brillante o nacarado. Para tejerlos, hay que cuidar que las bolas queden siempre en el lado derecho de la labor.

Elegir la lana

Ovillos, madejas o trenzas. Son las tres formas en que se comercializan las fibras para tejer. La más habitual es el ovillo, seguida de la madeja, ambas mucho más cómodas que la trenza porque no es necesario prepararlas para trabajarlas con las agujas.

‹ Ovillo

Es la forma más común de adquirir las fibras naturales, como la lana o el algodón. Suele presentarse en dos medidas: 25 y 50 gramos, aunque hay lanas que llegan a los 100 en esta forma de presentación.

Madeja ›

Las fibras acrílicas suelen comercializarse en madejas de 100 gramos, que ofrecen mucha más capacidad que los ovillos.

‹ Trenza

Menos habitual que el ovillo o la madeja, la trenza de hilo se reserva para fibras naturales como la alpaca o la seda. Para trabajarla, es necesario ovillar antes la lana: lo más fácil es abrir la trenza y colocar la lana en el respaldo de una silla. Al preparar el ovillo, no se debe apretar demasiado.

 Cómo empezar un ovillo

Nunca debe cogerse el hilo exterior de un ovillo o madeja, sino tirar del hilo del hueco interior en el centro, para que no se mueva al ir tejiendo.

Supergruesa

Suele ser acrílico o mezcla, y es perfecto para tejer rápidamente prendas voluminosas, como bufandas o cuellos.

Mezcla

Las mezclas de fibras naturales con acrílico dan muy buen resultado en prendas de mucho desgaste, como chaquetas.

Fantasía

Poliéster y poliamida adoptan formas sugerentes como esta fibra que simula pequeñas plumas, ideal para decorar cuellos y puños.

Cinta de algodón

Este algodón hilado en cinta plana es la mejor opción para realizar calados en prendas frescas de verano.
Se teje muy fácilmente.

Las lanas más gruesas
se trabajan con agujas de
mayor diámetro y proporcionan
tejidos voluminosos.
Se tejen con mucha
rapidez y son ideales
para principiantes.

Cuidar las prendas

Haz que tus proyectos de punto tejido estén más tiempo como nuevos cuidando cada tipo de fibra como requiere. Algodón, lino o lana necesitan cuidados distintos, y todos ellos están detallados en las etiquetas de cada ovillo. Este es el diccionario para saber interpretarlas y hacer que tus prendas estén siempre impecables.

❮ Leer bien la etiqueta

Todos los ovillos y madejas llevan una etiqueta en la que se especifica no solo su composición y el número de lote (vital para garantizar un único tono en toda la labor), sino también los cuidados que después necesitaremos tener con la prenda. Lavado, secado, uso de blanqueadores, limpieza en seco o instrucciones de planchado, todo está en la etiqueta de la lana. Consérvala siempre para cuidar mejor tus prendas y creaciones de punto.

No usar blanqueador

Acepta todo tipo

Solo blanqueador con cloro

Solo blanqueador sin cloro

! Guardar las etiquetas

Para no confundirse a la hora de cuidar una prenda de punto, lo ideal es recortar la etiqueta del ovillo, pegarla en una libreta y anotar a qué labor pertenece.

Tender en plano

Tender colgado

No tender

No secar a máquina

Puede secarse a máquina

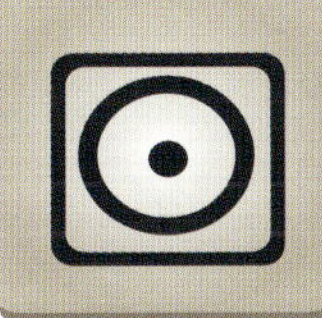

Secadora a temperatura baja

Secadora a temperatura media

Secadora a temperatura alta

Secadora sin aire caliente

Admite lavado en seco

No admite lavado en seco

Lavado húmedo profesional

Admite percloretileno

Admite cualquier solvente

Solo admite solventes de petróleo

No planchar

Planchar a baja temperatura

Planchar a temperatura media

Planchar a temperatura alta

Planchar con vapor

No planchar con vapor

Cómo tratar cada tipo de fibra

La etiqueta de los ovillos indica los cuidados necesarios para cada tipo de hilo, aunque si se ha perdido puede recurrirse a estas recomendaciones generales para cada tipo de fibra a la hora de lavar, secar y planchar. En caso de duda, lavar siempre a mano con jabón neutro, tender en plano a la sombra y planchar a baja temperatura con vapor.

Algodones

Admite agua caliente, aunque para evitar que encoja no se recomienda hacerlo a más de 30°.

Tender en plano. Puede utilizarse la secadora con ciclo corto.

A alta temperatura (200°), siempre con vapor para mantener el tejido húmedo.

Lanas

Lavar a mano en agua fría o tibia, con jabón neutro y sin frotar. Pueden utilizarse los ciclos especiales para lana de la lavadora.

No secar en secadora. Tender en plano.

Planchar a temperatura media (150°) interponiendo entre la plancha y la prenda un paño húmedo.

Fibras naturales

Puede lavarse a mano en agua tibia (máximo 30°) y jabón neutro, aunque algunas, como la seda, quedan mejor con la limpieza en seco.

Secar a la sombra, para evitar la pérdida de los colores. No utilizar secadora.

Temperatura media con vapor para no desgarrar las fibras al planchar.

Lanas con pelo

 Lavar a mano con agua tibia y jabón neutro, sin frotar.

 No utilizar secadora. Tender en plano.

 Planchar a baja temperatura, con un paño ligeramente húmedo entre la plancha y la prenda para no dañar las fibras.

Fibras sintéticas

 Lavar en agua fría (máximo 30º). A mano o a máquina.

 No todas resisten la secadora, aunque sea ciclo corto. Mejor tender las prendas en plano para evitar que se deformen.

 Planchar a baja temperatura (110º).

Hilos decorados

 La presencia de cuentas, lentejuelas o hilos metálicos hace imprescindible el lavado a mano con agua tibia y jabón neutro, sin frotar.

 Tender en plano. No utilizar secadora

 Planchar a baja temperatura (110º), con un paño ligeramente húmedo para proteger la prenda de la suela de la plancha.

Quitapelusas, imprescindible

A veces, y por más cuidado que tengamos con las prendas, se forman las inevitables bolitas, fruto del roce. Existen máquinas quitapelusas, que funcionan con pilas, y que permiten eliminarlas de una pasada con total seguridad gracias al protector que cubre las cuchillas. Las pelusas y bolitas quedan en el depósito, que se vacía cómodamente. Un aliado imprescindible para cuidar las prendas de punto.

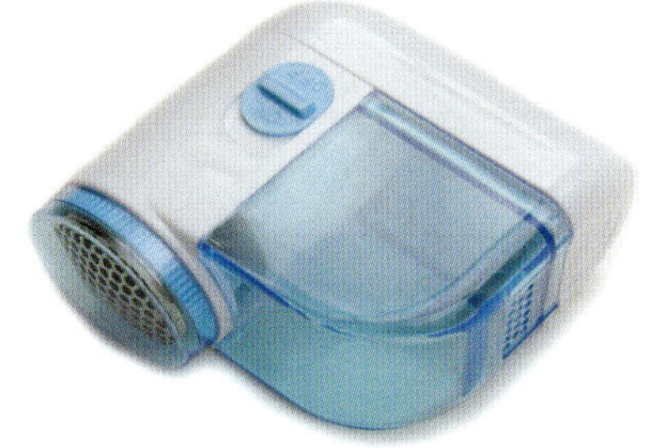

Agujas de tejer

Una misma lana adopta texturas distintas según el número de agujas elegido para tejerla. Las más finas crean tejidos tupidos y delicados, mientras que las más gruesas tejen con rapidez puntos muy holgados. Los fabricantes de lanas señalan en sus ovillos la medida recomendada de las agujas para cada fibra. En las tiendas especializadas pueden encontrarse en un amplio abanico de medidas: de los 1,5 mm de las más finas a los 25 mm de las más gruesas, aunque lo habitual es utilizar agujas de 2 a 15 mm.

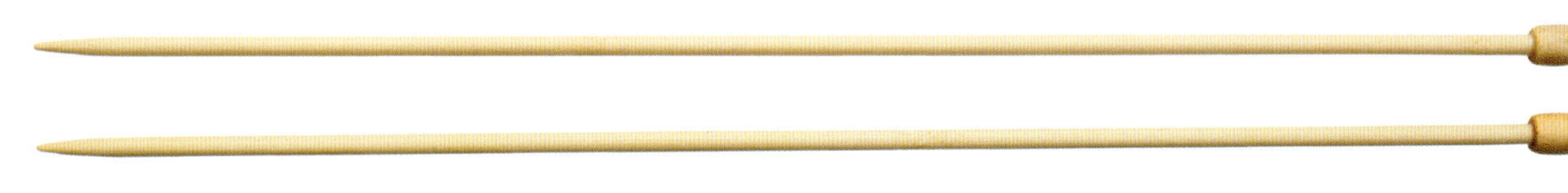

Agujas de madera o bambú

Ligeras y flexibles, los puntos se fijan bien en su superficie, por lo que resultan indicadas para hilos resbaladizos. Son las más apreciadas por su tacto cálido al trabajar la labor.

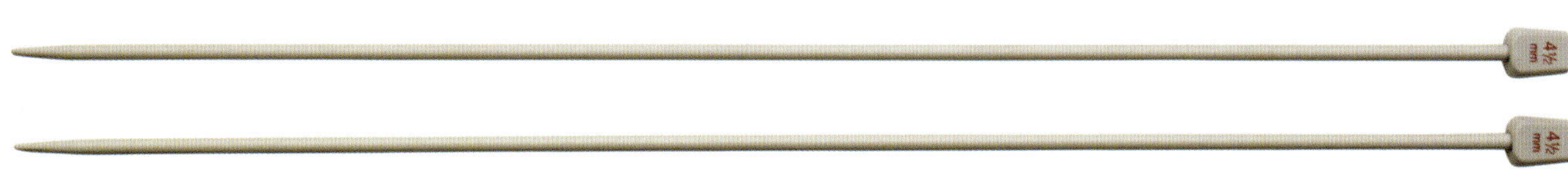

Agujas de acero o aluminio

Su acabado es más resbaladizo que el de la madera, por lo que son perfectas para tejer lanas y fibras rugosas o con acabado irregular. Estas agujas de metal se recomiendan para los tamaños más pequeños.

Agujas de plástico

Resultan muy cómodas por su ligereza y flexibilidad, y son las más recomendadas para las agujas más largas o más gruesas, por su escaso peso. No son recomendables para tejer hilos sintéticos.

Materiales	Indicado para	Número de las agujas	Agujas
Algodón fino y algodón egipcio	Ropa de bebé	2 mm 2,5 mm	
Algodón, lino, seda y viscosa	Tops y chaquetas de verano	3 mm 3,5 mm	
Algodón, algodón mercerizado, lana merino, angora y baby alpaca	Guantes, chales, jerséis de verano, ropa infantil	4 mm 4,5 mm	
Lanas medias, cachemira, mohair y lana *superwash*	Jerséis de invierno, mantas, bufandas y fulares	5 mm 5,5 mm	
Lanas gruesas, hilos de fantasía	Bufandas, fundas de cojín, jerséis	6 mm 6,5 mm	
Lanas gruesas, alpaca, cinta de algodón	Fundas de cojín, jerséis, mantas	7 mm 8 mm	
Lanas gruesas, alpaca, llama	Jerséis gruesos, bufandas, cuellos, chales, fundas	9 mm 10 mm	
Lanas supergruesas (con mezcla de fibras sintéticas)	Cuellos, bufandas, fulares	12 mm	
Lanas supergruesas (con mezcla de fibras sintéticas)	Cuellos grandes, bufandas XXL	15 mm	

Agujas especiales

Además de las clásicas agujas rectas, disponemos de otro tipo de agujas para realizar labores de mayor complejidad. Agujas circulares para tejer en una pieza, agujas de doble punta para hacer calcetines y guantes, o agujas de trenzar para cruzar los puntos.

Agujas de doble punta

Con puntas en ambos lados, estas agujas se utilizan en juegos de cuatro o cinco unidades, montando los puntos sobre todas las agujas menos una, que se usa para trabajar los puntos. Se utilizan para tejer en una sola pieza calcetines, guantes y gorros.

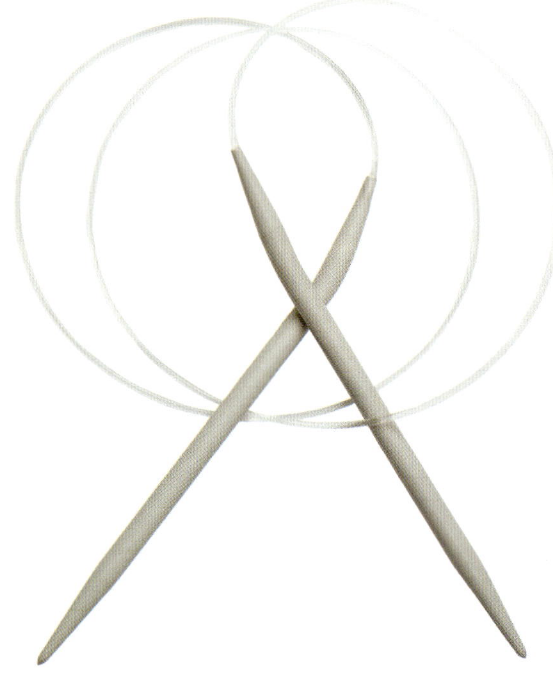

Agujas circulares

Estas agujas están ideadas para tejer sin costura piezas tanto tubulares como rectas. Se trata de dos agujas unidas por un cable, con las que los puntos se tejen de forma constante sin girar la labor, lo que crea piezas enteras. Su numeración es exactamente la misma que la de las agujas tradicionales, aunque su principal ventaja es su longitud: hasta 150 cm.

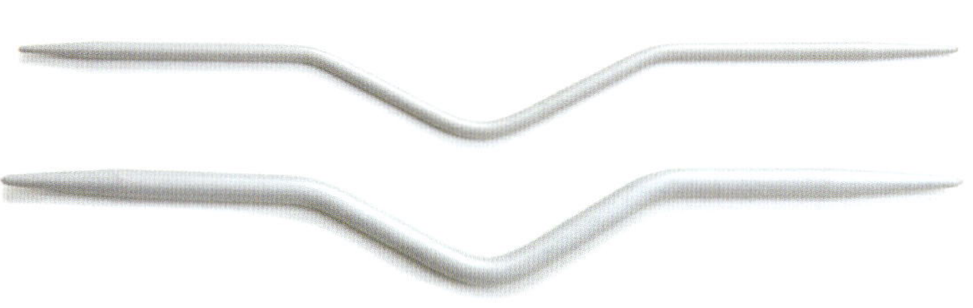

Agujas de trenzar

Estas pequeñas agujas auxiliares son muy prácticas para separar los puntos de la labor que deben tejerse más tarde. Gracias a la hendidura central, los puntos no se caen.

Agujas circulares intercambiables

Estas agujas circulares son muy prácticas porque admiten distintos largos de cable para tejer y pueden crearse tejidos de diferentes anchos.

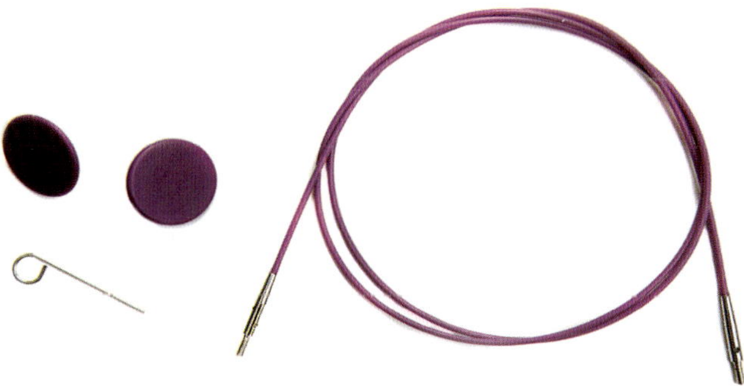

Cable intercambiable

Disponibles en un gran abanico de longitudes, de 30 a 150 cm, estos cables de nailon adaptan las agujas circulares intercambiables a cualquier ancho de labor.

Tabla de equivalencias

Existen varios sistemas de medición del diámetro de las agujas: el sistema UK (inglés), el sistema US (americano) y el europeo, que calcula el grosor en milímetros y es el más utilizado también en Latinoamérica.

MM	UK	US
2 mm	14	0
2,25 mm	13	1
2,75 mm	12	2
3 mm	11	
3,25 mm	10	3
3,5 mm		4
3,75 mm	9	5
4 mm	8	6
4,5 mm	7	7
5 mm	6	8
5,5 mm	5	9
6 mm	4	10 1/2
6,5 mm	3	
7 mm	2	
7,5 mm	1	
8 mm	0	11
9 mm	00	13
10 mm	000	15
12 mm		17
16 mm		19
19 mm		35
25 mm		50

Lanas, algodones,
sedas o linos, entre otras
fibras, se comercializan
en distintos grosores
y en un amplio abanico
de colores para
adaptarse a todo tipo
de creaciones.

Equipo para tejer

Además de la lana y las agujas, resulta muy práctico disponer de estos accesorios en el equipo de tejer. Algunos son imprescindibles, como las tijeras o la cinta métrica, mientras que otros están pensados para proteger mejor la labor durante el trabajo.

◀ Cinta métrica

Además de tomar las medidas, con la cinta métrica se controla la tensión del punto y se comprueba que el tejido tiene el ancho o largo deseado.

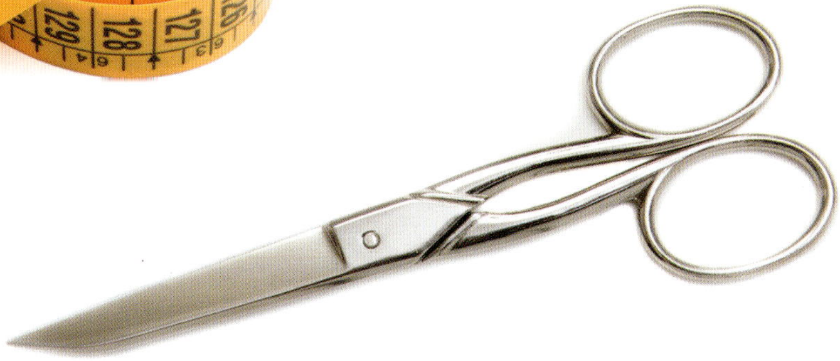

◣ Tijeras

Imprescindibles para cortar los hilos y lanas de forma limpia. Las más recomendables tienen empuñadura anatómica y tamaño medio, para aumentar su manejabilidad.

◣ Alfileres

Para estirar las piezas antes de coserlas. Con la cabeza grande para que no se pierdan en la labor.

◀ Guardapuntos

Muy útiles para conservar la labor cuando no se trabaja, evitando que los puntos se caigan accidentalmente de las agujas.

Guardaagujas

Estuches de plástico o tela para conservar las agujas de tejer en perfecto estado.

Cuentavueltas

Muy útiles para marcar el número de pasada y no perderse. Se fijan en la aguja.

Ganchillos

Prácticos para rescatar puntos o cerrar labores al tejer con agujas. Mejor tener dos o tres de distinto tamaño.

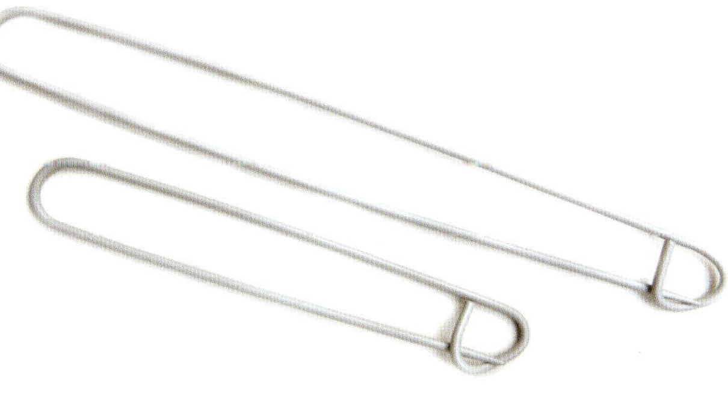

Dedal

Protege los dedos al coser las piezas.

Ganchos auxiliares

Estos grandes imperdibles se utilizan para dejar suspendidos los puntos sin trabajar en la labor.

La bolsa de labores

Imprescindible para guardar la labor con todos los materiales y tener a mano cuanto se necesita. Debe ser alargada, para que quepan las agujas de tejer con comodidad, y profunda, para guardar los ovillos y madejas. También es conveniente que disponga de cremalleras o bolsillos interiores para el resto de pequeños accesorios, que quedarán así protegidos y no estropearán la labor.

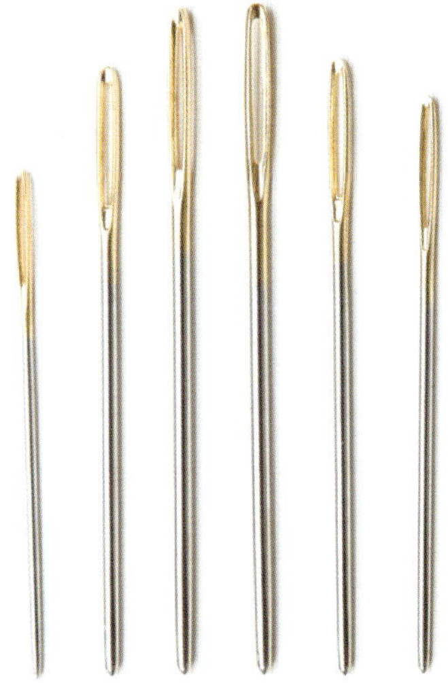

Anillos para pompones

Aunque pueden recortarse en un trozo de cartón rígido, estos discos de plástico son más resistentes y duraderos.

Agujas de tapicería

Con punta fina y ojal de buen tamaño, se utilizan para coser con hilo las distintas piezas de la labor.

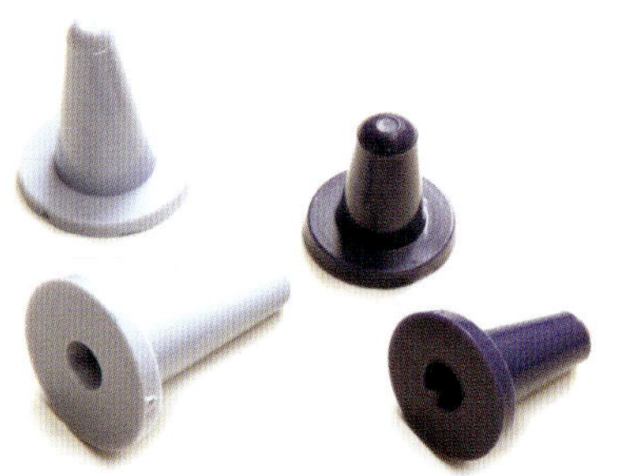

Protectores de agujas

Estos accesorios protegen la punta de las agujas para mantenerlas en perfecto estado y además evitan los agujeros en las bolsas de labores cuando se clavan.

 Hilo

Resistente y en varios colores, para coser pequeñas piezas, como botones.

Marcadores de puntos

Sirven para marcar un punto que necesitemos destacar durante el trabajo. Pueden ser de anilla, abiertos o en forma de candado.

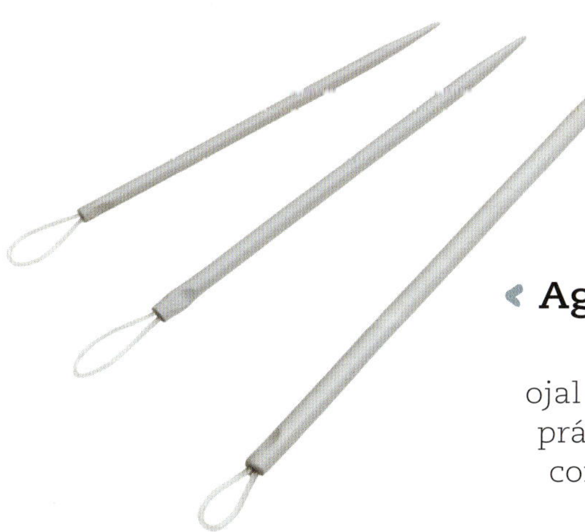

Agujas laneras

De punta roma y ojal grande, son muy prácticas para coser con lana las piezas.

Buenos trucos

Limpiar las agujas

Las de madera o bambú se limpian con un paño ligeramente humedecido, secando bien después con un paño que no suelte pelusa. Las de plástico o aluminio pueden enjabonarse.

Recuperar lanas

Para reutilizar una lana ya tejida, sin que quede deformada a la hora de tejer, lo mejor es llenar una botella con agua caliente y enrollar la lana alrededor. El calor eliminará las marcas de la labor anterior.

Comprar más lana de la necesaria

La mayoría de patrones indican el número de ovillos que se necesitan para tejer una labor. Es conveniente añadir alguno más de reserva para garantizar que se dispone de suficiente lana durante la labor.

Hilos delicados

Algunas fibras, como el mohair, son extremadamente delicadas y pueden romperse al tejer. La solución es trabajar los puntos flojos y con una aguja un número más grande de lo indicado.

No solo lana

Es posible tejer todo tipo de fibras, incluso las más impensables. Cordeles, rafias o tiras de plástico son lo suficientemente flexibles para poder tejerlos con agujas.

La mejor labor para empezar

Si es la primera vez que se teje, lo mejor es elegir un hilo grueso para tejer con agujas de 10 o 12 mm. Es más fácil ver los puntos que se van tejiendo y se termina con mayor rapidez.

Botones y cierres

Imprescindibles en chaquetas y jerséis, los botones no solo son un sistema de cierre: también son una forma de decorar la labor. Lisos o estampados, en plástico o madera, son pequeños complementos que darán personalidad a tus creaciones de punto.

‹ Botones de madera

De aspecto indudablemente rústico, son ideales para combinar con lanas y fibras naturales con pelo. Se comercializan en todos los tamaños y acabados.

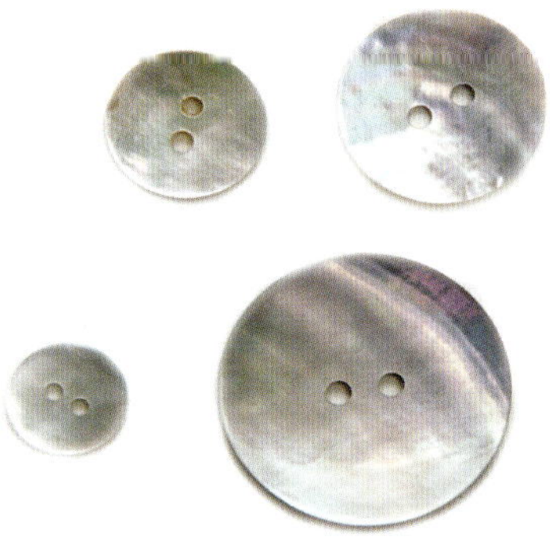

Nácar ›

Clásicos y atemporales, siguen siendo una opción perfecta para las chaquetas más ligeras. Se presentan en su blanco natural o con un toque de color.

‹ Cuero y polipiel

El tacto de la piel también puede estar presente en los botones. Ideal para jerséis y chaquetas de gran tamaño.

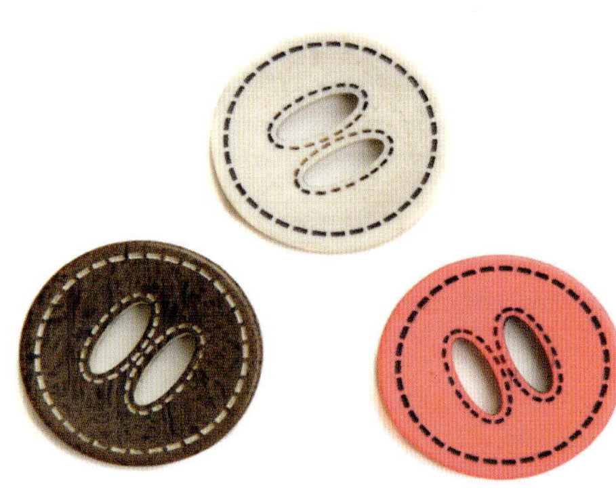

⌄ Estampados

Un nota de color sobre la madera para alegrar prendas informales o decididamente femeninas. Pueden ser grabados o tintados.

Para chaquetas y abrigos

Botones de marfil, de madera o de plástico, de forma alargada, que abrochan perfectamente las piezas más voluminosas. También se pueden adquirir juegos de cierres con botón en polipiel.

Botones de plástico

Los más utilizados y versátiles. De poliéster o poliacrílicos, admiten estampados, grabados y mil formas distintas.

Botones de cierre

Juegos de cierres metálicos de aspecto *vintage* para chaquetas de fiesta o bolsos.

Forrados de tela

Tejidos como la felpa, el lino o la lana revisten botones de anillas en todas las clases de texturas y colores para combinar con todo tipo de prendas.

Efecto metal

Lisos o estampados, mates o brillantes, de aspecto militar o antiguo, los botones metálicos son un clásico. También pueden ser de plástico o nácar imitando metal.

Motivos infantiles

Flores, animales, barcos, letras o números, cualquier forma divertida se viste de color para los botones infantiles. En plástico o poliéster y de pequeño tamaño para las prendas más diminutas.

Asas y cadenas

El complemento perfecto para dar el toque final a los bolsos y monederos de punto. Boquillas metálicas para piezas de aspecto vintage, asas de cuerda para un estilo más informal o cadenas metálicas para elegantes bolsos urbanos.

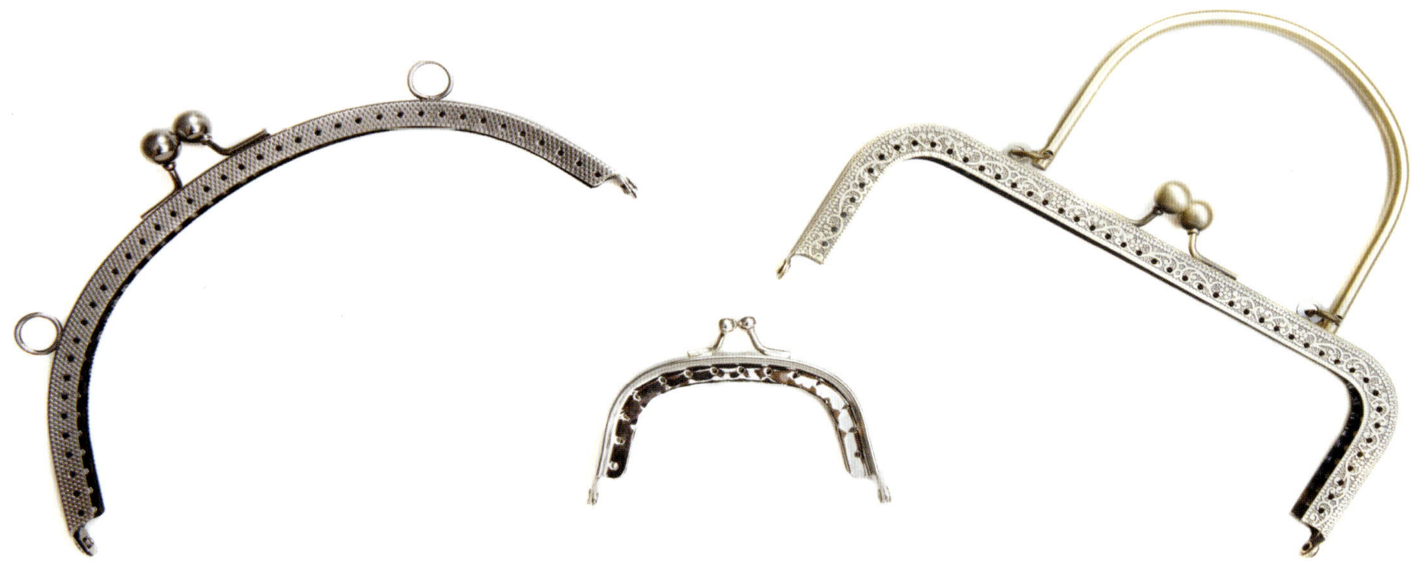

Boquillas

Elegantes boquillas de metal labrado con cierre de bola. Un diseño clásico que encaja a la perfección con bolsos creados con lanas de pelo largo o efectos metalizados. Se venden en varios anchos, hasta 27 cm. Los más pequeños, de 14 cm, son ideales para hacer monederos.

Hebillas y mosquetones

En níquel, oro viejo, e incluso con cristales, se cosen al bolso de punto para sujetar las asas o cadenas. Se venden en todas las medidas, para adaptarse a todos los tamaños de bolso.

Cadenas metálicas

En color plata y cobre, de aspecto cromado brillante o mate envejecido, combinan con todo tipo de bolsos de punto.

Asas de cuerda

Ideales para bolsas de playa o creaciones informales, pueden personalizarse con detalles en madera y cuero.

Asas de piel

Elegantes y discretas, reservan todo el protagonismo a la lana utilizada en el bolso. En varios tamaños, para colgar del hombro o llevar en la mano.

Acertar con el tamaño de las agujas es fundamental. En la etiqueta de los ovillos se recomienda una medida de agujas, aunque lo ideal es tejer una muestra y adaptar el tamaño a la tensión de cada tejedora.

Técnicas

Empezar a tejer

Para calcular el número de puntos que será necesario montar en las agujas, debemos multiplicar el ancho de la prenda por tres y utilizar ese largo de hilo en el montaje de los puntos.

1 Hacer un nudo sobre la aguja y estirar el hilo de ambos extremos para que se forme una anilla sobre la aguja.

2 Con un extremo del hilo o lana en cada mano, formar una nueva anilla y pasar la aguja por el centro.

3 Coger el extremo del ovillo y pasar el hilo por encima de la aguja.

4 Pasar la anilla por encima de la punta de la aguja, sin soltar el hilo del ovillo.

5 Estirar los dos extremos del hilo para ajustar el punto a la aguja. Repetir hasta lograr el número de puntos deseado.

Este tipo de montado de puntos permite obtener bordes reforzados en muchas prendas. Es necesario utilizar dos tipos de hilo para empezar.

1 Montar sobre las agujas la mitad de los puntos necesarios más uno con un hilo de color distinto al de la labor.

2 Con el hilo correcto, tejer una vuelta repitiendo un punto derecho y una hebra, hasta terminar con un punto derecho.

3 Con el hilo delante, pasar a la aguja derecha un punto al revés sin hacer y trabajar la hebra al derecho. Terminar con un punto sin hacer.

4 Tejer una tercera vuelta con un punto derecho, pasar el hilo por delante para pasar un punto al revés sin hacer. Repetir hasta terminar con un punto derecho.

5 Tejer la cuarta vuelta con un punto revés sin hacer, poner el hilo detrás y tejer un punto derecho. Repetir hasta terminar con un punto revés sin hacer.

6 Repetir la tercera y cuarta vuelta dos veces. Cortar la lana de distinto color y seguir tejiendo los puntos con el hilo correcto.

La manera de tejer provoca que la labor quede más floja o más prieta que el patrón de refererencia, con lo que puede variar el ancho deseado. Por eso es imprescindible realizar una muestra antes de iniciar cualquier trabajo de punto.

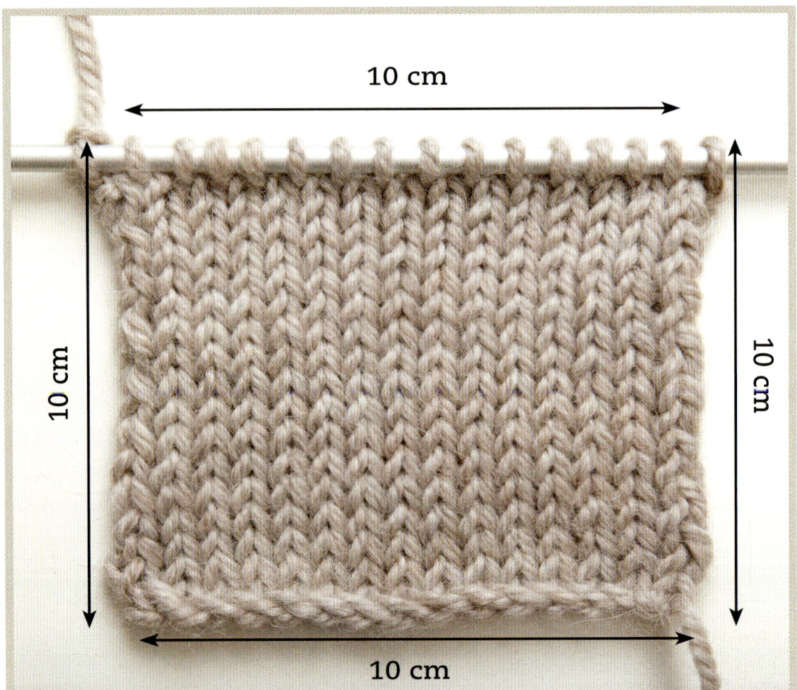

Tejer una muestra cuadrada en el mismo punto y con el mismo hilo que vayamos a utilizar para la labor. La muestra debe ser de unos quince centímetros, tanto de ancho como de alto.

Una vez tejida la muestra, medir diez centímetros por cada lado y marcar con alfileres. El espacio que queda dentro de este cuadrado es la muestra de la que debemos contar el número de puntos y las vueltas. También puede utilizarse un medidor de puntos, una especie de regla cuadrada que delimita el espacio con el que calcular la muestra.

Una sencilla regla de tres indicará cuántos puntos son necesarios según la forma de tejer de cada persona.

Cómo adaptar un patrón

Muchos patrones ofrecen las explicaciones para cada talla. Otros indican las medidas estándares y será necesario adaptar el patrón a la talla que se desea. La muestra debe tejerse con la misma lana y las mismas agujas que indique el patrón. Después, habrá que medir cuántos puntos se necesitan para lograr diez centímetros de ancho con nuestra forma de tejer, y con cuántas vueltas se logran esos mismos diez centímetros de altura.

Para calcular el ancho, se multiplican los centímetros deseados por el número de puntos de la muestra. Se divide por diez y se obtiene el número de puntos que deben montarse.

Para calcular la altura, se multiplican los centímetros que se quieren obtener por el número de vueltas de la muestra. Se divide por diez y se obtiene el número de pasadas necesarias.

A la hora de calcular los puntos y las hileras de la muestra, lo que estamos haciendo en realidad es medir la tensión del punto según nuestra forma de tejer. Si la muestra obtenida es más tupida, es decir, que necesita más cantidad de puntos para lograr el ancho deseado, lo ideal es utilizar una aguja más grande, que hará que los puntos queden más sueltos y cundan más.

Si la muestra tiene menos puntos que los sugeridos en el patrón, una buena solución es reducir el calibre de las agujas, para obtener un punto más denso y prieto que el inicial.

Conviene ir midiendo regularmente la labor realizada para comprobar que mantenemos la tensión del tejido.

Los puntos más usados

Punto jersey derecho
El punto más popular se consigue tejiendo una vuelta enteramente con punto derecho y la siguiente en punto revés.

Punto jersey revés
Una variante del anterior, en la que se empieza con una vuelta con punto al revés y se sigue con otra vuelta del derecho. El punto revés se considera el frente de la labor.

Punto bobo
Tejer todas las vueltas en punto derecho consigue este tipo de tejido. Es el más sencillo para principiantes.

Sostener las agujas

Existen varias maneras de sostener las agujas y el hilo al hacer punto, y todas obtienen el mismo resultado. Se trata de encontrar la forma más cómoda para tejer con las agujas y el ovillo. La diferencia principal estriba en la mano que sujeta el hilo del ovillo: en la mano derecha para el estilo inglés y en la mano izquierda para el continental.

Estilo inglés

Recomendado para principiantes, esta forma de sostener hilo y agujas es la más utilizada en Europa Occidental y en América.

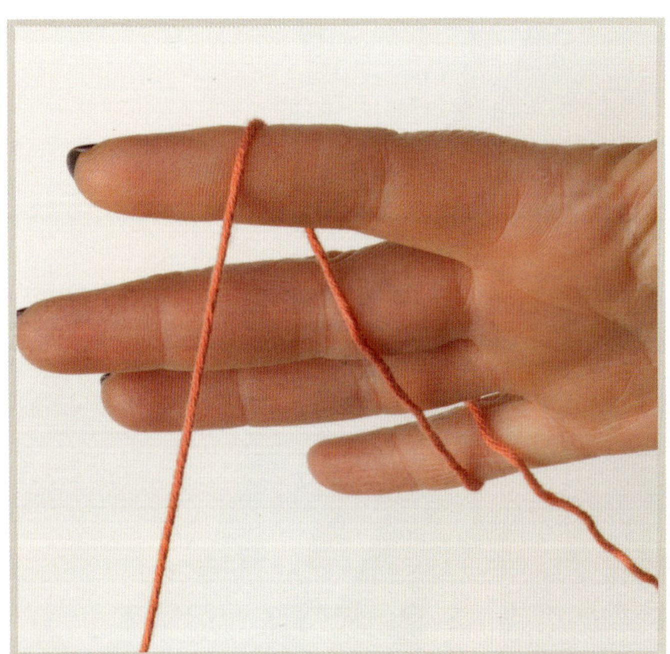

1 Colocar el hilo entre los dedos de la mano derecha como indica la imagen. Primero se pasa el hilo por el dedo meñique, envolviéndolo. Después, se pasa por debajo de los dedos centrales hasta colocarlo por encima del dedo índice.

2 Coger la aguja con los puntos montados en la mano izquierda y la aguja vacía con la mano derecha. Mover el dedo índice de la mano derecha para hacer la lazada al tejer cada punto, procurando mantener la misma tensión.

Muy popular en el norte y este de Europa, el estilo continental o alemán se caracteriza por sostener el ovillo con la mano izquierda y realizar menos movimientos con las agujas para tejer cada punto. Con este estilo se logra mayor velocidad al tejer.

1 Coger la aguja con los puntos montados con la mano derecha. Colocar el hilo entre los dedos de la mano izquierda como indica la imagen. Primero se pasa el hilo por el dedo meñique, envolviéndolo. Después, se pasa por debajo de los dedos centrales hasta colocarlo por encima del dedo índice.

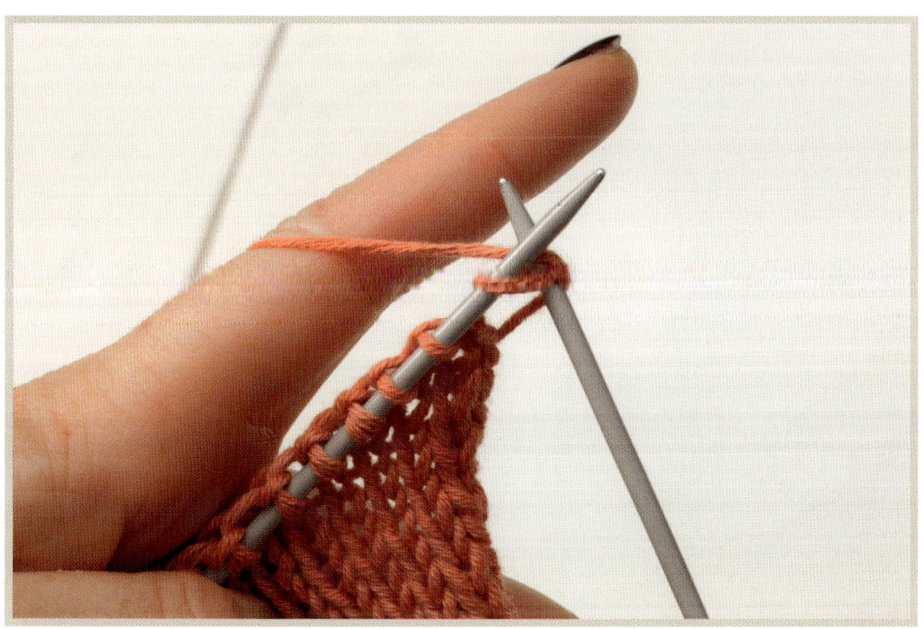

2 Pasar la aguja con los puntos montados a la mano izquierda y la aguja vacía con la mano derecha. Clavar la aguja vacía en el punto y coger el hilo del dedo índice de la mano izquierda para hacer la lazada, siempre procurando mantener la misma tensión en el hilo. El pequeño movimiento de la mano derecha al coger la lazada es el que da mayor velocidad al tejer que con el estilo inglés.

Las agujas de madera son idóneas para tejer fibras con poco pelo. Mohair, angora o cachemira se trabajan mejor con agujas de aluminio o plástico, más resbaladizas, que evitan inoportunas astillas en la madera o el bambú.

Puntos básicos

Punto derecho

1 Con el hilo detrás, clavar la aguja derecha en el centro del primer punto de la aguja izquierda.

2 Pasar el hilo por encima de la aguja derecha para crear una hebra. Retirar la aguja derecha hacia atrás para que esta hebra pase por el interior del punto pinchado.

3 Una vez pasada la hebra a la aguja derecha, soltar el punto de la aguja izquierda.

Punto revés

1 Con el hilo por delante, clavar la aguja derecha en el centro del primer punto de la aguja izquierda, pasando la aguja por detrás del punto.

2 Pasar el hilo por encima de la aguja derecha sujetándolo para que no se caiga.

3 Retirar la aguja derecha hacia atrás, haciendo pasar la hebra por el interior del punto pinchado. Soltar el punto de la aguja izquierda.

1 Colocar el hilo por delante, pasándolo sobre la aguja derecha.

2 Tejer el siguiente punto de la aguja izquierda, dejando que la hebra anterior forme un pequeño hueco (calado).

3 En la siguiente vuelta, trabajar el punto normalmente.

Punto alargado o sin hacer

1 Con el hilo detrás, clavar la aguja en el punto como si se fuera a tejer del revés.

2 Pasar este punto a la aguja derecha sin hacer. En la siguiente vuelta, tejerlo del revés.

Punto retorcido

1 Clavar la aguja por detrás del punto, insertándola de derecha a izquierda.

2 Trabajar el punto al derecho. Si se quiere tejer con punto jersey derecho retorcido, trabajar los puntos retorcidos una vuelta y la siguiente del revés.

Punto de arroz sencillo

1 En las vueltas impares, tejer un punto al derecho y un punto revés. Repetir hasta el final.

2 En las vueltas pares, tejer un punto revés y un punto derecho. Repetir hasta el final.

Punto de arroz doble

1 En la primera vuelta, tejer un punto del derecho y un punto del revés. Repetir hasta el final. En la segunda vuelta, trabajar los puntos como se presentan (los del derecho al derecho y los del revés al revés).

2 En la tercera vuelta, tejer un punto del revés y un punto del derecho. Repetir hasta el final. En la cuarta vuelta, trabajar los puntos como se presenten. Repetir estas cuatro vueltas hasta el largo deseado.

1 Trabajar con los dos hilos detrás, tejiendo con el color que indique el gráfico y dejando el otro en espera.

2 Tomar el nuevo hilo y cruzarlo con el anterior, continuando la labor con el nuevo color.

3 Es importante asegurarse de cruzar bien los hilos, entrelazándolos para que no queden agujeros en el tejido.

Pasar los puntos que deben quedar en espera a un gancho auxiliar de trenzar, por delante. Trabajar los puntos restantes como se indique en el patrón. Colocar de nuevo los puntos en espera pasándolos del gancho auxiliar a la aguja izquierda y trabajarlos normalmente.

Lo ideal es unir el nuevo color al inicio de la vuelta, haciendo un nudo con los dos hilos y correrlo hasta que quede lo más cerca posible de la aguja. Tejer con el nuevo hilo. Antes de coser las piezas, deshacer el nudo para que no queden bultos.

1 Tejer la vuelta normalmente hasta llegar a los puntos de la trenza. Suspender los puntos indicados en la aguja auxiliar.

2 Tejer el siguiente grupo de puntos indicado en la aguja izquierda.

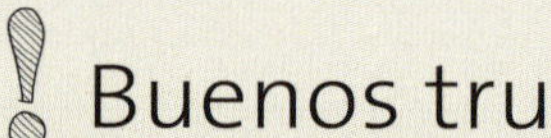

¡ Buenos trucos

Trenza a la derecha. Suspender los puntos en la aguja auxiliar y colocarla detrás antes de tejer los puntos siguientes.

Trenza a la izquierda. Para girar la trenza a la izquierda, la aguja auxiliar con los puntos suspendidos se coloca delante.

Trenzas asimétricas. Aunque lo habitual es crear trenzas cruzando la misma cantidad de puntos, es posible crear trenzas asimétricas utilizando más puntos en una de las franjas que en la otra.

3 Tejer los puntos suspendidos de la aguja auxiliar.

Elástico simple
Se hace con un punto del derecho y un punto del revés. Es el más utilizado para puños y se recomienda tejerlo con una aguja de menor diámetro que el resto de la labor.

Elástico doble
Se teje con dos puntos del derecho y dos puntos del revés. Consigue un bonito efecto de relieve, ideal para decorar el bajo de prendas como jerséis y mantas.

Puntos orillo

Para conseguir un mejor acabado se recurre al punto orillo. El más fácil consiste en trabajar en las vueltas del derecho de la labor el primer y último punto de la pasada al revés, mientras que en las pasadas del revés de la labor, el primer y último punto se tejen al derecho.

Con punto bobo pasado.
Pasar el primer punto sin hacer, tejer la vuelta y terminar con un punto al derecho. Repetir en las siguientes vueltas.

Con cadeneta. Pasar el primer punto de la vuelta como si se fuera a tejer al revés. Seguir con la pasada y tejer el punto final del derecho.

! Usar marcadores para los puntos orillo

Si la labor tiene un borde de remate ancho, en punto bobo, es fácil confundirse con los puntos orillo. Puede evitarse utilizando un marcador de puntos que recuerde el inicio del punto bobo.

El secreto de una
prenda impecable está
en el revés de la labor.
Entrelazar los hilos al
cambiar de color o rematar
la unión de lanas en el
reverso hace que los tejidos
queden perfectos.

Aumentos y menguados

En ocasiones es necesario aumentar o reducir el número de puntos de la labor para conseguir dar forma a las piezas. Estas son las técnicas más empleadas.

Aumentar varios puntos al inicio de la vuelta

1 Añadir los puntos necesarios montándolos con el hilo en la aguja izquierda.

2 Trabajarlos normalmente, en el punto deseado.

Aumentar puntos echando hebra

1 Coger con la aguja derecha el punto del centro de la vuelta anterior.

2 Pasar este punto a la aguja izquierda.

3 Tejer este punto al derecho, insertando la aguja por detrás del punto.

1 Tejer un punto al derecho, sin sacarlo de la aguja izquierda.

2 Pasar el hilo delante y tejer el mismo punto al revés.

3 Pasar el punto doblemente trabajado a la aguja derecha.

1 Insertar la aguja derecha en el punto inferior al que correspondería tejer.

2 Trabajar ese punto inferior al derecho.

3 Trabajar el punto que se presenta en la aguja izquierda al derecho. Quedará un punto más en la labor.

1 Clavar la aguja en el punto como si se fuera a tejer del revés.

2 Pasar este punto a la aguja derecha, sin hacer.

3 Trabajar el siguiente punto al derecho.

4 Clavar la aguja izquierda en el punto sin hacer de la aguja derecha y pasarlo sobre el último punto tejido del derecho.

Menguado doble

1 Pasar un punto del revés sin hacer y trabajar los siguientes dos puntos del derecho.

2 Con la aguja izquierda, pasar el punto sin hacer por encima de los dos puntos trabajados del derecho.

Menguar tejiendo dos puntos juntos

1 Clavar la aguja derecha en los dos primeros puntos que se presenten de la aguja izquierda.

2 Trabajarlos juntos del derecho, colocando el hilo sobre la aguja derecha y pasándolo a través de los dos puntos.

3 Se obtiene así un solo punto resultante de los dos anteriores.

Cerrar puntos

Al terminar la labor, o una de las piezas que la componen, es necesario cerrar los puntos para rematar el tejido. Estas son las formas más habituales de hacerlo, tanto con agujas de tejer como con agujas laneras.

Cerrado simple

1 Pasar a la aguja derecha el primer punto sin hacer y trabajar el punto siguiente de forma normal al derecho.

2 Con la ayuda de la aguja izquierda, coger el punto sin hacer de la aguja derecha y pasarlo por encima del punto trabajado al derecho.

3 Trabajar un punto al derecho. Con la aguja izquierda, coger el último punto de la aguja derecha y pasarlo por el punto trabajado.

4 Seguir cerrando hasta el final de la vuelta (siempre debe quedar un solo punto en la aguja derecha). Antes de cortar el hilo, pasarlo por el último punto.

1 Cortar el hilo dejando dos veces la longitud del ancho de la labor. Enhebrar con él una aguja lanera. Clavar la aguja en los dos primeros puntos.

2 Tirar del hilo. Insertarla de nuevo en el primer punto y unirlo con el siguiente.

3 Repetir la operación hasta el final de la vuelta, uniendo con la aguja el punto de la derecha con el siguiente hasta cerrar totalmente.

Recoger puntos

Para añadir cuellos o tapetas, se levantan o recogen los puntos orillo de las piezas para seguir tejiendo.

1 Clavar la aguja por debajo del punto de orillo, cuidando que no queden huecos. Pasar el hilo sobre la aguja hasta formar una anilla.

2 Estas anillas transversales quedarán fijadas en la aguja derecha como los nuevos puntos y se trabajan en la forma habitual.

Coser la labor

Estas tres formas de costura de labor ofrecen resultados muy distintos: la costura a pespunte es resistente y decorativa, mientras que si interesa que no se vea es mejor decidirse por una costura invisible o un remallado.

A pespunte

Es la forma más fácil de coser las piezas. Encarar las piezas del derecho (las partes del revés quedarán a la vista). Enhebrar una aguja lanera con el mismo hilo de la labor y clavarla al inicio de la costura. Sacarla un poco más adelante y volverla a clavar en el punto anterior, a la derecha. Lo mejor es realizar puntadas del mismo tamaño y no tensar demasiado el hilo.

Remallado

1 Se dejan los puntos en espera de las piezas, sin cerrar. Con una aguja lanera, se cosen las dos piezas clavando alternativamente la aguja en un punto de cada lado.

2 Soltar los puntos de la aguja conforme se van cosiendo. Pasar bien el hilo y tensarlo con prudencia, para que el resultado se vea como un punto más.

1 Colocar sobre una superficie plana las dos piezas, con el derecho hacia arriba y los bordes tocándose. Coser con la aguja lanera, tomando una hebra del punto orillo de un lado.

2 Pasar el hilo por debajo de las piezas y clavarlo en el punto orillo de la otra pieza, a la misma altura. Cada dos o tres puntadas, tirar suavemente del hilo para que la costura quede oculta.

! Buenos trucos

Usar la misma lana. Lo mejor es utilizar siempre la misma lana de la labor para unir las diferentes piezas, ya que así la unión queda más disimulada.

Lanas gruesas. Si la lana es muy gruesa, será difícil poder coser las piezas con ella. Lo mejor es utilizar hilo resistente del mismo color.

Costuras planas. La costura invisible es la que ofrece también menos relieves. Si se busca una unión imperceptible, esta es la mejor forma de coser las piezas de una prenda.

Costuras resistentes. La mejor forma de obtener unas costuras de gran resistencia es optar por el pespunte. Y coser tan cerca del borde como sea posible.

El orden es importante. Debe seguirse escrupulosamente el orden de montaje de las instrucciones del patrón. En el caso de un jersey, por ejemplo, primero se cosen los hombros y las mangas. Después, los lados desde el remate hasta el cuello.

Dejar lana sobrante al cerrar cada pieza. Una buena idea es dejar unos 20 cm de lana sobrante al terminar una pieza, para utilizar ese hilo a la hora de coser la prenda.

Probar antes de coser. Si hay dudas sobre la talla correcta de una prenda, lo mejor es hilvanar las piezas para una prueba previa antes de la costura definitiva.

Para que los ojales
no queden abiertos
con el uso, es mejor hacerlos
algo más prietos.
Al aumentar los puntos
cerrados, reservar un
punto sin tejer para trabajar
en la siguiente vuelta.

Botones y ojales

Los botones planos se adaptan a todo tipo de prendas y diseños y se pueden encontrar con dos o cuatro agujeros. Si el botón es grande, se puede coser con la misma lana de la labor.

1 Con el hilo doble y anudado en el extremo, insertar la aguja en el revés de la prenda, tomando dos o tres puntos para asegurar el hilo.

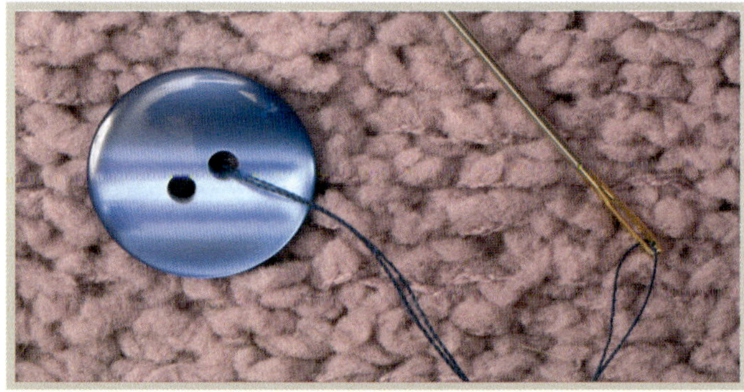

2 Pasar el hilo e insertar el botón a través de uno de los agujeros. Comprobar la posición correcta encarando el botón con su ojal.

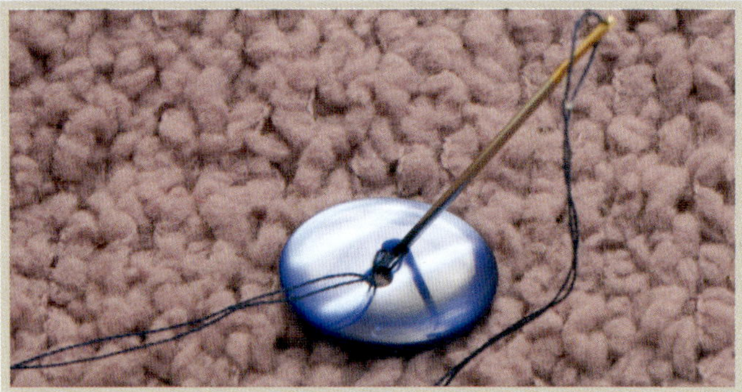

3 Coser el botón pasando varias veces el hilo por los dos o cuatro agujeros, terminando en el revés de la prenda.

4 Asegurar pasando la aguja por la prenda y enrollando el hilo en la base del botón tres o cuatro veces. Rematar del revés.

Los botones con anilla son los más cómodos para prendas gruesas o tejidas con lana pesada. La anilla puede acelerar el desgaste del hilo, por lo que se recomienda usar un hilo fuerte y resistente.

1 Dar varias puntadas con el hilo (doble) en la prenda para asegurar la costura.

2 Pasar varias puntadas por la anilla, cosiéndola a la prenda. Rematar del revés.

Hacer ojales redondos

1 Aumentar añadiendo una hebra y tejer dos puntos juntos al derecho.

2 En la siguiente vuelta, trabajar los puntos como se presenten, incluida la hebra añadida.

Hacer ojales horizontales

1 Medir el botón deseado y cerrar tantos puntos como necesitemos para el ojal.

2 En la siguiente vuelta, montar de nuevo y en el mismo lugar los puntos cerrados en la pasada anterior.

Bordar sobre punto

Una vez terminada la labor, puede decorarse con bordados. Lo ideal es realizarlos con hilo de la misma fibra que la prenda y utilizar una aguja de punta roma, aunque si el bordado es pequeño puede utilizarse hilo de bordar. El punto jacquard bordado y el punto de cruz son idóneos para realizar dibujos siguiendo patrones punto por punto.

Punto festón

Clavar la aguja por detrás en un punto, pasar el hilo dos hebras por detrás del punto situado dos vueltas más arriba. Pasar el hilo. Clavar de nuevo la aguja cogiendo dos hebras del punto situado dos vueltas más abajo.

Punto de cruz

Clavar la aguja levantando una hebra en diagonal por detrás. Pasar el hilo. Volver a clavar en el mismo punto y sacar la aguja por la parte inferior derecha de la hebra. Clavar la aguja de nuevo en la esquina superior izquierda de la hebra y pasar el hilo.

Punto de nudo

Clavar la aguja desde el revés de la labor y enrollar el hilo en la aguja dos o tres vueltas. Clavar de nuevo la aguja hacia el revés de la labor en el punto deseado. Pasar el hilo con cuidado.

Punto jacquard bordado

Clavar la aguja por detrás en un punto, pasar el hilo dos hebras por detrás del punto situado dos vueltas más arriba. Pasar el hilo. Clavar de nuevo la aguja cogiendo dos hebras del punto situado dos vueltas más abajo.

Clavar la aguja desde el revés de la labor por un punto (que será el centro de la flor). Hacer una lazada o anilla (será el pétalo) y clavar de nuevo la aguja en el centro, dejando el hilo flojo. Desde el revés de la labor, pasar la aguja por el centro del pétalo para coserlo y fijarlo. Repetir con todos los pétalos hasta terminar la flor.

Marcar la silueta deseada hilvanando con la aguja sobre la labor. Coser empezando por un extremo de forma perpendicular, para rellenar el dibujo marcado.

Clavar la aguja desde el revés de la labor por un punto. Pasar el hilo por encima de una hebra y clavar de nuevo la aguja en la mitad de la puntada anterior. Repetir siguiendo el dibujo deseado.

Clavar la aguja en un punto desde el revés de la labor. Hacer una lazada o anilla alrededor de una hebra y clavar de nuevo la aguja en el extremo inferior de la lazada para crear el efecto cadena. Repetir los pasos hasta terminar el motivo.

Clavar la aguja desde el revés de la labor en un punto, e hilvanar cada dos puntos cogiendo una hebra cada vez.

Tejer en círculo

Esta forma de tejer permite obtener piezas sin costuras, ya que la labor no se teje por pasadas, sino de forma continua. Puede tejerse en redondo utilizando agujas circulares o juegos de agujas de doble punta.

Montar puntos con agujas circulares

Montar los puntos en la aguja derecha en la forma habitual. Conforme vayan creando anillas, correrlas a través del cable hasta tener los puntos necesarios. Es importante controlar que los puntos queden bien colocados, con la base de las anillas recta en la parte inferior de las agujas, para garantizar que el tejido quede liso y uniforme.

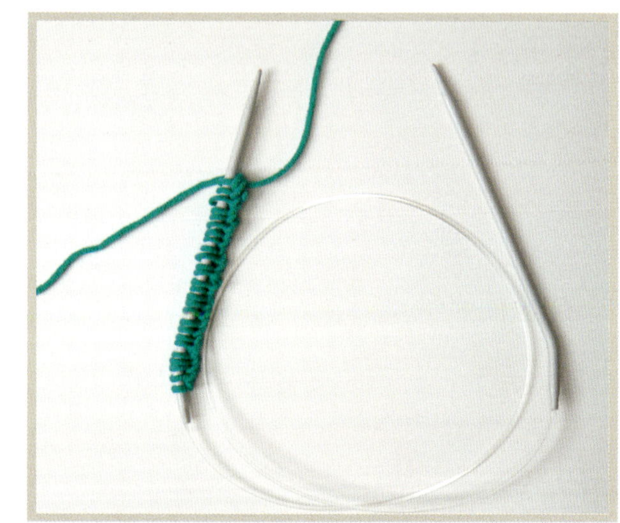

Cómo tejer con agujas circulares

1 El hilo del ovillo debe quedar a la derecha y fuera de las agujas, nunca en el interior. Utilizar las agujas circulares como si fueran rectas, deslizando por el cable los puntos tejidos.

2 Para marcar el inicio de cada vuelta es necesario utilizar un marcador de puntos. Al llegar de nuevo al marcador, se contabiliza una nueva vuelta y se cambia a la nueva hilera.

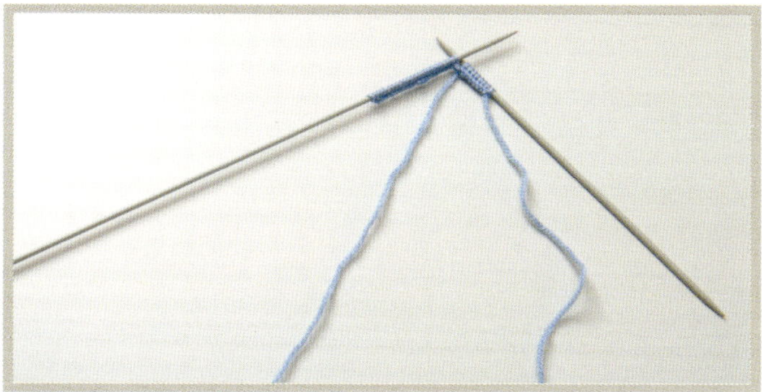

1 Montar todos los puntos necesarios en una aguja recta. Deslizar una cuarta parte de los puntos a una aguja de doble punta.

2 Pasar otra cuarta parte de puntos a una segunda aguja, los mismos a una tercera y los puntos restantes a una cuarta aguja de doble punta.

Tejer con agujas de doble punta

Con el hilo por fuera del cuadrado que marcan las agujas, y cayendo por la derecha, utilizar la quinta aguja para tejer los puntos de la primera aguja.

Al terminar, la primera aguja quedará vacía y será la que se utilice para tejer los puntos de la segunda aguja, y así sucesivamente.

Para marcar el inicio de una vuelta, utilizar un anillo marcador antes del último punto de la última aguja. Cambiarlo de hilera cada nueva vuelta.

Para evitar que queden huecos, es importante tejer con las agujas muy juntas.

Muestras de punto

Entender un patrón

Las explicaciones de una labor pueden hacerse con texto, indicando uno a uno los puntos de cada vuelta, o bien mediante gráficos con símbolos. El resultado es el mismo en ambos casos. Es importante respetar detenidamente las explicaciones. Habitualmente, se indican solo las vueltas impares con detalle y se da una norma general para las vueltas pares, que pueden trabajarse al derecho o al revés, según se indique.

Estas son las normas básicas para seguir las explicaciones detalladas de un patrón.

✳ Patrones de símbolos

Suelen ser muy pequeños para seguirlos. Lo mejor es fotocopiarlos a gran tamaño e ir señalando el curso de la labor.

✳ Cómo leer un esquema

Los gráficos se leen de derecha a izquierda. Si se indican las vueltas pares, se leen de izquierda a derecha.

✳ Contar los puntos

Cuando se indica en las explicaciones, es necesario montar puntos múltiplos de un número para que el motivo cuadre.

✳ Símbolo casilla en negro

Debe saltarse siempre. Se utiliza en algunos gráficos para facilitar la lectura de vueltas siguientes en las que sí hay puntos en esa posición.

✳ Dibujo no continuo

Se indica el número de puntos sobre los que debe trabajarse este, no el total del ancho de la labor.

✳ Delante o detrás

En las indicaciones se explica si el hilo o la aguja auxiliar deben colocarse delante o detrás de la labor al tejer. Es importante respetar esa colocación para que el patrón quede perfecto.

✳ Motivo para repetir

Una R en la base de un gráfico indica el motivo que debe repetirse hasta el final de la vuelta. Si hay puntos antes de esa R, se tejen una vez al principio de la vuelta. Y si están después, se trabajan una sola vez al final.

✳ En las trenzas

Hay que atender el símbolo que se encuentre en las casillas de los puntos cruzados, que indicará si se trata de un punto derecho o de un punto revés.

✳ Gráficos de jacquard

Las vueltas impares se trabajan del derecho y las vueltas pares del revés. El gráfico indica los cambios de color necesarios para conseguir el dibujo.

2 p.jtos.der.	Tejer dos puntos juntos en punto derecho
2 p.jtos.rev.	Tejer dos puntos juntos en punto revés
ag.	Aguja
ag.aux.	Aguja auxiliar
ag.dbl.	Agujas de doble punta
alt.	Alterno
aum.	Aumentar
aum.der.	Aumentar tejiendo en punto derecho dos veces el mismo punto
aum.rev.	aumentar tejiendo en punto revés dos veces el mismo punto
hilo del.	Colocar el hilo delante
hilo det.	Colocar el hilo detrás
cad.	Cadeneta
col.	Color
col.cont.	Color de contraste
col.prin.	Color principal
comenz.	Comenzando
cont.	Continuamente
crr.	Cerrar
cta.	Cuenta
del.	Delante
dsl.	Deslizar
der.	Derecha
det.	Detrás
dism.	Disminuir
elás.	Elástico
ganch.	Ganchillo
garb.	Hacer un garbanzo
h.	Hacer
heb.	Echar hebra
heb.del.	Echar hebra con el hilo delante
heb.atrás	Echar hebra con el hilo hacia atrás
hil.	Hilera
inc.	Incluir
inf.	Inferior
ini.	Inicio
intr.	Introducir
izq.	Izquierda
jtos.	Juntos
LD	Lado derecho de la labor
lev.	Levantar puntos
LR	Lado revés de la labor
m.der.	Mano derecha
m.izq.	Mano izquierda
marc.	Marcador de puntos
med.	Medidas
meng.	Menguar
mont.	Montar puntos
múlt.	Múltiplo
núm.	Número
oj.	Ojal
p.	Punto o puntos
p.alarg.	Punto alargado
p.der.	Punto derecho
p.der.abj.	Tejer un punto derecho en la vuelta anterior (inferior)
p.der.retor.	Tejer un punto derecho retorcido
p.jers.	Punto jersey
p.jers.rev.	Punto jersey revés
p.rev.	Punto revés
p.rev.abj.	Tejer un punto revés en la vuelta anterior (inferior)
p.rev.retor.	Tejer un punto revés retorcido
p.sub.	Puntos de subida
pas.	Pasar un punto sin hacer
pas.enc.	Pasar por encima
pat.	Patrón
pon.	Poner
pon.marc.	Poner marcador de puntos
rep.	Repetir
rtno.	Retorno
rest.	Restante o restantes
retorc.	Retorcido, tejido por la hebra trasera
retorc.der.	Punto retorcido hacia la derecha
retorc.izq.	Punto retorcido hacia la izquierda
sent.der.	Sentido derecho
sent.rev.	Sentido revés
sig.	Siguiente
suc.	Sucesivamente
tej.	Tejer
term.	Terminar
trab.	Trabajar
v.circ.	Vueltas circulares

Diccionario de símbolos

Cuando se sigue un patrón con un gráfico, debe tenerse a mano la explicación de cada símbolo, que puede variar según los autores de cada diseño. Estos son los símbolos que se han utilizado en este libro. Una buena idea es fotocopiar esta guía y tenerla a mano cuando se teje la labor.

Guía de símbolos

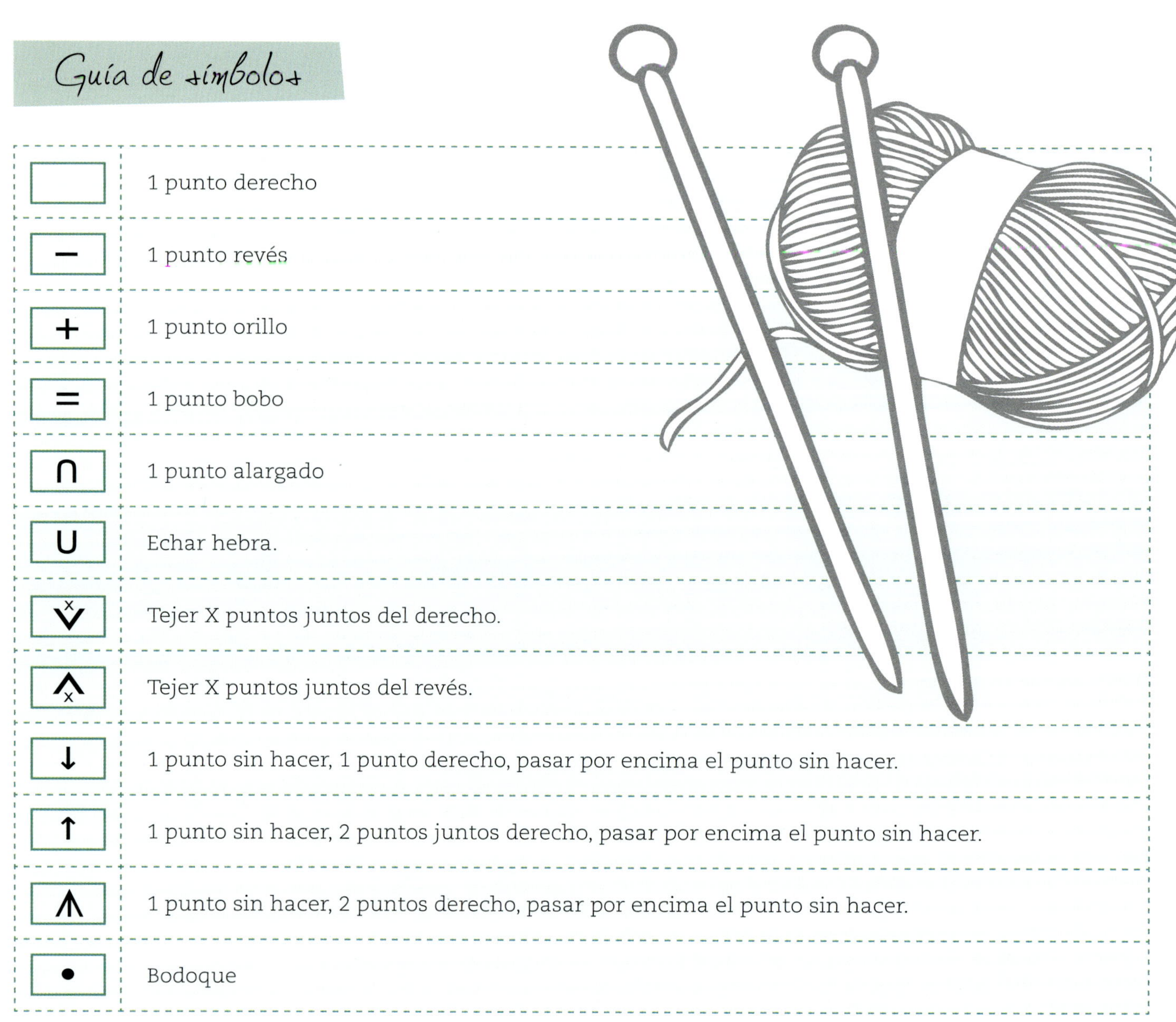

	1 punto derecho
—	1 punto revés
+	1 punto orillo
=	1 punto bobo
∩	1 punto alargado
U	Echar hebra.
V (x)	Tejer X puntos juntos del derecho.
∧ (x)	Tejer X puntos juntos del revés.
↓	1 punto sin hacer, 1 punto derecho, pasar por encima el punto sin hacer.
↑	1 punto sin hacer, 2 puntos juntos derecho, pasar por encima el punto sin hacer.
∧	1 punto sin hacer, 2 puntos derecho, pasar por encima el punto sin hacer.
•	Bodoque

<	1 punto derecho retorcido
>	1 punto revés retorcido
■	Sin punto
◿x	Coger X puntos en una aguja auxiliar hacia atrás (cruce a la derecha).
◺x	Coger X puntos en una aguja auxiliar hacia delante (cruce a la izquierda).
▲	2 puntos sin hacer, 1 punto derecho, pasar por encima los dos puntos sin hacer.
△	2 puntos retorcidos sin hacer, 1 punto derecho, pasar por encima los dos puntos sin hacer.
V	Pasar 1 punto al derecho sin hacer.
▽	Pasar 1 punto al revés sin hacer.
Ƿ	Aumento por el derecho de la labor
ᛪ	Aumento por el revés de la labor
Y⌐x	Poner X puntos en una aguja auxiliar por detrás de la labor, trabajar Y puntos derecho, trabajar del derecho los puntos de la aguja auxiliar.
¬Yx	Poner X puntos en una aguja auxiliar por delante de la labor, trabajar Y puntos al derecho, trabajar del derecho los puntos de la aguja auxiliar.
✕	Poner X puntos en una aguja auxiliar por detrás de la labor, tejer la mitad de esos puntos al derecho, trabajar el mismo número de puntos de la aguja auxiliar empezando por la izquierda y por último tejer los mismos puntos que quedan en la aguja auxiliar.
⋈	Poner X puntos en una aguja auxiliar por detrás de la labor, poner el mismo número de puntos en una segunda aguja auxiliar por delante. Tejer el mismo número de puntos al derecho, después los puntos de la segunda aguja auxiliar y finalmente los puntos de la primera aguja auxiliar.

Los puntos básicos son los más fáciles de tejer y ofrecen tejidos espectaculares con poco trabajo. El punto bobo es uno de los más utilizados por su sencillez: todos los puntos se tejen siempre del derecho.

Puntos básicos

Además del punto jersey derecho, el punto jersey revés y el punto bobo, existen otros puntos muy sencillos que ofrecen resultados fantásticos al tejer. Simples y fáciles, son los más indicados para principiantes.

Algunos, como el punto tejido o el falso punto inglés, son más tupidos y resultan idóneos para tejer prendas gruesas o voluminosas. Otros, como el punto de espiga o el punto tela, son más ligeros. Y algunos, como el punto de cadeneta, son la solución perfecta para rematar diseños lisos.

Estos son los puntos básicos más utilizados.

Guía de patrones de cada muestra en las páginas 118-121.

Punto de cadeneta *(pág. 121)*

Perfecto para dar relieve a un sencillo punto liso en jerséis o chalecos.

Falso punto inglés *(pág. 118)*

Un punto tupido a franjas verticales, ideal para chalecos y bufandas.

Punto tejido *(pág. 120)*

Sencillo y vistoso, es un punto perfecto para mantas y colchas. También para bolsos.

Punto semipartido *(pág. 119)*

Una variación del punto liso, ideal para chaquetas infantiles.

Punto tela *(pág. 119)*

Un punto ligero, perfecto para tejer en cinta de algodón, en prendas de verano o entretiempo.

Punto semitela *(pág. 119)*

Ideal para lanas finas, crea un relieve espectacular en jerséis o bufandas.

Punto arena *(pág. 118)*

Su relieve simétrico da mucho juego a la hora de trabajar bolsos o fundas.

Punto granito *(pág. 120)*

Un punto ideal para jerséis tejidos con lanas de grosor medio.

Punto tamiz *(pág. 121)*

Perfecto para trabajar con algodones y sedas, por su esponjosidad una vez tejido.

Punto tamiz alargado *(pág. 121)*

Una variante del punto tamiz tradicional, que dibuja pequeñas trenzas.

Punto de espiga *(pág. 119)*

Espectacular resultado para un punto sencillo de tejer. Ideal para tops de verano.

Punto de espiga calado *(pág. 118)*

Aún más ligero que el punto de espiga, sus calados quedan perfectos en chales y fulares.

Punto de arroz *(pág. 118)*

Uno de los puntos más utilizados en prendas de bebé y chaquetas de invierno.

Punto de arroz doble *(pág. 120)*

Variante del punto de arroz, el relieve es más fino y queda perfecto en chaquetas abiertas.

Canalés

Los canalés son puntos elásticos que suelen utilizarse en los bajos y los puños de las prendas para que no se deformen, pero también se usan para tejer labores tupidas, como en el caso de bolsos o fundas de cojín.

El punto elástico, simple o doble, es el más trabajado para los canalés de remate, mientras que otros canalés más decorativos –como el de triángulos o el partido– se tejen en prendas enteras para dar relieve a la textura.

Los canalés forman un característico dibujo de surcos, muy vistoso para tejer piezas grandes, como mantas o plaids.

Estos son los puntos de canalé más habituales para tejer con dos agujas.

Guía de patrones de cada muestra en las páginas 118-121.

Elástico simple (*pág. 118*)

El más sencillo y usado de los canalés, básico para puños y bajos.

Elástico doble (*pág. 120*)

Una variante del elástico simple, que da más grosor a los surcos y es más decorativo.

Elástico partido *(pág. 121)*

Este canalé rompe el dibujo lineal del elástico con un relieve irregular.

Canalé grueso *(pág. 120)*

También llamado 4 x 2, este canalé forma un dibujo ancho, ideal para puños y bajos de jerséis.

Elástico con triángulos *(pág. 121)*

La textura elástica de este punto de aspecto triangulado es idónea para fundas de cojín.

Elástico con punto de arroz *(pág. 119)*

Un elástico diferente, perfecto para trabajar en prendas de bebé con lanas o algodones finos.

Trenzas y ochos

Uno de los motivos más clásicos a la hora de tejer son las trenzas, también llamadas ochos por su forma curvada al trenzar los puntos. Las agujas auxiliares resultan imprescindibles para tejer estos dibujos, ya que permiten suspender los puntos, mientras no se trabajan, con total comodidad y sin que se escapen.

Las trenzas son más gruesas cuantos más puntos se crucen, y más altas cuantas más pasadas tardemos en cruzar los puntos de nuevo.

Desde los clásicos ochos a las sofisticadas trenzas encadenadas, estos son los puntos de trenza más populares.

Guía de patrones de cada muestra en las páginas 122-163.

Minitrenzas (*pág. 123*)

Juego de trenzas delgadas para crear texturas con marcados relieves. Perfectas para jerséis.

Trenza doble (*pág. 130*)

Sugerente efecto de trenza doble, muy indicado para lanas de grosor fino o medio.

Juego de trenzas *(pág. 134)*

A medio camino entre las trenzas y los rombos, es ideal en grandes piezas, como mantas o *plaids*.

Trenzas encadenadas *(pág. 127)*

Una trenza ancha con dibujo central, que suele trabajarse con lanas finas o algodones.

Ochos clásicos *(pág. 122)*

El más clásico de los dibujos trenzados es un imprescindible en los jerséis de invierno.

Damero trenzado *(pág. 124)*

Combinar la misma trenza a distintas alturas ofrece este bonito efecto damero.

Trenza simple *(pág. 123)*

Un dibujo clásico y atemporal, muy indicado
para fundas de cojín o cuellos grandes.

Trenza hueca *(pág. 137)*

Las trenzas anchas crean un efecto liso en su
interior. Un relieve más ligero que otras trenzas.

Trenzas con espigas *(pág. 126)*

Un bonito efecto calado, perfecto para prendas
tejidas en lanas muy finas.

Trenzas continuas *(pág. 131)*

Una textura de relieve continuo perfecta para
jerséis tejidos en lanas de grosor medio.

Trenzas en cadena *(pág. 124)*

Combinando trenzas de distintas alturas se consiguen efectos encadenados como este.

Trenza tejida *(pág. 133)*

Jugando con puntos derecho y puntos revés se logran efectos trenzados sin cruzar puntos.

Trenzas retorcidas *(pág. 130)*

Las trenzas más marcadas son ideales para prendas voluminosas, tejidas con lanas gruesas.

Trenza con tallo *(pág. 163)*

Trabajada con dos agujas auxiliares, esta trenza remata decorativamente cualquier prenda.

Los canalés ofrecen una textura continua, marcada por unos característicos surcos. Estos dibujos pueden ser más o menos anchos, e incluso presentar relieves irregulares. Suelen usarse para tejer los bajos y los puños de las prendas de vestir.

Calados

Trabajar los puntos juntos y volverlos a crear después con hebras crea huecos en el tejido, los llamados puntos calados. Con ellos se consigue tejer prendas más ligeras y motivos de delicadísimo detalle.

Los calados se utilizan en jerséis y tops de entretiempo y verano, trabajados con algodones finos, pero también con lanas finas, para obtener dibujos de gran minuciosidad. Aunque parecen puntos difíciles, algunos, como el punto de malla, son realmente fáciles incluso para principiantes.

Estos son algunos de los puntos calados más habituales.

Calado en zigzag *(pág. 130)*

Un calado en picos perfecto para los bajos y las mangas de los tops de verano.

Calado enrejado *(pág. 127)*

Una textura muy ligera para tejer lanas o algodones gruesos. Ideal para chales.

Calado en panal *(pág. 134)*

Un punto sofisticado que se trabaja con agujas finas. El resultado imita el ganchillo.

Calado en espiga *(pág. 136)*

Calado simétrico que dibuja hojas. Ideal para colchas de algodón.

Calado en rama *(pág. 151)*

Perfecto para dibujar un motivo al tejer con lanas gruesas.

Calado central *(pág. 123)*

Un calado de gran protagonismo, especialmente pensado para bufandas y chales.

Calado triangular doble *(pág. 135)*

Ligero y firme a la vez, este calado es perfecto para tops de verano.

Calado con trenzas *(pág. 132)*

Una delicada hilera calada entre trenzas: un dibujo de gran detalle, ideal para lanas finas.

Calado en malla *(pág. 126)*

Un calado continuo de gran belleza, especialmente pensado para prendas ligeras.

Calado con flor *(pág. 138)*

Detalle minucioso en este calado espléndido, pefecto para colchas o grandes chales.

Calado en picos *(pág. 144)*

Un punto que se adapta a la hora de tejer cualquier tipo de grosor de lana.

Calado en diagonal *(pág. 143)*

Líneas y rombos se entrecuzan en este calado, indicado para trabajar con algodones y sedas.

Calado en rombo *(pág. 144)*

Los relieves y trenzados destacan con marcos calados como el que teje este punto.

Calado triangular pequeño *(pág. 133)*

Un sencillo calado de pequeño tamaño, ideal para prendas de vestir.

Relieves

Jugar con las texturas no solo depende del hilo escogido: también podemos crear relieves y dibujos con este tipo de puntos. Trabajarlos en toda la labor permite crear dibujos uniformes en la prenda completa, aunque también se utilizan para destacar alguna parte, como los delanteros o las mangas.

Algunos, como el punto mariposa o la guirnalda, quedan mejor en lanas finas, para poder apreciar todo su detalle. Otros, como el punto de colmena, admiten cualquier grosor de hilo.

Estos son algunos de los puntos en relieve más frecuentes.

Guía de patrones de cada muestra en las páginas 126-163.

Punto mariposa *(pág. 148)*

Un delicado juego de hilos entrecruzados da relieve y profundidad a un sencillo punto liso.

Falsas trenzas *(pág. 145)*

Sobre una base de punto bobo, un relieve de punto derecho simula trenzas.

Relieve cruzado *(pág. 126)*

Este punto sugiere la trama de un tejido, en el que los puntos al revés sobresalen del resto.

Liso con bodoques *(pág. 156)*

Estas franjas decoradas con bodoques ofrecen una textura perfecta para jerséis voluminosos.

Relieve de rombos *(pág. 151)*

Algunos relieves dibujan formas geométricas, como este punto que simula rombos.

Franjas intercaladas *(pág. 148)*

Combinar punto derecho y punto revés crea bonitos efectos de franjas con relieve.

Punto de palmeras *(pág. 150)*

Uno de los puntos más utilizados para tejer tanto prendas de vestir como fundas de cojín o colchas.

Punto de colmena *(pág. 150)*

Este punto es uno de los más populares para crear relieves fácilmente en todo tipo de prendas.

Relieve en cruz *(pág. 163)*

Un sutil juego de texturas que forma pequeñas cruces o rombos, ideal para jerséis.

Relieve en espiga *(pág. 149)*

Este punto, de delicado dibujo espigado, es perfecto para mantas de bebé o tops de verano.

Guirnalda *(pág. 147)*

Esta guirnalda con bodoques queda perfecta en prendas tejidas con lanas medias o finas.

Relieve partido *(pág. 145)*

Ideal para prendas tupidas, como mantas o ponchos, por su punto prieto y su relieve denso.

Panales entrelazados *(pág. 147)*

Uno de los puntos con mayor relieve, ideal para mantas, *plaids* y fundas de cojín.

Rombos en negativo *(pág. 131)*

Otra forma geométrica tejida con punto revés sobre punto liso para dar textura a la labor.

Rombos

Junto con las trenzas, los rombos son el motivo más frecuente en todo tipo de labores tejidas, porque ofrecen diseños variados y quedan bien tanto en prendas de vestir o complementos como en mantas o fundas de cojín.

La elección de un rombo u otro suele venir determinada por el tamaño de la labor, ya que los grandes rombos quedan mejor en piezas de gran envergadura, como los rombos acolchados.

Estos son los puntos más utilizados para tejer rombos.

Guía de patrones de cada muestra en las páginas 122-164.

Rombo polar *(pág. 155)*

Este relieve queda perfecto al tejer en lana gruesa piezas voluminosas.

Rombos acolchados *(pág. 164)*

Espectacular juego de texturas que imita a la perfección el acolchado en tela.

Pequeños rombos *(pág. 132)*

Un dibujo continuo con figuras romboidales, perfecto para jerséis y chaquetas.

Juego de rombos *(pág. 146)*

El contraste de texturas hace de este punto un recurso idóneo para tejer fundas de todo tipo

Rombos huecos *(pág. 160)*

Un rombo tejido sobre punto liso, ideal para jerséis y bufandas.

Rombos calados *(pág. 161)*

Chales, mantas y piezas de gran tamaño son las más indicadas para utilizar este punto al tejer.

Malla de rombos *(pág. 122)*

Un dibujo de rombos muy calado, perfecto para prendas ligeras de entretiempo o verano.

Falsos rombos *(pág. 142)*

Las curvas que traza este punto simulan figuras de rombos. Perfecto para jerséis masculinos.

Rombos clásicos *(pág. 157)*

Un motivo clásico en todo tipo de chaquetas y jerséis, por su gran vistosidad.

Rombos geométricos *(pág. 159)*

Estos rombos entrecruzados son fáciles de tejer: solo utilizan punto derecho y punto revés.

Rombos con marco *(pág. 154)*

Contorno de rombo tejido sobre punto liso revés, una forma diferente para el clásico rombo hueco.

Rombos en diagonal *(pág. 158)*

Ideal para prendas tejidas con lanas finas, como las prendas para bebé

Rombos entrelazados *(pág. 162)*

Curioso efecto de rombos entrelazados de gran relieve, ideal para chaquetas muy gruesas.

Cadena de rombos *(pág. 156)*

A medio camino entre las trenzas y los rombos, este punto simula un dibujo de cadenas.

Jacquards

Se llama punto jacquard al que utiliza hilos de varios colores para formar un dibujo. El secreto para lograr un punto perfecto es entrecruzar los hilos por el revés de la labor cada vez que se cambia de hilo, para evitar que queden huecos en el tejido.

El punto jacquard se trabaja siempre con punto jersey derecho y las indicaciones que se dan en el gráfico corresponden a los cambios de color, no de punto.

Estos son algunos de los motivos jacquard más originales y fáciles de tejer.

Copo de nieve *(pág. 135)*

Este dibujo queda perfecto tejiendo en blanco sobre un color vivo: azul, rojo, verde..

Cruces *(pág. 161)*

Este juego bicolor también puede tejerse con dos tonos distintos de un mismo color.

Zigzag *(pág. 137)*

La clásica forma en zigzag, perfecta para dar
color a grandes piezas, como chaquetas.

Serpentinas *(pág. 146)*

Un motivo invernal para decorar jerséis o hacer
fundas para tazas.

Colmena *(pág. 161)*

Ideal para prendas infantiles, es un motivo que
también se teje en mantas y plaids.

Estrella polar *(pág. 159)*

El clásico dibujo de estrella, rematado por un
marco de color.

Cruzar los puntos al
tejer crea bonitos efectos
trenzados con la lana. Con
la misma técnica pueden
trabajarse los clásicos ochos
con lanas gruesas o las
trenzas más delicadas con
algodones finos.

Patrones

Punto de arroz

Instrucciones:

Montar un núm. de p. múlt. de 2.

1ª vta. *1 p.der., 1 p.rev.* Rep. de * a *.

2ª vta. *1 p.rev., 1 p.der.* Rep. de * a *.

Rep. las vtas. 1ª y 2ª cont.

Punto arena

Instrucciones:

Montar un núm. de p. múlt. de 2.

1ª vta. Trab. todos los p. al der.

2ª vta. *1 p.der., 1 p.rev.* Rep. de * a *.

Rep. las vtas. 1ª y 2ª cont.

Punto de espiga calado

Instrucciones:

Montar un núm. de p. múlt. de 2.

Vtas. impares. Trab. todos los p. al der.

2ª vta. *Tej. 3 p.rev. y montar el primer p. sobre los otros dos. 1 heb.* Rep. de * a *.

4ª vta. 2 p.der., 1 heb.* Tej. 3 p.rev. y montar el primer p. sobre los otros dos. 1 heb.* Rep. de * a * y term. con 1 p.der.

6ª vta. 1 p.der., 1 heb.* Tej. 3 p.rev. y montar el primer p. sobre los otros dos. 1 heb.* Rep. de * a * y term. con 2 p.der.

Rep. las vtas. 1ª a 6ª cont.

Falso punto inglés

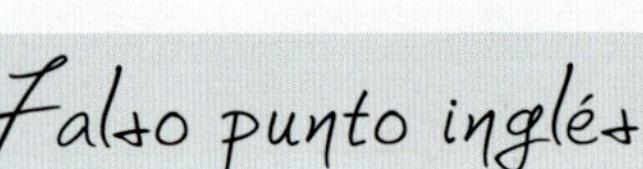

Instrucciones:

Montar un núm. de p. múlt. de 4.

1ª vta. *2 p.der., 1 p.rev., 1 p.der.* Rep. de * a *.

2ª vta. *3 p.der., 1 p.rev.* Rep. de * a *.

Rep. las vtas. 1ª y 2ª cont.

Elástico simple

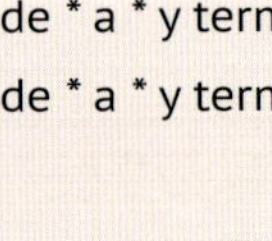

Instrucciones:

Montar un núm. de p. múlt. de 2.

1ª vta. *1 p.der., 1 p.rev.* Rep. de * a *.

2ª vta. Trab. los p. como se presenten.

Rep. las vtas. 1ª y 2ª cont.

Punto semitela

Instrucciones:

Montar un núm. de p. múlt. de 2, más 1 p.

1ª vta. *1 p.der. Pas. 1 p. sin h. al rev. con el hilo del.* Rep. de * a * y term. con 1 p.der.

2ª vta. Trab. todos los p. al rev.

3ª vta. Trab. todos los p. al der.

4ª vta. Pas. 1 p. sin h. al rev. con el hilo del., 1 p.der.* Rep. de * a * y term. pas. 1 p. sin h. al rev. con el hilo del.

Rep. las vtas. 1ª a 4ª cont.

Punto tela

Instrucciones:

Montar un núm. de p. múlt. de 2, más 1 p.

1ª vta. *1 p.rev., pas. 1 p. sin h. al rev. con el hilo del.* Rep. de * a * y term. con 1 p.rev.

2ª vta. 1 p.der., *1 p.rev., 1 p.der.* Rep. de * a *.

Rep. las vtas. 1ª y 2ª cont.

Punto semipartido

Instrucciones:

Montar un núm. de p. múlt. de 2, más 1 p.

1ª vta. Trab. todos los p. al der.

2ª vta. Trab. todos los p. al rev.

3ª vta. Trab. todos los p. al der.

4ª vta. 1 p.rev., *1 p.der., 1 p.rev.* Rep. de * a *.

Rep. las vtas. 1ª a 4ª cont.

Punto de espiga

Instrucciones:

Montar un núm. de p. múlt. de 2.

Vtas. impares. Trab. todos los p. al der.

2ª vta. *Tej. 3 p.rev. sin soltar los p. de la ag. izq., añadir una heb. a la ag. der. y volver a trab. los 3 p. al rev. 1 p.rev.* Rep. de * a *.

4ª vta. 2 p.rev.* Tej. 3 p.rev. sin soltar los p. de la ag. izq., añadir una heb. a la ag. der. y volver a trab. los 3 p. al rev., 1 p.rev.* Rep. de * a * y term. con 1 p.rev.

Rep. las vtas. 1ª a 4ª cont.

Elástico con punto de arroz

Instrucciones:

Montar un núm. de p. múlt. de 5.

1ª vta. *3 p.der., 1 p.rev., 1 p.der.* Rep. de * a *.

2ª vta. *1 p.der., 1 p.rev., 1 p.der., 2 p.rev.* Rep. de * a *.

Rep. las vtas. 1ª y 2ª cont.

Punto granito

Instrucciones:

Montar un núm. de p. múlt. de 4.

1ª vta. *3 p.rev., 1 p.der.* Rep. de * a *.

2ª vta. Trab. los p. como se presenten.

3ª vta. *1 p.rev., 1 p.der., 2 p.rev.* Rep. de * a *.

4ª vta. Trab. los p. como se presenten.

Rep. las vtas. 1ª a 4ª cont.

Punto de arroz doble

Instrucciones:

Montar un núm. de p. múlt. de 2, más 1 p.

1ª vta. *1 p.der., 1 p.rev.* Rep. de * a * y term. con 1 p.der.

2ª vta. Trab. los p. como se presenten.

3ª vta. Trab. todos los p. al der.

4ª vta. Trab. todos los p. al der.

Rep. las vtas. 1ª a 4ª cont.

Punto tejido

Instrucciones:

Montar un núm. de p. múlt. de 2.

1ª vta. *Pas. 1 p. sin h. al rev. con el hilo detrás, tej. 1 p.der., 1 heb., pas.enc. de la heb. y el p.der. ese p. sin h.* Rep. de * a *.

2ª vta. Trab. todos los p. al rev.

3ª vta. 1 p.der. *Pas. 1 p. sin h. al rev. con el hilo detrás, 1 p.der., 1 heb., pas.enc. de la heb. y el p.der. ese p. sin h.* Rep. de * a * y term. con 1 p.der.

4ª vta. Trab. todos los p. al rev.

Rep. las vtas. 1ª a 4ª cont.

Elástico doble

Instrucciones:

Montar un núm. de p. múlt. de 2.

1ª vta. *2 p.der., 2 p.rev.* Rep. de * a *.

2ª vta. Trab. los p. como se presenten.

Rep. las vtas. 1ª y 2ª cont.

Canalé grueso

Instrucciones:

Montar un núm. de p. múlt. de 6.

1ª vta. *2 p.rev., 4 p.der.* Rep. de * a *.

2ª vta. Trab. los p. como se presenten.

Rep. las vtas. 1ª y 2ª cont.

Punto tamiz

Instrucciones:

Montar un núm. de p. múlt. de 2, más 1 p.

1ª vta. Trab. todos los p. al der.

2ª vta. 1 p.der. *Pas. 1 p. sin h. al rev. con el hilo del., 1 p.der.* Repetir de * a *.

3ª vta. Trab. todos los p. al der.

4ª vta. Pas. 1 p. sin h. al revés con el hilo del. *1 p.der., pas. 1 p. sin h. al rev. con el hilo del.* Rep. de * a *.

Rep. las 4 vtas. cont.

Elástico partido

Instrucciones:

Montar un núm. de p. múlt. de 3 más 1 p.

1ª y 3ª vta. *2 p.der., 1 p.rev.* Rep. de * a * y term. con 1 p.der.

2ª vta. Trab. los p. como se presenten.

4ª vta. Trab. todos los p. al der.

Rep. las vtas. 1ª a 4ª cont.

Punto de cadeneta

Instrucciones:

Montar un núm. de p. múlt. de 2.

1ª vta. LR. 1 p.der., *1 p.der., pas. 1 p.der. sin h.* Rep. de * a * y term. con 1 p.der.

2ª vta. LD. 1 p.der., *1 p.rev., pas. 1 p.der. sin h. y sin bajar el hilo.* Rep. de * a * y term. con 1 p.der.

Rep. las 2 vtas. cada vez que se quiera introducir el motivo.

Punto tamiz alargado

Instrucciones:

Montar un núm. de p. múlt. de 2 más 1 p.

1ª vta. *1 p.der., 1 p.rev.* Rep. de * a * y term. con 1 p.der.

2ª vta. Trab. los p. como se presenten.

3ª y 4ª vtas. Trab. todos los p. al der.

Rep. las vtas. 1ª a 4ª cont.

Elástico con triángulos

Instrucciones:

Montar un núm. de p. múlt. de 7.

1ª y 6ª vtas. *6 p.rev., 1 p.der.* Rep. de * a *.

2ª y 5ª vtas. *2 p.rev., 5 p.der.* Rep. de * a *.

3ª y 4ª vtas. *4 p.rev., 3 p.der.* Rep. de * a *.

Rep. las vtas. 1ª a 6ª cont.

Malla de rombos

Instrucciones:

Trab. sobre un núm. de p. múlt. de 12 más 17 p.

1ª, 5ª y 9ª vtas. 1 p.der., 1 heb. Pas. 1 p. sin h., tej. 2 p.der. y pas.enc. el p. sin h. 1 heb., 2 p.jtos.der., 1 heb., 2 p.jtos.der., 1 heb., *1 p.der., 1 heb. Pas. 1 p. sin h., tej. 1 p.der. y pas.enc. el p. sin h. 1 heb. Pas. 1 p. sin h., tej. 2 p.der. y pas.enc. el p. sin h. 1 heb., 2 p.jtos.der., 1 heb., 2 p.jtos.der., 1 heb.* Rep. de * a * y term. con 1 p.der., 1 heb. Pas. 1 p. sin h., tej. 1 p.der. y pas.enc. el p. sin h. 1 heb. Pas. 1 p. sin h., tej. 1 p.der. y pas.enc. el p. sin h. 1 heb. Pas. 1 p. sin h., tej. 2 p.der. y pas.enc. el p. sin h. 1 heb., 1 p.der.

Vtas. pares. Trab. todos los p. como se presenten.

3ª y 7ª vtas. 3 p.der., 2 p.jtos.der., 1 heb., 2 p.jtos.der., 1 heb., 1 p.der., *2 p.der., 1 heb. Pas. 1 p. sin h., tej. 1 p.der. y pas.enc. el p. sin h. 1 heb. Pas. 1 p. sin h., tej. 1 p.der. y pas.enc. el p. sin h. 1 p.der., 2 p.jtos.der., 1 heb., 2 p.jtos.der., 1 heb., 1 p.der.* Rep. de * a * y term. con 2 p.der., 1 heb. Pas. 1 p. sin h., tej. 1 p.der. y pas.enc. el p. sin h. 1 heb. Pas. 1 p. sin h., tej. 1 p.der. y pas.enc. el p. sin h. 3 p.der.

11ª, 15ª y 19ª vtas. 2 p.jtos.der., 1 heb., 1 p.der., 1 heb. Pas. 1 p. sin h., tej. 1 p.der. y pas.enc. el p. sin h. 1 heb. Pas. 1 p. sin h., tej. 1 p.der. y pas.enc. el p. sin h. 1 heb. *Pas. 1 p. sin h., tej. 2 p.der. y pas.enc. el p. sin h. 1 heb., 2 p.jtos.der., 1 heb., 2 p.jtos.der., 1 heb., 1 p.der., 1 heb. Pas. 1 p. sin h., tej. 1 p.der. y pas.enc. el p. sin h. 1 heb. Pas. 1 p. sin h., tej. 1 p.der. y pas.enc. el p. sin h. 1 heb.* Rep. de * a * y term. pas. 1 p. sin h., tej. 2 p.der. y pas.enc. el p. sin h. 1 heb., 2 p.jtos.der., 1 heb., 1 p.der., 1 heb. Pas. 1 p. sin h., tej. 1 p.der. y pas.enc. el p. sin h.

13ª y 17ª vtas. 4 p.der., 1 heb. Pas. 1 p. sin h., tej. 1 p.der. y pas.enc. el p. sin h. 1 heb. Pas. 1 p. sin h., tej. 1 p.der. y pas.enc. el p. sin h., *1 p.der., 2 p.jtos.der., 1 heb., 2 p.jtos.der., 1 heb., 3 p.der., 1 heb. Pas. 1 p. sin h., tej. 1 p.der. y pas.enc. el p. sin h. 1 heb. Pas. 1 p. sin h., tej. 1 p.der. y pas.enc. el p. sin h.* Rep. de * a * y term. con 1 p.der., 2 p.jtos.der., 1 heb., 2 p.jtos.der., 1 heb., 4 p.der.

Rep. las vtas. 1ª a 20ª cont.

Ochos clásicos

Instrucciones:

Trab. sobre 9 p.

1ª, 3ª, 5ª, 9ª, 11ª y 13ª vtas. Trab. todos los p.der.

Vtas. pares. Trab. los p. al rev.

7ª vta. Pon. 6 p. en una ag.aux. detrás, tej. 3 p.der., tej. los 3 p. de la izq. de la ag.aux. al der. y tej. los 3 p. rest. de la ag.aux. al der.

15ª vta. Pon. 3 p. en la 1ª ag.aux. detrás, pon. 3 p. en la 2ª ag.aux. del. Tej. los 3 p. de la 2ª ag.aux. al der y tej. los 3 p. de la 1ª ag.aux. al der.

Rep. las vtas. 1ª a 16ª cont.

Minitrenzas

Instrucciones:

Trab. sobre un núm. de p. múlt. de 9 más 3 p.

1ª vta. *3 p.rev., 6 p.der.* Rep. de * a * y term. con 3 p.rev.

Vtas. pares. Trab. los p. como se presenten.

3ª vta. *3 p.rev. Pon. 3 p. en una ag.aux. detrás, tej. 3 p.der. y tej. los 3 p. de la ag.aux. al der.* Rep. de * a * y term. con 3 p.rev.

Rep. las vtas. 1ª a 4ª cont.

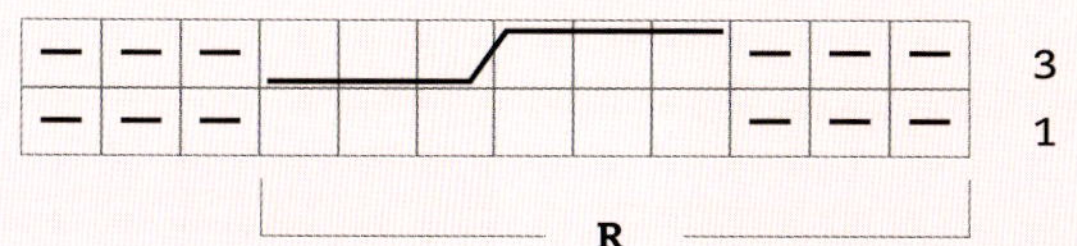

Trenza simple

Instrucciones:

Trab. sobre un núm. de p. múlt. de 7 más 3 p.

1ª y 3ª vtas. *3 p.rev., 4 p.der.* Rep. de * a * y term. con 3 p.rev.

Vtas. pares. Trab. los p. como se presenten.

5ª vta. *3 p.rev. Pon. 2 p. en una ag.aux. detrás, tej. 2 p.der. y tej. los 2 p. de la ag.aux. al der.* Rep. de * a * y term. con 3 p.rev.

Rep. las vtas. 1ª a 6ª cont.

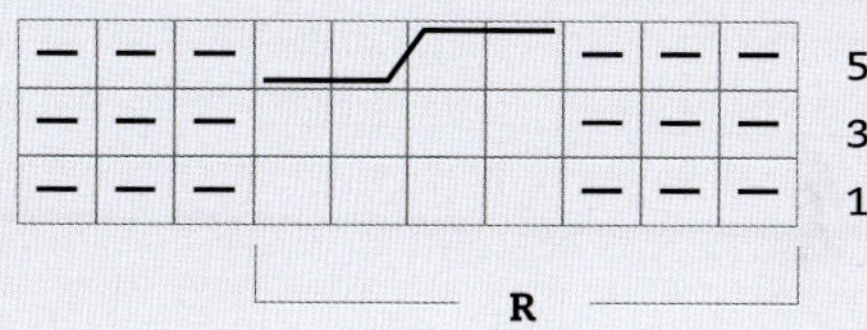

Calado central

Instrucciones:

Montar un núm. de p. múlt. de 19, más 4 p.

1ª vta. Pas. 1 p. sin h., tej. 1 p.der., pas.enc. el p. sin h. 1 heb., 2 p.der. *Pas. 1 p. sin h., tej. 1 p.der., pas.enc. el p. sin h. 4 p.der., 5 heb., 4 p.der., 2 p.jtos.der. Pas. 1 p. sin h., tej. 1 p.der., pas.enc. el p. sin h. 1 heb., 2 p.der.* Rep. de * a *.

2ª vta. *2 p.jtos.rev., 1 heb., 2 p.rev., 2 p.jtos.rev., 3 p.rev., 5 p.rev.retorc., 3 p.rev., 2 p.jtos.rev.retorc.* Rep. de * a * y term. con 2 p.jtos.rev., 1 heb., 2 p.rev.

3ª vta. Pas. 1 p. sin h., tej. 1 p.der., pas.enc. el p. sin h. 1 heb., 2 p.der. *2 p.jtos.der., 2 p.der., 5 p.der. con heb., 2 p.der., 2 p.jtos.der. Pas. 1 p. sin h., tej. 1 p.der., pas.enc. el p. sin h. 1 heb., 2 p.der.* Rep. de * a *.

4ª vta. *2 p.jtos.rev., 1 heb., 2 p.rev., 2 p.jtos.rev., 12 p.rev., 2 p.jtos.rev.retorc.* Rep. de * a * y term. con 2 p.jtos.rev., 1 heb., 2 p.rev.

5ª vta. Pas. 1 p. sin h., tej. 1 p.der., pas.enc. el p. sin h. 1 heb., 2 p.der. *Pas. 1 p. sin h., tej. 1 p.der., pas.enc. el p. sin h. 10 p.der., 2 p.jtos.der. Pas. 1 p. sin h., tej. 1 p.der., pas.enc. el p. sin h. 1 heb., 2 p.der.* Rep. de * a *.

6ª y 8ª vtas. *2 p.jtos.rev., 1 heb., 2 p.rev., 12 p.der.* Rep. de * a * y term. con 2 p.jtos.rev., 1 heb., 2 p.rev.

7ª vta. Pas. 1 p. sin h., tej. 1 p.der., pas.enc. el p. sin h. 1 heb., 2 p.der. *12 p.rev. Pas. 1 p. sin h., tej. 1 p.der., pas.enc. el p. sin h. 1 heb., 2 p.rev.* Rep. de * a *.

Rep. las vtas. 1ª a 8ª cont.

Instrucciones:

Trab. sobre 16 p.

1ª, 3ª, 5ª, 9ª, 11ª y 15ª vtas. 1 p.rev., *6 p.der., 2 p.rev., 1 p.der., 1 p.rev., 1 p.der., 2 p.rev., 1 p.der.* Rep. de * a * y term. con 1 p.rev.

Vtas. pares. Trab. todos los p. como se presenten.

7ª y 13ª vtas. 1 p.rev. *Pon. 3 p. en una ag.aux. del., tej. 3 p.der. y tej. los p. de la ag.aux. al der. 2 p.rev., 1 p.der., 1 p.rev., 1 p.der., 2 p.rev., 1 p.der.* Rep. de * a * y term. con 1 p.rev.

17ª y 35ª vtas. 1 p.rev., *1 p.der., 2 p.rev., 1 p.der., 1 p.rev., 1 p.der., 2 p.rev., 1 p.der., 1 p.rev., 1 p.der., 2 p.rev., 1 p.der.* Rep. de * a * y term. con 1 p.rev.

19ª, 21ª, 23ª, 27ª, 29ª y 33ª vtas. 1 p.rev., *1 p.der., 2 p.rev., 1 p.der., 1 p.rev., 1 p.der., 2 p.rev., 6 p.der.* Rep. de * a * y term. con 1 p.rev.

25ª y 31ª vtas. 1 p.rev: *1 p.der., 2 p.rev., 1 p.der., 1 p.rev., 1 p.der., 2 p.rev. Pon. 3 p. en una ag.aux. detrás, tej. 3 p.der. y tej. los p. de la ag.aux. al der.* Rep. de * a * y term. con 1 p.rev.

Rep. las vtas. 1ª a 36ª cont.

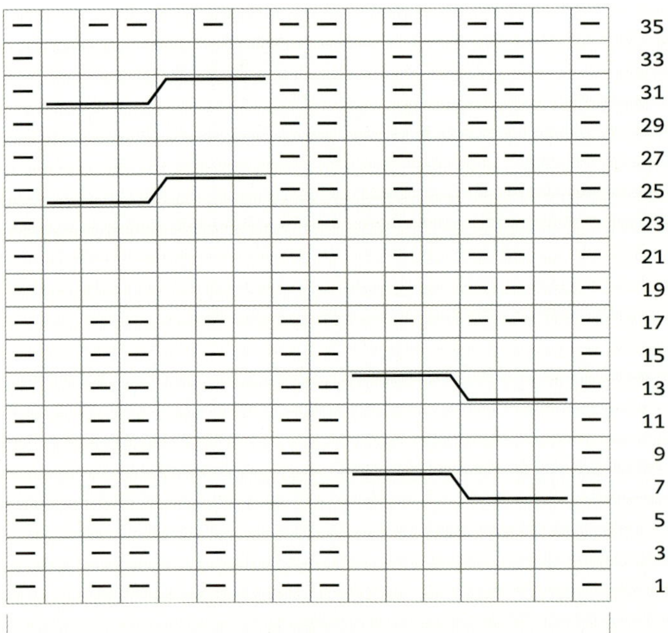

R

35
33
31
29
27
25
23
21
19
17
15
13
11
9
7
5
3
1

Instrucciones:

Trab. sobre un núm. de p. múlt. de 30 p.

1ª y 71ª vtas. 3 p.rev., *2 p.rev., 4 p.der., 7 p.rev., 4 p.der., 7 p.rev., 4 p.der., 2 p.rev.* Rep. de * a * y term. con 3 p.rev.

Vtas. pares. Trab. todos los p. como se presenten.

3ª vta. 3 p.rev., *2 p.rev., 4 p.der., 5 p.rev. Pon. 2 p. en una ag.aux. detrás, tej. 2 p.der. y tej. los p. de la ag.aux. al der. Pon. 2 p. en una ag.aux. del., tej. 2 p.der. y tej. los p. de la ag.aux. al der. 5 p.rev., 4 p.der., 2 p.rev.* Rep. de * a * y term con 3 p.rev.

5ª, 7ª, 9ª, 29ª, 31ª y 33ª vtas. 3 p.rev., *2 p.rev., 4 p.der., 5 p.rev., 8 p.der., 5 p.rev., 4 p.der., 2 p.rev.* Rep. de * a * y term con 3 p.rev.

11ª vta. 3 p.rev., *2 p.rev., 4 p.der., 5 p.rev. Pon. 2 p. en una ag.aux. detrás, tej. 2 p.rev. y tej. los p. de la ag.aux. al der. Pon. 2 p. en una ag.aux. del., tej. 2 p.rev. y tej. los p. de la ag.aux. al der. 5 p.rev., 4 p.der., 2 p.rev.* Rep. de * a * y term con 3 p.rev.

13ª, 15ª, 17ª, 19ª, 21ª, 23ª y 25ª vtas. 3 p.rev., *2 p.rev., 4 p.der., 5 p.rev., 2 p.der., 4 p.rev., 2 p.der., 5 p.rev., 4 p.der., 2 p.rev.* Rep. de * a * y term con 3 p.rev.

27ª y 35ª vtas. 3 p.rev., *2 p.rev., 4 p.der., 5 p.rev. Pon. 2 p. en una ag.aux. del., tej. 2 p.rev. y tej. los p. de la ag.aux. al der. Pon. 2 p. en una ag.aux. detrás, tej. 2 p.rev. y tej. los p. de la ag.aux. al der. 5 p.rev., 4 p.der., 2 p.rev.* Rep. de * a * y term con 3 p.rev.

37ª y 45ª vtas. 3 p.rev. *Pon. 2 p. en una ag.aux. detrás, tej. 2 p.der. y tej. los p. de la ag.aux. al der. Pon. 2 p. en una ag.aux. del., tej. 2 p.rev. y tej. los p. de la ag.aux. al der. 5 p.rev., 4 p.der., 2 p.rev. Pon. 2 p. en una ag.aux. detrás, tej.

2 p.der. y tej. los p. de la ag.aux. al der. Pon. 2 p. en una ag.aux. del., tej. 2 p.rev. y tej. los p. de la ag.aux. al der.* Rep. de * a * y term con 3 p.rev.

39ª, 41ª, 43ª, 63ª, 65ª y 67ª vtas. 3 p.rev., *8 p.der., 5 p.rev., 4 p.der., 5 p.rev., 8 p.der.* Rep. de * a * y term con 3 p.rev.

47ª, 49ª, 51ª, 53ª, 55ª, 57ª y 59ª vtas. 3 p.rev., *2 p.der., 4 p.rev., 2 p.der., 5 p.rev., 4 p.der., 5 p.rev., 2 p.der., 4 p.rev., 2 p.der.* Rep. de * a * y term con 3 p.rev.

61ª y 69ª vtas. 3 p.rev. *Pon. 2 p. en una ag.aux. del., tej. 2 p.der. y tej. los p. de la ag.aux. al der. Pon. 2 p. en una ag.aux. detrás, tej. 2 p.rev. y tej. los p. de la ag.aux. al der. 5 p.rev., 4 p.der., 5 p.rev. Pon. 2 p. en una ag.aux. del., tej. 2 p.der. y tej. los p. de la ag.aux. al der. Pon. 2 p. en una ag.aux. detrás, tej. 2 p.rev. y tej. los p. de la ag.aux. al der.* Rep. de * a * y term con 3 p.rev.

Rep. las vtas. 1ª a 72ª cont.

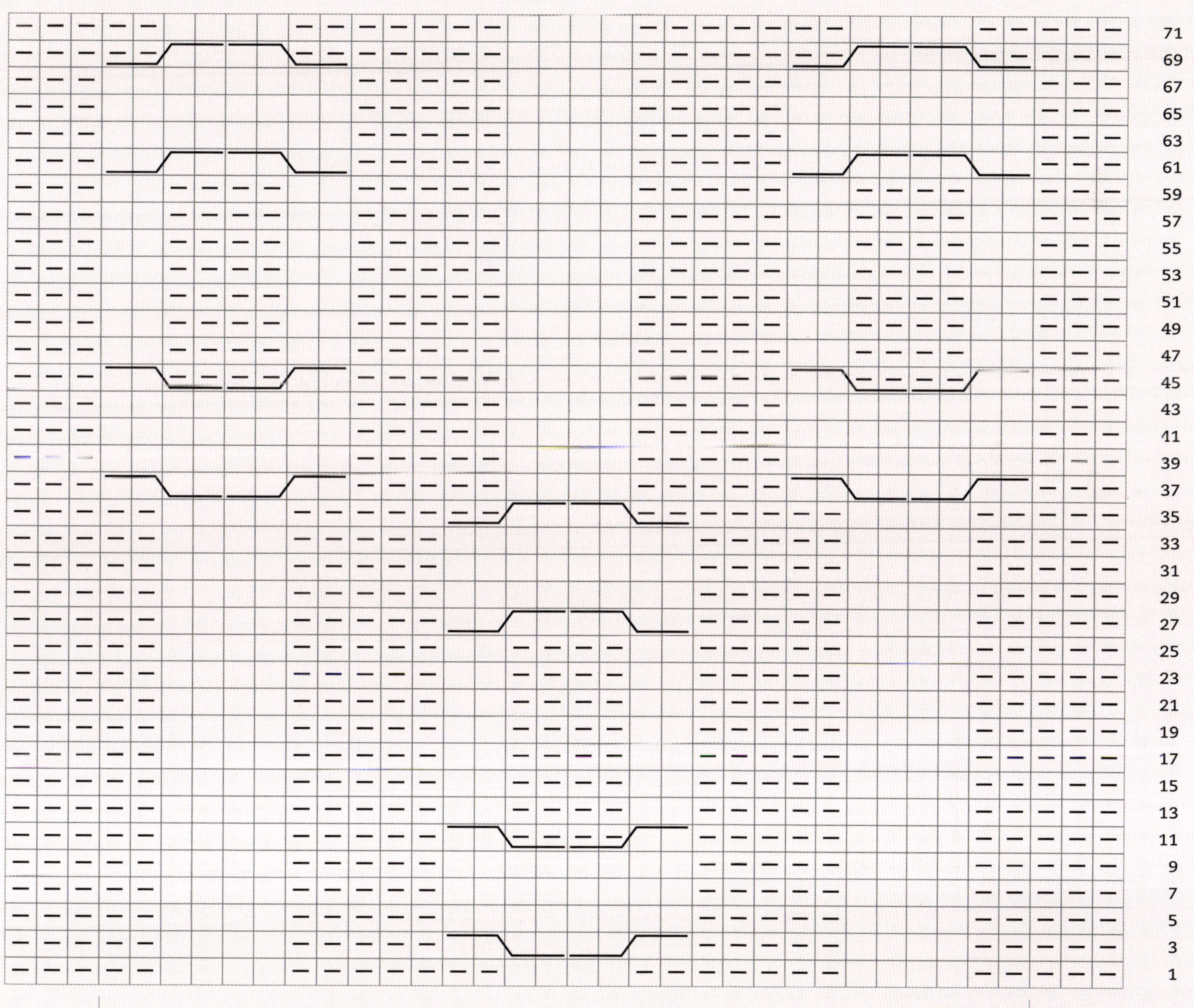

Trenzas con espigas

Instrucciones:

Trab. sobre 16 p.

1ª y 31ª vtas. Trab. todos los p. al der.

Vtas. pares. Trab. todos los p. como se presenten.

3ª vta. *6 p.der., 3 p.jtos.der., 1 heb., 1 p.der., 1 heb., 6 p.der.* Rep. de * a *.

5ª vta. *4 p.der., 3 p.jtos.der., 1 p.der., 1 heb., 1 p.der., 1 heb., 7 p.der.* Rep. de * a *.

7ª vta. *2 p.der., 3 p.jtos.der., 2 p.der., 1 heb., 1 p.der., 1 heb., 2 p.der. Pon. 3 p. en una ag.aux. del., tej. 3 p.der. y tej. los 3 p. de la ag.aux. al der.* Rep. de * a *.

9ª vta. *3 p.jtos.der., 3 p.der., 1 heb., 1 p.der., 1 heb., 9 p.der.* Rep. de * a *.

Rep. las vtas. 1ª a 10ª cont.

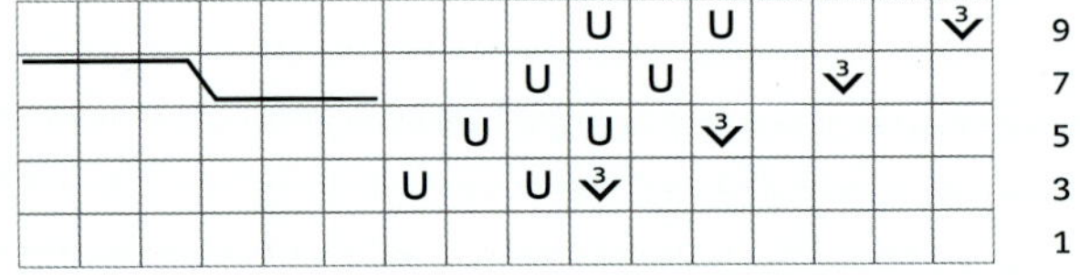

Relieve cruzado

Instrucciones:

Montar un núm. de p. múlt. de 8.

1ª vta. 1 p.rev., *3 p.der., 2 p.rev., 1 p.der., 2 p.rev.* Rep. de * a * y term. con 3 p.der. y 1 p.rev.

Vtas. pares. Trab. los p. como se presenten.

3ª vta. 1 p.rev., *5 p.rev., 1 p.der., 2 p.rev.* Rep. de * a * y term. con 4 p.rev.

5ª vta. 1 p.rev., *3 p.der., 2 p.rev., 1 p.der., 2 p.rev.* Rep. de * a * y term. con 3 p.der. y 1 p.rev.

7ª vta. 1 p.rev., *1 p.rev., 1 p.der., 2 p.rev., 3 p.der., 1 p.rev.* Rep. de * a * y term. con 1 p.rev., 1 p.der. y 2 p.rev.

9ª vta. 1 p.rev., *1 p.rev., 1 p.der., 6 p.rev.* Rep. de * a * y term. con 1 p.rev., 1 p.der. y 2 p.rev.

11ª vta. 1 p.rev., *1 p.rev., 1 p.der., 2 p.rev., 3 p.der., 1 p.rev.* Rep. de * a * y term. con 1 p.rev., 1 p.der. y 2 p.rev.

Rep. las vtas. 1ª a 12ª cont.

Calado en malla

Instrucciones:

Montar un núm. de p. múlt. de 4.

1ª vta. *2 p.der., 1 heb., 2 p.jtos.der.* Rep. de * a *.

2ª vta. *2 p.rev., 1 heb., 2 p.jtos.rev.* Rep. de * a *.

Rep. las vtas. 1ª y 2ª cont.

Calado enrejado

Instrucciones:

Montar un núm. de p. múlt. de 6 más 9 p.

1ª vta. 1 p.der., 1 heb. Pas. 1 p. sin h., tej. 1 p.der., pas.enc. el p. sin h. 1 p.der., *1 heb. Pas. 1 p. sin h., tej. 1 p.der., pas.enc. el p. sin h. 1 p.der., 1 heb. Pas. 1 p. sin h., tej. 1 p.der., pas.enc. el p. sin h. 1 p.der.* Rep. de * a * y term. con 1 heb. Pas. 1 p. sin h., tej. 1 p.der., pas.enc. el p. sin h. 1 p.der., 1 heb. Pas. 1 p. sin h., tej. 1 p.der., pas.enc. el p. sin h.

Vtas. pares. Trab. todos los p. y heb. del rev.

3ª vta. 2 p.der., 2 p.jtos.der., 1 heb., *1 p.der., 1 heb. Pas. 1 p. sin h., tej. 1 p.der., pas.enc. el p. sin h. 1 p.der., 2 p.jtos.der., 1 heb.* Rep. de * a * y term. con 1 p.der., 1 heb. Pas. 1 p. sin h., tej. 1 p.der., pas.enc. el p. sin h. 2 p.der.

5ª vta. 1 p.der., 2 p.jtos.der., 1 heb., 1 p.der., *2 p.der., 1 heb. Pas. 1 p. sin h., tej. 2 p.der., pas.enc. el p. sin h. 1 heb., 1 p.der.* Rep. de * a * y term. con 2 p.der., 1 heb. Pas. 1 p. sin h., tej. 1 p.der., pas.enc. el p. sin h. 1 p.der.

7ª vta. 1 p.der., 1 heb. Pas. 1 p. sin h., tej. 1 p.der., pas.enc. el p. sin h. 1 p.der., *1 heb. Pas. 1 p. sin h., tej. 1 p.der., pas.enc. el p. sin h. 1 p.der., 1 heb. Pas. 1 p. sin h., tej. 1 p.der., pas.enc. el p. sin h. 1 p.der.* Rep. de * a * y term. con 1 heb. Pas. 1 p. sin h., tej. 1 p.der., pas.enc. el p. sin h. 1 p.der., 1 heb. Pas. 1 p. sin h., tej. 1 p.der., pas.enc. el p. sin h.

9ª vta. 2 p.der., 1 heb. Pas. 1 p. sin h., tej. 1 p.der., pas.enc. el p. sin h., *1 p.der., 2 p.jtos.der., 1 heb., 1 p.der., 1 heb. Pas. 1 p. sin h., tej. 1 p.der., pas.enc. el p. sin h.* Rep. de * a * y term. con 1 p.der., 2 p.jtos.der., 1 heb., 2 p.der.

11ª vta. 3 p.der., 1 heb., *Pas. 1 p. sin h., tej. 1 p.der., pas.enc. el p. sin h. 1 heb., 3 p.der., 1 heb.* Rep. de * a * y term. pas. 1 p. sin h., tej. 1 p.der., pas.enc. el p. sin h. 1 heb., 3 p.der.

Rep. las vtas. 1ª a 12ª cont.

Trenzas encadenadas

Instrucciones:

Trab. sobre 22 p.

1ª, 3ª, 5ª y 9ª vtas. *3 p.rev., 1 p.der., 2 p.rev., 2 p.der., 2 p.rev., 2 p.der., 2 p.rev., 2 p.der., 2 p.rev., 1 p.der., 3 p.rev.* Rep. de * a *.

Vtas. pares. Trab. todos los p. como se presenten.

7ª vta. *3 p.rev. Pon. 4 p. en una ag.aux. del., tej. 1 p.der., 2 p.rev., 1 p.der. y trab. los p. de la ag.aux. tej. 1 p.der., 2 p.rev., 1 p.der. Pon. 4 p. en una ag.aux. detrás, tej. 1 p.der., 2 p.rev., 1 p.der. y trab. los p. de la ag.aux. tej. 1 p.der., 2 p.rev., 1 p.der. 3 p.rev.* Rep. de * a *.

Rep. las vtas. 1ª a 10ª cont.

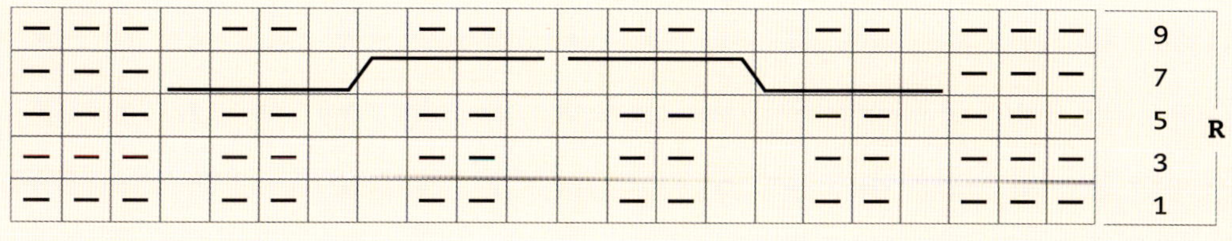

Los puntos calados dejan
pequeños huecos en el tejido
a semejanza de una red.
Pueden formar dibujos en
pico, ser continuos o dibujar
líneas, según el tipo de
patrón escogido. Suelen ser
los puntos más utilizados en
las prendas de verano.

Trenza doble

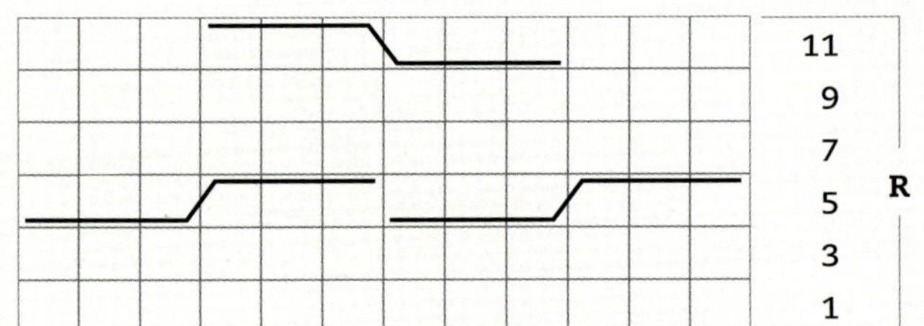

Instrucciones:

Trab. sobre 12 p.

1ª, 3ª, 7ª y 9ª vtas. Trab. todos los p. al der.

Vtas. pares. Trab. todos los p. como se presenten.

5ª vta. *Pon. 3 p. en una ag.aux. detrás, tej. 3 p.der. y tej. los 3 p. de la ag.aux. al der. Pon. 3 p. en una ag.aux. detrás, tej. 3 p.der. y tej. los 3 p. de la ag.aux. al der.* Rep. de * a *.

11ª vta. *3 p.der. Pon. 3 p. en una ag.aux. del., tej. 3 p.der. y tej. los 3 p. de la ag.aux. al der. 3 p.der.* Rep. de * a *.

Rep. las vtas. 1ª a 12ª cont.

Trenzas retorcidas

Instrucciones:

Trab. sobre 3 p.

1ª vta. 5 p.rev. Pon. 2 p. en una ag.aux., tej. 1 p.der. sin soltar de la ag. Tej. los 2 p. de la ag.aux. y dejar libre el primer p. hecho. 5 p.rev.

Vtas. pares. Trab. los p. como se presenten.

3ª vta. 5 p.rev., 2 p.jtos.der., 1 heb., 1 p.der., 5 p.rev.

Rep. las vtas. 1ª a 4ª cont.

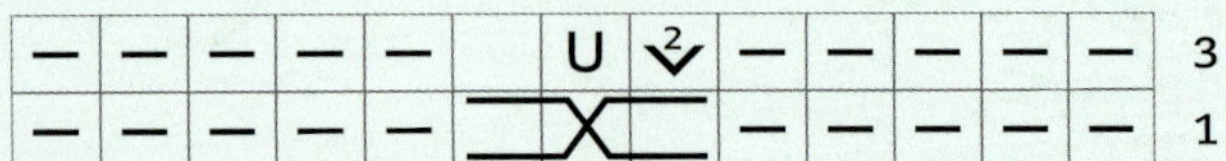

Calado en zigzag

Instrucciones:

Montar un núm. de p. múlt. de 6, más 3 p.

1ª vta. 1 p.der., *1 heb. Pas. 1 p. sin h., tej. 1 p.der., pas.enc. el p. sin h. 4 p.der.* Rep. de * a * y term. con 1 heb. Pas. 1 p. sin h., tej. 1 p.der., pas.enc. el p. sin h.

Vtas. pares. Trab. todos los p. y heb. del rev.

3ª vta. 1 p.der., *1 p.der., 1 heb. Pas. 1 p. sin h., tej. 1 p.der., pas.enc. el p. sin h. 1 p.der., 2 p.jtos.der., 1 heb.* Rep. de * a * y term. con 2 p.der.

5ª vta. 1 p.der., *2 p.der., 1 heb. Pas. 1 p. sin h., tej. 2 p.der., pas. enc. el p. sin h. 1 heb., 1 p.der.* Rep. de * a * y term. con 2 p.der.

7ª vta. 1 p.der., *3 p.der., 1 heb. Pas. 1 p. sin h., tej. 1 p.der., pas.enc. el p. sin h. 1 p.der.* Rep. de * a * y term. con 2 p.der.

9ª vta. Trab. todos los p. al der.

Rep. las vtas. 1ª a 10ª cont.

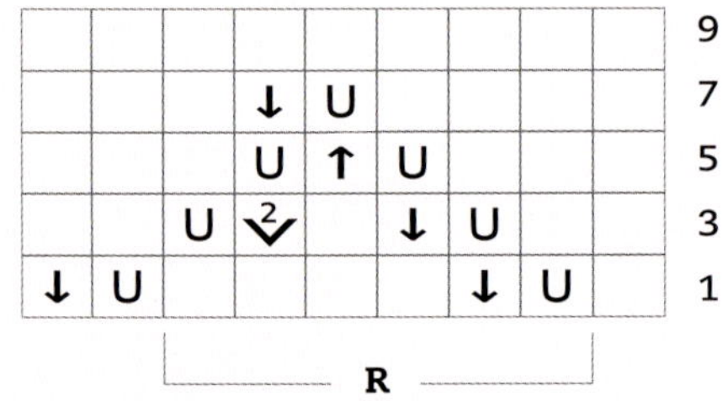

Instrucciones:

Trab. sobre 12 p.

1ª, 3ª, 5ª, 11ª y 13ª vtas. Trab. todos los p. al der.

2ª, 4ª, 6ª, 10ª, 12ª, 14ª y 18ª vtas. Trab. todos los p. al rev.

7ª vta. *6 p.der., pas. 6 p. del rev. sin h.* Rep. de * a *.

8ª vta. *Pas. 6 p.der. sin h., 6 p.rev.* Rep. de * a *.

9ª vta. *6 p.der. Pon. 3 p. en una ag.aux. del., tej. 3 p.der. y tej. los 3 p. de la ag.aux. al der.* Rep. de * a *.

15ª vta. *Pas. 6 p. del rev. sin h., 6 p.der.* Rep. de * a *.

16ª vta. *6 p.rev. Pas. 6 p.der. sin h.* Rep. de * a *.

17ª vta. *Pon. 3 p. en una ag.aux. del., tej. 3 p.der. y tej. los 3 p. de la ag.aux. al der. 6 p.der.* Rep. de * a *.

Trab. una vez las vtas. 1ª a 18ª y rep. las vtas. 3ª a 18ª cont.

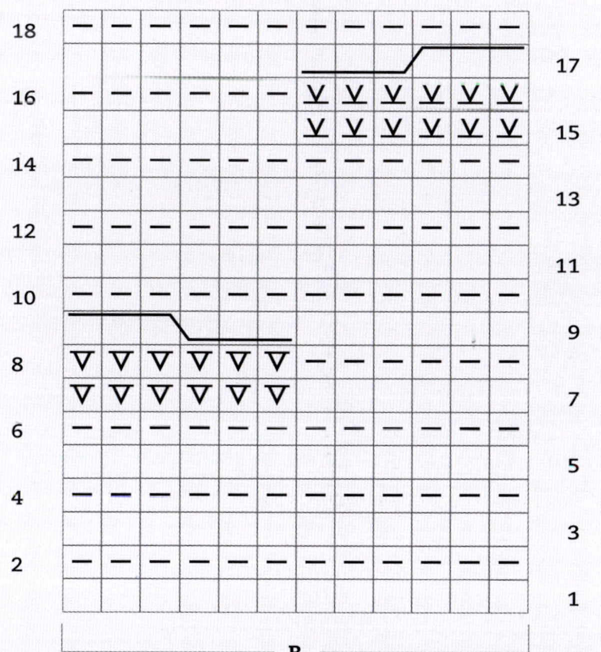

Instrucciones:

Montar un núm. de p. múlt. de 18.

1ª vta. *2 p.der., 1 p.rev., 9 p.der., 1 p.rev., 1 p.der.* Rep. de * a *.

Vtas. pares. Trab. todos los p. del rev.

3ª y 19ª vtas. *3 p.der., 1 p.rev., 3 p.der., 1 p.rev., 3 p.der., 1 p.rev., 2 p.der.* Rep. de * a *.

5ª y 17ª vtas. *4 p.der., 1 p.rev., 1 p.der., 3 p.rev., 1 p.der., 1 p.rev., 3 p.der.* Rep. de * a *.

7ª y 15ª vtas. *5 p.der., 5 p.rev., 4 p.der.* Rep. de * a *.

9ª y 13ª vtas. *4 p.der., 7 p.rev., 3 p.der.* Rep. de * a *.

11ª vta. *3 p.der., 9 p.rev., 2 p.der.* Rep. de * a *.

Rep. las vtas. 1ª a 20ª cont.

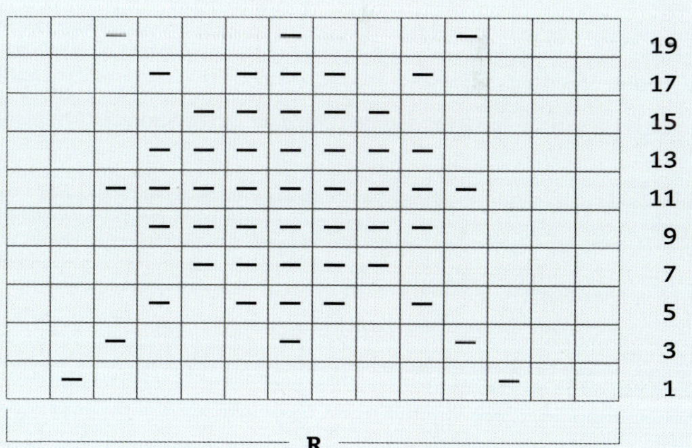

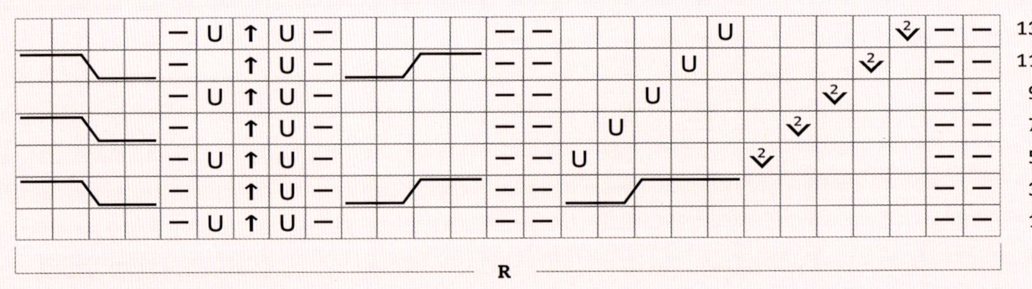

Instrucciones:

Trab. sobre un núm. de p. múlt. de 27.

1ª vta. *2 p.rev., 10 p.der., 2 p.rev., 4 p.der., 1 p.rev., 1 heb. Pas. 1 p. sin h., tej. 2 p.der., pas.enc. el p. sin h. 1 heb., 1 p.rev., 4 p.der.* Rep. de * a *.

Vtas. pares. Trab. los p. como se presenten y las heb. del rev.

3ª vta. *2 p.rev., 5 p.der. Pon. 5 p. en ag.aux. con el hilo detrás, tej. 3 p.der. y tej. los 2 p. de la ag.aux. 2 p.rev. Pon. 4 p. en ag.aux. con el hilo detrás, tej. 2 p.der. y tej. los 2 p. de la ag.aux. 1 p.rev., 1 heb. Pas. 1 p. sin h., tej. 2 p.der., pas.enc. el p. sin h. 1 p.der., 1 p.rev. Pon. 4 p. en ag.aux. con el hilo del., tej. 2 p.der. y tej. los 2 p. de la ag.aux.* Rep. de * a *.

5ª vta. *2 p.rev., 4 p.der., 2 p.jtos.der., 4 p.der., 1 heb., 2 p.rev., 4 p.der., 1 p.rev., 1 heb. Pas. 1 p. sin h., tej. 2 p.der., pas.enc. el p. sin h. 1 heb., 1 p.rev., 4 p.der.* Rep. de * a *.

7ª vta. *2 p.rev., 3 p.der., 2 p.jtos.der., 4 p.der., 1 heb., 1 p.der., 2 p.rev. Pon. 4 p. en ag.aux. con el hilo detrás, tej. 2 p.der. y tej. los 2 p. de la ag.aux. 1 p.rev., 1 heb. Pas. 1 p. sin h., tej. 2 p.der., pas.enc. el p. sin h. 1 p.der., 1 p.rev. Pon. 4 p. en ag.aux. con el hilo del., tej. 2 p.der. y tej. los 2 p. de la ag.aux.* Rep. de * a *.

9ª vta. *2 p.rev., 2 p.der., 2 p.jtos.der., 4 p.der., 1 heb., 2 p.der., 2 p.rev., 4 p.der., 1 p.rev., 1 heb. Pas. 1 p. sin h., tej. 2 p.der., pas. enc. el p. sin h. 1 heb., 1 p.rev., 4 p.der.* Rep. de * a *.

11ª vta. *2 p.rev., 1 p.der., 2 p.jtos.der., 4 p.der., 1 heb., 3 p.der., 2 p.rev. Pon. 4 p. en ag.aux. con el hilo detrás, tej. 2 p.der. y tej. los 2 p. de la ag.aux. 1 p.rev., 1 heb. Pas. 1 p. sin h., tej. 2 p.der., pas.enc. el p. sin h. 1 p.der., 1 p.rev. Pon. 4 p. en ag.aux. con el hilo del., tej. 2 p.der. y tej. los 2 p. de la ag.aux.* Rep. de * a *.

13ª vta. *2 p.rev., 2 p.jtos.der., 4 p.der., 1 heb., 4 p.der., 2 p.rev., 4 p.der., 1 p.rev., 1 heb. Pas. 1 p. sin h., tej. 2 p.der., pas.enc. el p. sin h. 1 heb., 1 p.rev., 4 p.der.* Rep. de * a *.

Rep. las vtas. 1ª a 14ª cont.

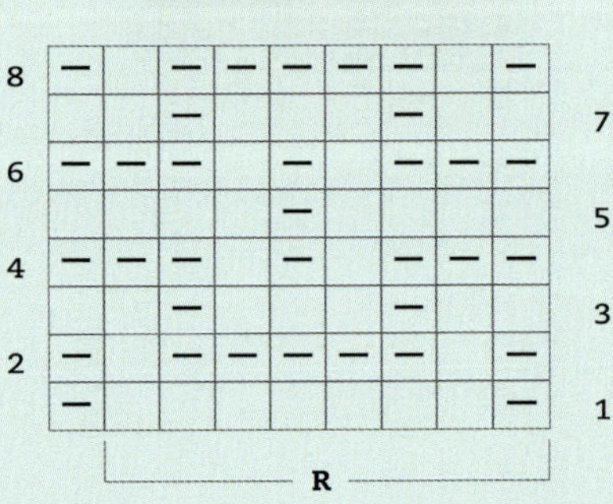

Instrucciones:

Montar un núm. de p. múlt. de 8 más 1 p.

1ª vta. *1 p.rev., 7 p.der.* Rep. de * a * y term. con 1 p.rev.

2ª y 8ª vta. *1 p.rev., 1 p.der., 5 p.rev., 1 p.der.* Rep. de * a * y term. con 1 p.rev.

3ª y 7ª vta. *2 p.der., 1 p.rev., 3 p.der., 1 p.rev., 1 p.der.* Rep. de * a * y term. con 1 p.der.

4ª y 6ª vta. *3 p.rev., 1 p.der., 1 p.rev., 1 p.der., 2 p.rev.* Rep. de * a * y term. con 1 p.rev.

5ª vta. *4 p.der., 1 p.rev., 3 p.der.* Rep. de * a * y term. con 1 p.der.

Rep. las vtas. 1ª a 8ª cont.

Instrucciones:

Trab. sobre 18 p.

Vtas impares (excepto 13ª y 33ª). Trab. todos los p. al der.

Vtas. pares de la 2ª a 12ª y de la 36ª a 52ª. *Trab. los 9 primeros p. como se presenten y los 9 últimos al rev.* Rep. de * a *.

Vtas. pares de la 14ª a 32ª. *Trab. los 9 primeros p. al rev. y los 9 últimos como se presenten.* Rep. de * a *.

13ª y 33ª vtas. *Pon. 9 p. en una ag.aux. del., tej. 9 p.der. y tej. los p. de la ag.aux. al der. * Rep. de * a *.

Trab. una vez las vtas. 1ª a 52ª y rep. las vtas. 13ª a 52ª cont.

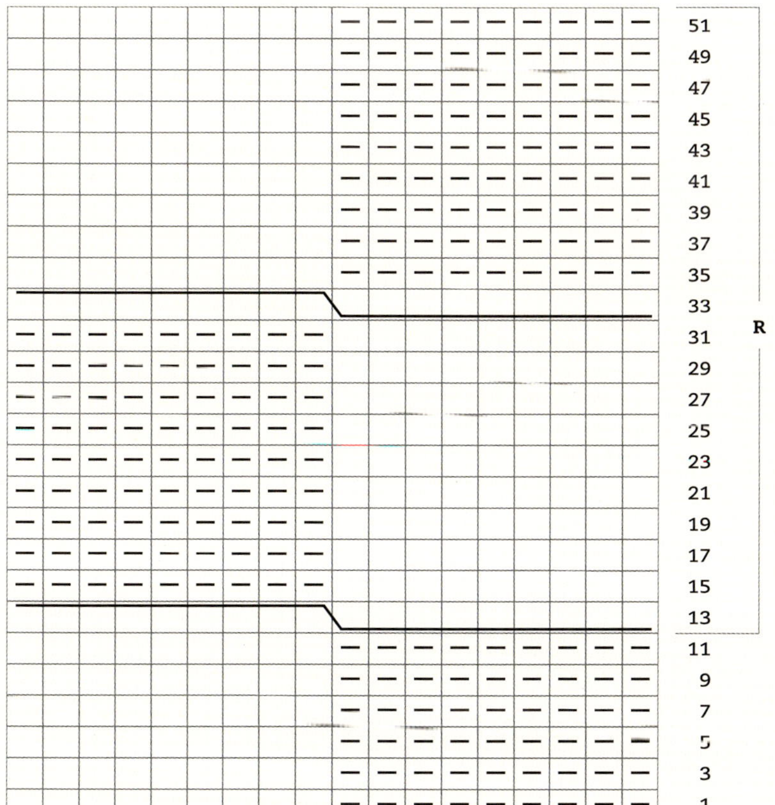

Instrucciones:

Montar un núm. de p. múlt. de 8 p.

1ª y 3ª vtas. *3 p.der., 3 p.rev., 2 p.der.* Rep. de * a *.

Vtas. pares. Trab. los p. como se presenten y las heb. del rev.

5ª vta. *4 p.der., 1 heb. Pas. 1 p. sin h., tej. 1 p.der., pas.enc. el p. sin h. 2 p.der.* Rep. de * a *.

7ª vta. *2 p.der., 2 p.jtos.der., 1 heb., 1 p.der., 1 heb. Pas. 1 p. sin h., tej. 1 p.der., pas.enc. el p. sin h. 1 p.der.* Rep. de * a *.

9ª y 11ª vtas. *2 p.rev., 5 p.der., 1 p.rev.* Rep. de * a *.

13ª vta. *1 heb. Pas. 1 p. sin h., tej. 1 p.der., pas. enc. el p. sin h. 6 p.der.* Rep. de * a *.

15ª vta. *1 p.der., 1 heb. Pas. 1 p. sin h., tej. 1 p.der., pas.enc. el p. sin h. 3 p.der., 2 p.jtos. der., 1 heb.* Rep. de * a *.

Rep. las vtas. 1ª a 16ª cont.

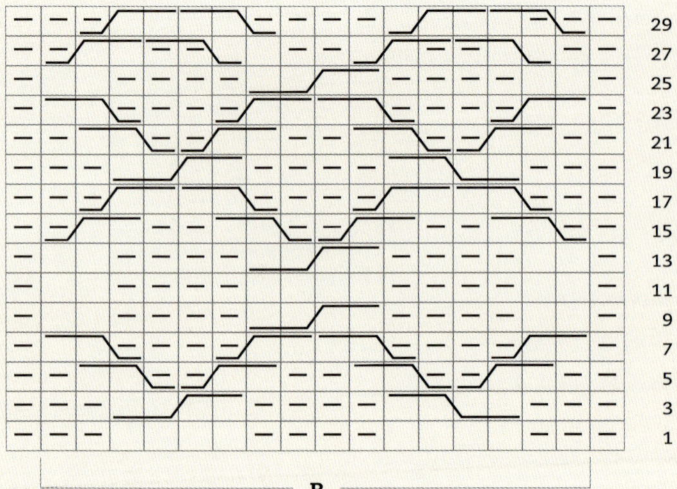

Instrucciones:

Trab. sobre 18 p.

1ª vta. *3 p.rev., 4 p.der., 4 p.rev., 4 p.der., 2 p.rev.* Rep. de * a * y term. con 1 p.rev.

Vtas. pares. Trab. todos los p. como se presenten.

3ª y 19ª vtas. *3 p.rev. Pon. 2 p. en una ag.aux. del., tej. 2 p.der. y tej. los p. de la ag.aux. al der. 4 p.rev. Pon. 2 p. en una ag.aux. detrás, tej. 2 p.der. y tej. los p. de la ag.aux. al der. 2 p.rev.* Rep. de * a * y term. con 1 p.rev.

5ª y 21ª vtas. *2 p.rev. Pon. 2 p. en una ag.aux. detrás, tej. 1 p.rev y tej. los p. de la ag.aux. al der. Pon. 2 p. en una ag.aux. del., tej. 1 p.rev. y tej. los p. de la ag.aux. al der. 2 p.rev. Pon. 2 p. en una ag.aux. detrás, tej. 1 p.rev. y tej. los p. de la ag.aux. al der. Pon. 2 p. en una ag.aux. del., tej. 1 p.rev. y tej. los p. de la ag.aux. al der. 2 p.rev.* Rep. de * a * y term. con 1 p.rev.

7ª y 23ª vtas. *1 p.rev. Pon. 2 p. en una ag.aux. detrás, tej. 1 p.rev y tej. los p. de la ag.aux. al der. 2 p.rev. Pon. 2 p. en una ag.aux. del., tej. 1 p.rev. y tej. los p. de la ag.aux. al der. Pon. 2 p. en una ag.aux. detrás, tej. 1 p.rev y tej. los p. de la ag.aux. al der. Pon. 2 p. en una ag.aux. del., tej. 1 p.rev. y tej. los p. de la ag.aux. al der.* Rep. de * a * y term. con 1 p.rev.

9ª, 13ª y 25ª vtas. *1 p.rev., 2 p.der., 4 p.rev. Pon. 2 p. en una ag.aux. detrás, tej. 2 p.der. y tej. los p. de la ag.aux. al der. 4 p.rev., 2 p.der.* Rep. de * a * y term. con 1 p.rev.

11ª vta. *1 p.rev., 2 p.der., 4 p.rev., 4 p.der., 4 p.rev., 2 p.der.* Rep de * a * y term. con 1 p.rev.

15ª y 27ª vtas. *1 p.rev., 2 p.der., 4 p.rev., 4 p.der., 4 p.rev., 2 p.der.* Rep. de * a * y term. con 1 p.rev.

17ª y 29ª vtas. *2 p.rev. Pon. 1 p. en una ag.aux. del., tej. 2 p.der. y tej. el p. de la ag.aux. al rev. Pon. 2 p. en una ag.aux. detrás, tej. 1 p.rev. y tej. los p. de la ag.aux. al der. 2 p.rev. Pon. 2 p. en una ag.aux. del., tej. 1 p.rev. y tej. los p. de la ag.aux. al der. Pon. 2 p. en una ag.aux. detrás, tej. 1 p.rev. y tej. los p. de la ag.aux. al der. 1 p.rev.* Rep. de * a * y term. con 1 p.rev.

Trab. una vez las vtas. 1ª a 30ª y rep. las vtas. 3ª a 30ª cont.

Instrucciones:

Montar un núm. de p. múlt. de 6.

1ª vta. *1 heb. Pas. 1 p. sin h., tej. 2 p.der., pas.enc. el p. sin h. 1 heb., 3 p.der.* Rep. de * a *.

Vtas. pares. Trab. todos los p. y heb. del rev.

3ª vta. *1 heb., 1 p.der., 1 heb. Pas. 1 p. sin h., tej. 1 p.der., pas.enc. el p. sin h. 1 p.der., 2 p.jtos.der.* Rep. de * a *.

5ª vta. *3 p.der., 1 heb. Pas. 1 p. sin h., tej. 2 p.der., pas.enc. el p. sin h. 1 heb.* Rep. de * a *.

7ª vta. *Pas. 1 p. sin h., tej. 1 p.der., pas.enc. el p. sin h. 1 p.der., 2 p.jtos.der., 1 heb., 1 p.der., 1 heb.* Rep. de * a *.

Rep. las vtas. 1ª a 8ª cont.

Copo de nieve

Instrucciones:

Trab. sobre 26 p.

Trab. los p. de las vtas. impares con p.der. y los p. de las vtas. pares con p.rev. Entrecruzar los hilos siempre por el rev. de la labor.

Calado triangular doble

Instrucciones:

Montar un núm. de p. múlt. de 12, más 1 p.

1ª vta. 4 p.der., 2 p.jtos.der., 1 heb., *1 p.der., 1 heb. Pas. 1 p. sin h., tej. 1 p.der., pas.enc. el p. sin h. 7 p.der., 2 p.jtos.der., 1 heb.* Rep. de * a * y term. con 1 p.der., 1 heb. Pas. 1 p. sin h., tej. 1 p.der., pas.enc. el p. sin h. 4 p.der.

Vtas. pares. Trab. todos los p. y heb. del rev.

3ª vta. 3 p.der., 2 p.jtos.der., 1 heb., 1 p.der., *2 p.der., 1 heb. Pas. 1 p. sin h., tej. 1 p.der., pas.enc. el p. sin h. 5 p.der., 2 p.jtos.der., 1 heb., 1 p.der.* Rep. de * a * y term. con 2 p.der., 1 heb. Pas. 1 p. sin h., tej. 1 p.der., pas.enc. el p. sin h. 3 p.der.

5ª vta. 2 p.der., 2 p.jtos.der., 1 heb., 2 p.jtos.der., 1 heb., *1 p.der., 1 heb. Pas. 1 p. sin h., tej. 1 p.der., pas.enc. el p. sin h. 1 heb. Pas. 1 p. sin h., tej. 1 p.der., pas.enc. el p. sin h. 3 p.der., 2 p.jtos.der., 1 heb., 2 p.jtos.der., 1 heb.* Rep. de * a * y term. con 1 p.der., 1 heb. Pas. 1 p. sin h., tej. 1 p.der., pas.enc. el p. sin h. 1 heb. Pas. 1 p. sin h., tej. 1 p.der., pas.enc. el p. sin h. 2 p.der.

7ª vta. 1 p.der., 2 p.jtos.der., 1 heb., 2 p.jtos.der., 1 heb., 1 p.der., *2 p.der., 1 heb. Pas. 1 p. sin h., tej. 1 p.der., pas.enc. el p. sin h. 1 heb. Pas. 1 p. sin h., tej. 1 p.der., pas.enc. el p. sin h. 1 p.der., 2 p.jtos.der., 1 heb., 2 p.jtos.der., 1 heb., 1 p.der.* Rep. de * a * y term. con 2 p.der., 1 heb. Pas. 1 p. sin h., tej. 1 p.der., pas.enc. el p. sin h. 1 heb. Pas. 1 p. sin h., tej. 1 p.der., pas.enc. el p. sin h. 1 p.der.

9ª vta. 2 p.jtos.der., 1 heb., 2 p.jtos.der., 1 heb., 2 p.jtos.der., 1 heb., *1 p.der., 1 heb. Pas. 1 p. sin h., tej. 1 p.der., pas.enc. el p. sin h. 1 heb. Pas. 1 p. sin h., tej. 1 p.der., pas.enc. el p. sin h. 1 heb. Pas. 1 p. sin h., tej. 2 p.jtos.der. y pas.enc. el p. sin h. 1 heb., 2 p.jtos.der., 1 heb., 2 p.jtos.der., 1 heb.* Rep. de * a * y term. con 1 p.der., 1 heb. Pas. 1 p. sin h., tej. 1 p.der., pas.enc. el p. sin h. 1 heb. Pas. 1 p. sin h., tej. 1 p.der., pas.enc. el p. sin h. 1 heb. Pas. 1 p. sin h., tej. 1 p.der., pas.enc. el p. sin h.

Rep. las vtas. 1ª a 10ª cont.

Calado en espiga

Instrucciones:

Montar un núm. de p. múlt. de 25.

1ª vta. *12 p.der., 1 heb. 12 p.der.* Rep. de * a *.

Vtas. pares. Trab. todos los p. y heb. del rev.

3ª vta. *10 p.der., 2 p.jtos.der., 1 heb., 1 p.der., 1 heb. Pas. 1 p. sin h., tej. 1 p.der., pas.enc. el p. sin h. 10 p.der.* Rep. de * a *.

5ª vta. *8 p.der., 2 p.jtos.der., 3 p.jtos.der., 1 heb., 1 p.der.retorc., 1 heb., 3 p.jtos.der. Pas. 2 p.jtos.retorc. sin h., tej. 1 p.der., pas.enc. los p. sin h. 8 p.der.* Rep. de * a *.

7ª vta. *6 p.der., 2 p.jtos.der., 1 p.der., 1 heb., 1 p.der.retorc., 1 heb., 1 p.der., 1 heb. Pas. 2 p.jtos. sin h., tej. 1 p.der., pas.enc. los p. sin h., 1 heb., 1 p.der., 1 heb., 1 p.der.retorc., 1 heb., 1 p.der. Pas. 2 p.jtos.retorc. sin h., tej. 1 p.der., pas.enc. los p. sin h. 6 p.der.* Rep. de * a *.

9ª vta. *4 p.der., 2 p.jtos.der., 2 p.der., 1 heb., 1 p.der.retorc., 1 heb., 2 p.der., 1 heb. Pas. 2 p.jtos. sin h., tej. 1 p.der., pas.enc. los p. sin h., 1 heb., 2 p.der., 1 heb., 1 p.der.retorc., 1 heb., 2 p.der. Pas. 2 p.jtos.retorc. sin h., tej. 1 p.der., pas.enc. los p. sin h. 4 p.der.* Rep. de * a *.

11ª vta. *2 p.der., 2 p.jtos.der., 3 p.der., 1 heb., 1 p.der.retorc., 1 heb., 3 p.der., 1 heb. Pas. 2 p.jtos. sin h., tej. 1 p.der., pas.enc. los p. sin h., 1 heb., 3 p.der., 1 heb., 1 p.der.retorc., 1 heb., 3 p.der. Pas. 2 p.jtos.retorc. sin h., tej. 1 p.der., pas.enc. los p. sin h. 2 p.der.* Rep. de * a *.

13ª vta. *2 p.jtos.der., 4 p.der., 1 heb., 1 p.der.retorc., 1 heb., 4 p.der., 1 heb. Pas. 2 p.jtos. sin h., tej. 1 p.der., pas.enc. los p. sin h., 1 heb., 4 p.der., 1 heb., 1 p.der.retorc., 1 heb., 4 p.der. Pas. 2 p.jtos.retorc. sin h., tej. 1 p.der., pas.enc. los p. sin h. 2 p.der.* Rep. de * a *.

15ª vta. *Pas. 1 p. sin h., tej. 1 p.der., pas.enc. el p. sin h. 1 heb., 10 p.der., 1 heb., 1 p.der con heb., 1 p.der., 1 heb., 10 p.der., 1 heb., 2 p.jtos.der.* Rep. de * a *.

17ª vta. *Pas. 1 p. sin h., tej. 1 p.der., pas.enc. el p. sin h. 1 heb., 10 p.der., 1 heb., 1 p.der., 2 p.jtos.der., 1 heb. Pas. 1 p. sin h., tej. 1 p.der., pas.enc. el p. sin h. 1 p.der., 1 heb., 10 p.der., 1 heb., 2 p.jtos.der.* Rep. de * a *.

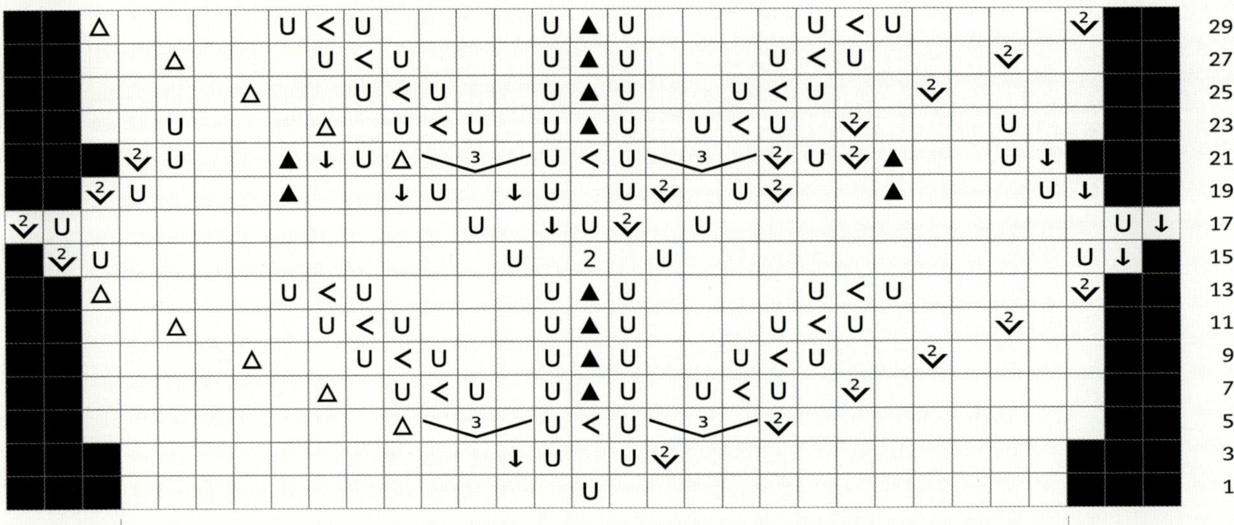

19ª vta. *Pas. 1 p. sin h., tej. 1 p.der., pas. enc. el p. sin h. 1 heb., 4 p.der. Pas. 2 p.jtos. sin h., tej. 1 p.der., pas.enc. los p. sin h. 2 p.der., 2 p.jtos.der., 1 heb., 1 p.der., 2 p.jtos.der., 1 heb., 1 p.der., 1 heb. Pas. 1 p. sin h., tej. 1 p.der., pas.enc. el p. sin h. 1 p.der., 1 heb. Pas. 1 p. sin h., tej. 1 p.der., pas.enc. el p. sin h. 2 p.der. Pas. 2 p.jtos. sin h., tej. 1 p.der., pas.enc. los p. sin h. 3 p.der., 1 heb., 2 p.jtos.der.* Rep. de * a *.

21ª vta. *Pas. 1 p. sin h., tej. 1 p.der., pas. enc. el p. sin h. 1 heb., 2 p.der. Pas. 2 p.jtos. sin h., tej. 1 p.der., pas.enc. los p. sin h. 2 p.jtos.der., 1 heb., 2 p.jtos.der., 3 p.jtos. der., 1 heb., 1 p.der.retorc., 1 heb., 3 p.jtos. der. Pas. 2 p.jtos.retorc. sin h., tej. 1 p.der., pas.enc. los p. sin h., 1 heb. Pas. 1 p. sin h., tej. 1 p.der., pas.enc. el p. sin h. Pas. 2 p.jtos. sin h., tej. 1 p.der., pas.enc. los p. sin h. 2 p.der., 1 heb., 2 p.jtos.der.* Rep. de * a *.

23ª vta. *2 p.der., 1 heb., 3 p.der., 2 p.jtos. der., 1 p.der., 1 heb., 1 p.der.retorc., 1 heb., 1 p.der., 1 heb. Pas. 2 p.jtos. sin h., tej. 1 p.dcr., pas.enc. los p. sin h., 1 heb., 1 p.der., 1 heb., 1 p.der.retorc., 1 heb., 1 p.der. Pas. 2 p.jtos.retorc. sin h., tej. 1 p.der., pas.enc. los p. sin h. 3 p.der., 1 heb., 2 p.der.* Rep. de * a *.

25ª vta. *4 p.der., 2 p.jtos.der., 2 p.der., 1 heb., 1 p.der.retorc., 1 heb., 2 p.der., 1 heb. Pas. 2 p.jtos. sin h., tej. 1 p.der., pas. enc. los p. sin h., 1 heb., 2 p.der., 1 heb., 1 p.der.retorc., 1 heb., 2 p.der. Pas. 2 p.jtos. retorc. sin h., tej. 1 p.der., pas.enc. los p. sin h. 4 p.der.* Rep. de * a *.

27ª vta. *2 p.der., 2 p.jtos.der., 3 p.der., 1 heb., 1 p.der.retorc., 1 heb., 3 p.der., 1 heb. Pas. 2 p.jtos. sin h., tej. 1 p.der., pas. enc. los p. sin h., 1 heb., 3 p.der., 1 heb., 1 p.der.retorc., 1 heb., 3 p.der. Pas. 2 p.jtos. retorc. sin h., tej. 1 p.der., pas.enc. los p. sin h. 2 p.der.* Rep. de * a *.

29ª vta. *2 p.jtos.der., 4 p.der., 1 heb., 1 p. der.retorc., 1 heb., 4 p.der., 1 heb. Pas. 2 p. jtos. sin h., tej. 1 p.der., pas.enc. los p. sin h., 1 heb., 4 p.der., 1 heb., 1 p.der.retorc., 1 heb., 4 p.der. Pas. 2 p.jtos.retorc. sin h., tej. 1 p.der., pas.enc. los p. sin h.* Rep. de * a *.

Rep. las vtas. 1ª a 30ª cont.

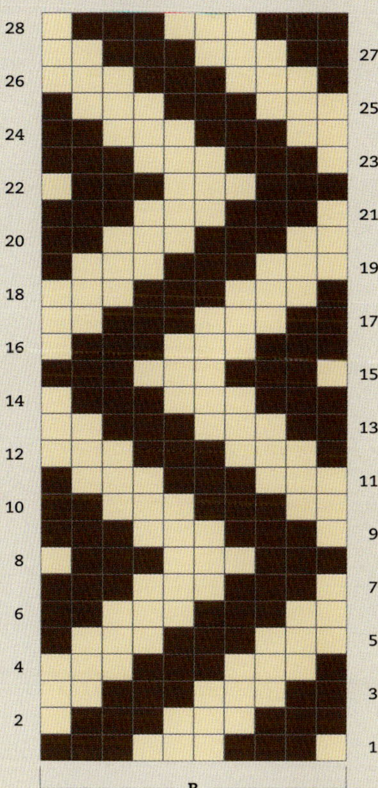

Instrucciones:

Montar un núm. de p. múlt. de 6.

Trab. los p. de las vtas. impares con p.der. y los p. de las vtas. pares con p.rev. Entrecruzar los hilos siempre por el rev. de la labor.

Instrucciones:

Trab. sobre 12 p más 4 p. orillo (2 a cada lado).

1ª, 3ª, 5ª, 9ª, 11ª y 13ª vtas. Trab. todos los p. al der.

Vtas. pares. Trab. todos los p. como se presenten.

7ª vta. Pon. 3 p. en una ag.aux. del., tej. 3 p.der. y tej. los 3 p. de la ag.aux. al der. Pon. 3 p. en una ag.aux. detrás, tej. 3 p.der. y tej. los 3 p. de la ag.aux. al der.

Rep. las vtas. 1ª a 14ª cont.

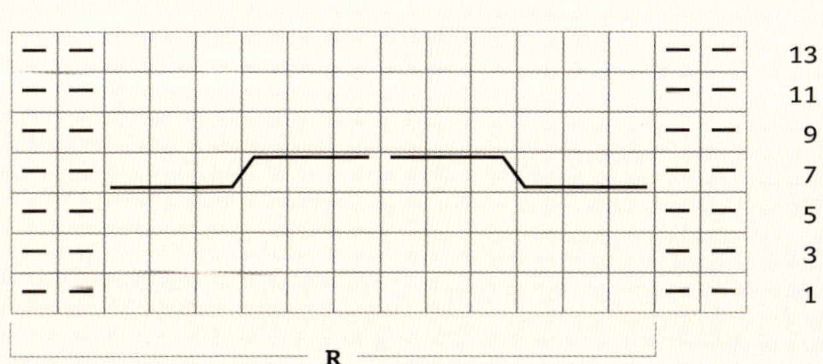

Instrucciones:

Trab. sobre 27 p.

1ª vta. 2 p.der., 1 heb., 1 p.der., Pas. 1 p. sin h., 2 p.der., pas.enc. el p. sin h. 2 p.der., 1 heb., 1 p.rev., 2 p.jtos.der., 1 heb., 2 p.jtos. der., 1 p.der., 1 heb. Pas. 1 p. sin h., tej. 1 p.der., pas.enc. el p. sin h. 1 heb. Pas. 1 p. sin h., tej. 1 p.der., pas.enc. el p. sin h. 1 p.rev., 1 heb., 2 p.der. Pas. 1 p. sin h., tej. 2 p.der., pas.enc. el p. sin h. 2 p.der., 1 heb., 1 p.der.

Vtas. pares. Tej. todos los p. y heb. del rev.

3ª vta. 1 p.der., 1 p.rev., 1 heb., 1 p.der. Pas. 1 p. sin h., tej. 2 p.der., pas.enc. el p. sin h. 1 p.der., 1 heb., 1 p.rev., 2 p.jtos. der., 1 heb., 2 p.jtos.der., 1 heb., 1 p.rev., 1 p.der., 1 p.rev., 1 heb. Pas. 1 p. sin h., tej. 1 p.der., pas.enc. el p. sin h. 1 heb. Pas. 1 p. sin h., tej. 1 p.der., pas.enc. el p. sin h. 1 p.rev., 1 heb., 1 p.der. Pas. 1 p. sin h., tej. 2 p.der., pas.enc. el p. sin h. 1 p.der., 1 heb., 1 p.rev., 1 p.der.

5ª vta. 1 p.der., 2 p.rev., 1 heb. Pas. 1 p. sin h., tej. 2 p.der., pas. enc. el p. sin h. 1 heb., 1 p.rev., 2 p.jtos.der., 1 heb., 2 p.jtos. der., 1 heb., 2 p.rev., 1 p.der., 2 p.rev., 1 heb. Pas. 1 p. sin h., tej. 1 p.der., pas.enc. el p. sin h. 1 heb. Pas. 1 p. sin h., tej. 1 p.der., pas.enc. el p. sin h. 1 p.rev., 1 heb. Pas. 1 p. sin h., tej. 2 p.der., pas.enc. el p. sin h. 1 heb., 2 p.rev., 1 p.der.

7ª vta. 1 p.der., 5 p.rev., 2 p.jtos.der., 1 heb., 2 p.jtos.der., 1 heb., 1 p.rev., 1 p.der., 1 p.rev., 1 p.der., 1 p.rev., 1 p.der., 1 p.rev., 1 heb. Pas. 1 p. sin h., tej. 1 p.der., pas.enc. el p. sin h. 1 heb. Pas. 1 p. sin h., tej. 1 p.der., pas.enc. el p. sin h. 5 p.rev., 1 p.der.

9ª vta. 1 p.der., 4 p.rev., 2 p.jtos.der., 1 heb., 2 p.jtos.der., 1 heb., 1 p.rev., 2 p.jtos.der., 1 heb., 1 p.rev., 1 p.der., 1 p.rev., 1 heb. Pas. 1 p. sin h., tej. 1 p.der., pas.enc. el p. sin h. 1 heb. Pas. 1 p. sin h., tej. 1 p.der., pas.enc. el p. sin h. 4 p.rev., 1 p.der.

11ª vta. 1 p.der., 3 p.rev., 2 p.jtos.der., 1 heb., 2 p.jtos.der., 1 heb., 1 p.rev., 2 p.jtos.der., 1 heb., 2 p.rev., 1 p.der., 2 p.rev., 1 heb. Pas. 1 p. sin h., tej. 1 p.der., pas.enc. el p. sin h. 1 p.rev., 1 heb. Pas. 1 p. sin h., tej. 1 p.der., pas.enc. el p. sin h. 1 heb. Pas. 1 p. sin h., tej. 1 p.der., pas.enc. el p. sin h. 3 p.rev., 1 p.der.

13ª vta. 1 p.der., 2 p.rev., 2 p.jtos.der., 1 heb., 2 p.jtos.der., 1 heb., 1 p.rev., 2 p.jtos.der., 1 heb., 3 p.rev., 1 p.der., 3 p.rev., 1 heb. Pas. 1 p. sin h., tej. 1 p.der., pas.enc. el p. sin h. 1 p.rev., 1 heb. Pas. 1 p. sin h., tej. 1 p.der., pas.enc. el p. sin h. 1 heb. Pas. 1 p. sin h., tej. 1 p.der., pas.enc. el p. sin h. 2 p.rev., 1 p.der.

15ª vta. 1 p.der., 1 p.rev., 2 p.jtos.der., 1 heb., 2 p.jtos.der., 1 heb., 1 p.rev., 3 p.der., 3 p.rev., 1 p.der., 3 p.rev., 3 p.der., 1 p.rev., 1 heb. Pas. 1 p. sin h., tej. 1 p.der., pas.enc. el p. sin h. 1 heb. Pas. 1 p. sin h., tej. 1 p.der., pas.enc. el p. sin h. 1 p.rev., 1 p.der.

17ª vta. 1 p.der., 2 p.jtos.der., 1 heb., 2 p.jtos.der., 1 heb., 1 p.rev., 2 p.jtos.der., 1 heb., 1 p.der., 1 heb. Pas. 1 p. sin h., tej. 1 p.der., pas.enc. el p. sin h. 2 p.rev., 1 p.der., 2 p.rev., 2 p.jtos. der., 1 heb., 1 p.der., 1 heb. Pas. 1 p. sin h., tej. 1 p.der., pas.enc. el p. sin h. 1 p.rev., 1 heb. Pas. 1 p. sin h., tej. 1 p.der., pas.enc. el p. sin h. 1 heb. Pas. 1 p. sin h., tej. 1 p.der., pas.enc. el p. sin h. 1 p.der.

19ª vta. Pas. 1 p. sin h., tej. 1 p.der., pas.enc. el p. sin h. 1 heb., 2 p.jtos.der., 1 heb., 1 p.rev., 2 p.jtos.der., 1 p.der., 1 heb., 1 p.der., 1 heb., 1 p.der. Pas. 1 p. sin h., tej. 1 p.der., pas.enc. el p. sin h. 1 p.rev., 1 p.der., 1 p.rev., 2 p.jtos.der., 1 p.der., 1 heb., 1 p.der., 1 heb., 1 p.der. Pas. 1 p. sin h., tej. 1 p.der., pas.enc. el p. sin h. 1 p.rev., 1 heb. Pas. 1 p. sin h., tej. 1 p.der., pas.enc. el p. sin h. 1 heb., 2 p.jtos.der.

21ª vta. 1 heb. Pas. 1 p. sin h., tej. 1 p.der., pas.enc. el p. sin h. 1 heb. Pas. 1 p. sin h., tej. 1 p.der., pas.enc. el p. sin h. 1 p.rev., 1 heb., 2 p.der. Pas. 1 p. sin h., tej. 2 p.der., pas.enc. el p. sin h. 2 p.der., 1 heb., 1 p.rev., 1 p.der., 1 p.rev., 1 heb., 2 p.der. Pas. 1 p. sin h., tej. 2 p.der., pas.enc. el p. sin h. 2 p.der., 1 heb., 1 p.rev., 2 p.jtos.der., 1 heb., 2 p.jtos.der., 1 heb.

23ª vta. 1 p.der., 1 heb. Pas. 1 p. sin h., tej. 1 p.der., pas.enc. el p. sin h. 1 heb. Pas. 1 p. sin h., tej. 1 p.der., pas.enc. el p. sin h. 1 p.rev., 1 heb., 1 p.der. Pas. 1 p. sin h., tej. 2 p.der., pas.enc. el p. sin h. 1 p.der., 1 heb., 2 p.rev., 1 p.der., 2 p.rev., 1 heb., 1 p.der. Pas. 1 p. sin h., tej. 2 p.der., pas.enc. el p. sin h. 1 p.der., 1 heb., 1 p.rev., 2 p.jtos.der., 1 heb., 2 p.jtos.der., 1 heb. 1 p.der.

25ª vta. 2 p.der., 1 heb. Pas. 1 p. sin h., tej. 1 p.der., pas.enc. el p. sin h. 1 heb. Pas. 1 p. sin h., tej. 1 p.der., pas.enc. el p. sin h. 1 p.rev., 1 heb. Pas. 1 p. sin h., tej. 2 p.der., pas.enc. el p. sin h. 1 heb., 2 p.rev., 3 p.der., 2 p.rev., 1 heb. Pas. 1 p. sin h., tej. 2 p.der., pas.enc. el p. sin h. 1 heb., 1 p.rev., 2 p.jtos.der., 1 heb., 2 p.jtos.der., 1 heb., 2 p.der.

27ª vta. 1 p.der., 1 p.rev., 1 p.der., 1 heb. Pas. 1 p. sin h., tej. 1 p.der., pas.enc. el p. sin h.1 heb. Pas. 1 p. sin h., tej. 1 p.der., pas.enc. el p. sin h. 4 p.rev., 2 p.jtos.der., 1 heb., 1 p.der., 1 heb. Pas. 1 p. sin h., tej. 1 p.der., pas.enc. el p. sin h. 4 p.rev., 2 p.jtos. der., 1 heb., 2 p.jtos.der., 1 heb., 1 p.der., 1 p.rev., 1 p.der.

29ª vta. 1 p.der., 2 p.rev., 1 p.der., 1 heb. Pas. 1 p. sin h., tej. 1 p.der., pas.enc. el p. sin h. 1 heb. Pas. 1 p. sin h., tej. 1 p.der., pas.enc. el p. sin h. 2 p.rev., 2 p.jtos.der., 1 p.der., 1 heb.,

1 p.der., 1 heb., 1 p.der. Pas. 1 p. sin h., tej. 1 p.der., pas.enc. el p. sin h. 2 p.rev., 2 p.jtos.der., 1 heb., 2 p.jtos.der., 1 heb., 1 p.der., 2 p.rev., 1 p.der.

31ª vta. 1 p.der., 3 p.rev., 1 p.der., 1 heb. Pas. 1 p. sin h., tej. 1 p.der., pas.enc. el p. sin h. 1 heb. Pas. 1 p. sin h., tej. 1 p.der., pas.enc. el p. sin h. 1 p.rev., 1 heb., 2 p.der. Pas. 1 p. sin h., tej. 2 p.der., pas.enc. el p. sin h. 2 p.der., 1 heb., 1 p.rev., 2 p.jtos.der., 1 heb., 2 p.jtos.der., 1 heb. 1 p.der., 3 p.rev., 1 p.der.

33ª vta. 1 p.der., 4 p.rev., 1 p.der., 1 heb. Pas. 1 p. sin h., tej. 1 p.der., pas.enc. el p. sin h. 1 heb. Pas. 1 p. sin h., tej. 1 p.der., pas.enc. el p. sin h. 1 p.rev., 1 heb., 1 p.der. Pas. 1 p. sin h., tej. 2 p.der., pas.enc. el p. sin h. 1 p.der., 1 heb., 1 p.rev., 2 p.jtos.der., 1 heb., 2 p.jtos.der., 1 heb., 1 p.der., 4 p.rev., 1 p.der.

35ª vta. 1 p.der., 5 p.rev., 1 p.der., 1 heb. Pas. 1 p. sin h., tej. 1 p.der., pas.enc. el p. sin h. 1 heb. Pas. 1 p. sin h., tej. 1 p.der., pas.enc. el p. sin h. 1 p.rev., 1 heb. Pas. 1 p. sin h., tej. 2 p.der., pas.enc. el p. sin h. 1 p.der., 1 heb., 1 p.rev., 2 p.jtos.der., 1 heb., 2 p.jtos.der., 1 heb., 1 p.der., 5 p.rev., 1 p.der.

37ª vta. 1 p.der., 2 p.rev., 3 p.der., 1 p.rev., 1 p.der., 1 heb. Pas. 1 p. sin h., tej. 1 p.der., pas.enc. el p. sin h. 1 heb. Pas. 1 p. sin h., tej. 1 p.der., pas.enc. el p. sin h. 3 p.rev., 2 p.jtos.der., 1 heb., 2 p.jtos.der., 1 heb., 1 p.der., 1 p.rev., 3 p.der., 2 p.rev., 1 p.der.

39ª vta. 1 p.der., 1 p.rev., 2 p.jtos.der., 1 heb., 1 p.der., 1 heb. Pas. 1 p. sin h., tej. 1 p.der., pas.enc. el p. sin h. 1 p.rev., 1 p.der., 1 heb. Pas. 1 p. sin h., tej. 1 p.der., pas.enc. el p. sin h. 1 heb. Pas. 1 p. sin h., tej. 1 p.der., pas.enc. el p. sin h. 1 p.rev., 2 p.jtos.der., 1 heb., 2 p.jtos.der., 1 heb., 1 p.der., 1 p.rev., 2 p.jtos.der., 1 heb., 1 p.der., 1 heb. Pas. 1 p. sin h., tej. 1 p.der., pas.enc. el p. sin h. 1 p.rev., 1 p.der.

41ª vta. 1 p.der., 2 p.jtos.der., 1 p.der., 1 heb., 1 p.der., 1 heb., 1 p.der. Pas. 1 p. sin h., tej. 1 p.der., pas.enc. el p. sin h. 1 p.rev., 1 p.der., 1 heb. Pas. 1 p. sin h., tej. 1 p.der., pas.enc. el p. sin h. 1 heb. 3 p.jtos.der., 1 heb., 2 p.jtos.der., 1 heb., 1 p.der., 1 p.rev., 2 p.jtos.der., 1 p.der., 1 heb., 1 p.der., 1 heb., 1 p.der. Pas. 1 p. sin h., tej. 1 p.der., pas.enc. el p. sin h. 1 p.der.

Rep. vtas. 1ª a 42ª cont.

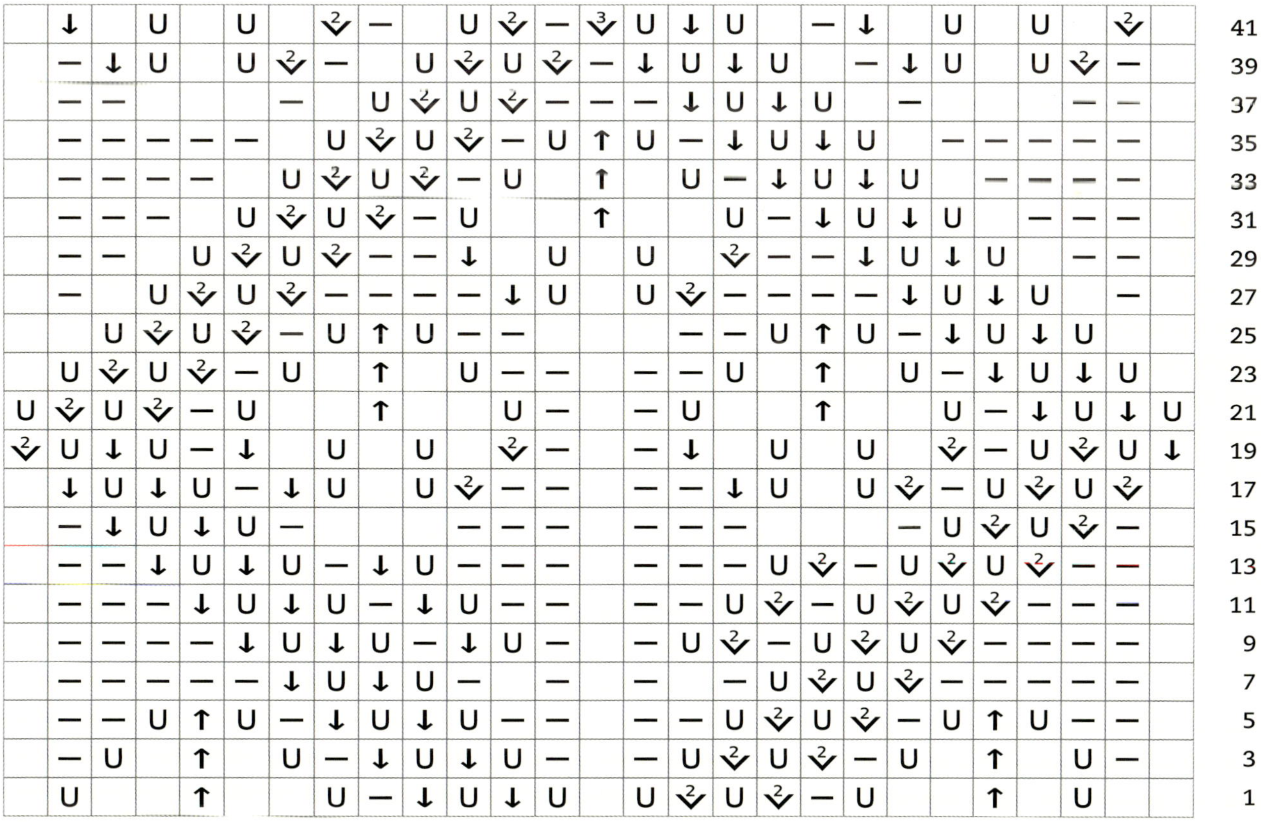

1	2	3	4	5	6	7	8	9	10	11	12	13	14	15	16	17	18	19	20	21	22	23	24	25	Vta.
↓		U		U		⌄²	—		U	⌄²	—	⌄³	U	↓	U		—	↓		U		U		⌄²	41
—	↓	U		U	⌄²	—		U	⌄²	U	⌄²	—	↓	U	↓	U		—	↓	U		U	⌄²	—	39
—	—			—		U	⌄²	U	⌄²	—	—	—	↓	U	↓	U		—					—	—	37
—	—	—	—	—		U	⌄²	U	⌄²	—	U	↑	U	—	↓	U	↓	U		—	—	—	—	—	35
—	—	—	—		U	⌄²	U	⌄²	—	U		↑		U	—	↓	U	↓	U		—	—	—	—	33
—	—		U	⌄²	U	⌄²	—	U			↑			U	—	↓	U	↓	U		—	—	—	—	31
—		U	⌄²	U	⌄²	—	—		↓		U		U		⌄²	—	—	↓	U	↓	U		—	—	29
	U	⌄²	U	⌄²	—	U	↑	U	—	—			—	—	U	↑	U	—	↓	U	↓	U		—	27
	U	⌄²	U	⌄²	—	U		↑		U	—	—		—	U		↑		U	—	↓	U	↓	U	25
U	⌄²	U	⌄²	—	U			↑			U	—		—	U			↑		U	—	↓	U	↓	23
U	⌄²	U	⌄²	—	U			↑			U	—		—		U			↑		U	—	↓	U	21
⌄²	U	↓	U	—	↓		U		U	⌄²	—		—	↓		U		U	⌄²	—	U	⌄²	U	↓	19
↓	U	↓	U	—	↓	U		U		⌄²	—	—		—	↓	U		U	⌄²	—	U	⌄²	U	⌄²	17
—	↓	U	↓	U	—			—	—	—		—	—	—		—	—	U	⌄²	U	⌄²	—			15
—	—	↓	U	↓	U	—	↓	U		—	—		—	—	—	U	⌄²	—	U	⌄²	U	⌄²	—	—	13
—	—	—	↓	U	↓	U	—	↓	U	—	—		—	—		U	⌄²	—	U	⌄²	U	⌄²	—	—	11
—	—	—	—	↓	U	↓	U	—	↓	U	—	—	—	U	⌄²	—	U	⌄²	U	⌄²	—	—	—	—	9
—	—	—	—	—	↓	U	↓	U	—	—	—	—	U	⌄²	U	⌄²	—	—	—	—	—	—	—	—	7
—	—	U	↑	U	—	↓	U	↓	U	—	—	—	—	U	⌄²	U	⌄²	—	U	↑	U	—	—	—	5
—	U		↑		U	—	↓	U	↓	U	—		U	⌄²	U	⌄²	—	U		↑		U	—		3
U		↑		U	—	↓	U	↓	U	—		U	⌄²	U	⌄²	—	U		↑		U				1

Los puntos que dibujan
relieves al tejer permiten
crear nuevas texturas
sin cambiar de hilo.
Es fundamental elegir el
punto adecuado para
el grosor de lana, de forma
que el relieve se aprecie
con todo detalle.

Instrucciones:

Trab. sobre 17 p.

1ª vta. 1 p.der., *3 p.der., 1 heb., 7 p.der., 1 heb., 4 p.der.* Rep. de * a *.

Vtas. pares. Trab. todos los p. y heb. del rev.

3ª vta. 1 p.der., *1 p.der., 2 p.jtos.der., 1 heb., 2 p.jtos.der., 5 p.der. Pas. 1 p. sin h., tej. 1 p.der. y pas.enc. el p. sin h. 1 heb. Pas. 1 p. sin h., tej. 1 p.der. y pas.enc. el p. sin h. 2 p.der.* Rep. de * a *.

5ª vta. 1 p.der., *2 p.jtos.der., 1 heb., 2 p.jtos.der., 5 p.der. Pas. 1 p. sin h., tej. 1 p.der. y pas.enc. el p. sin h. 1 heb. Pas. 1 p. sin h., tej. 1 p.der. y pas.enc. el p. sin h. 2 p.der.* Rep. de * a *.

7ª vta. 2 p.jtos.der., *1 heb., 2 p.jtos.der., 2 p.der., 1 heb., 1 p.der., 1 heb., 2 p.der. Pas. 1 p. sin h., tej. 1 p.der. y pas.enc. el p. sin h. 1 heb., 1 p.der.* Rep. de * a *.

9ª vta. 1 p.der., *1 heb., 2 p.jtos.der., 2 p.der., 1 heb., 3 p.der., 1 heb., 2 p.der. Pas. 1 p. sin h., tej. 1 p.der. y pas.enc. el p. sin h. 1 heb., 1 p.der.* Rep. de * a *.

11ª vta. 1 p.der., *2 p.jtos.der., 2 p.der., 1 heb., 5 p.der., 1 heb., 2 p.der. Pas. 1 p. sin h., tej. 1 p.der. y pas.enc. el p. sin h. 1 p.der.* Rep. de * a *.

13ª vta. 1 p.der., *3 p.der., 1 heb., 7 p.der., 1 heb., 4 p.der.* Rep. de * a *.

15ª vta. 1 p.der., 1 heb., *2 p.der. Pas. 1 p. sin h., tej. 1 p.der. y pas.enc. el p. sin h. 1 heb., 7 p.der., 1 heb., 2 p.jtos.der., 2 p.der., 1 heb., 1 p.der., 1 heb.* Rep. de * a *.

17ª vta. 2 p.der., *1 heb., 2 p.der. Pas. 1 p. sin h., tej. 1 p.der. y pas.enc. el p. sin h. 1 heb. Pas. 1 p. sin h., tej. 1 p.der. y pas.enc. el p. sin h. 3 p.der., 2 p.jtos.der., 1 heb., 2 p.jtos.der., 2 p.der., 1 heb., 3 p.der.* Rep. de * a *.

19ª vta. 2 p.der., *1 p.der., 1 heb., 2 p.der. Pas. 1 p. sin h., tej. 1 p.der. y pas.enc. el p. sin h. 1 heb. Pas. 1 p. sin h., tej. 1 p.der. y pas.enc. el p. sin h. 1 p.der., 2 p.jtos.der., 1 heb., 2 p.jtos.der., 2 p.der., 1 heb., 4 p.der.* Rep. de * a *.

21ª vta. 2 p.der., *2 p.der., 1 heb., 2 p.der. Pas. 1 p. sin h., tej. 1 p.der. y pas.enc. el p. sin h. 1 heb., 2 p.jtos.der., 1 heb., 2 p.jtos.der., 2 p.der., 1 heb., 5 p.der.* Rep. de * a *.

23ª vta. 2 p.der., *2 p.der., 1 heb., 2 p.jtos.der., 1 p.der. Pas. 1 p. sin h., tej. 1 p.der. y pas.enc. el p. sin h. 1 p.der., 2 p.jtos.der., 1 p.der. Pas. 1 p. sin h., tej. 1 p.der. y pas.enc. el p. sin h. 1 heb. Pas. 1 p. sin h., tej. 1 p.der. y pas.enc. el p. sin h. 2 p.der.* Rep. de * a *.

25ª vta. 1 p.der., *1 p.der., 2 p.jtos.der., 1 heb., 2 p.jtos.der., 1 p.der. Pas. 1 p. sin h., tej. 1 p.der. y pas.enc. el p. sin h. 1 p.der., 2 p.jtos. der., 1 p.der. Pas. 1 p. sin h., tej. 1 p.der. y pas.enc. el p. sin h. 1 heb. Pas. 1 p. sin h., tej. 1 p.der. y pas.enc. el p. sin h. 2 p.der.* Rep. de * a *.

Rep. las vtas. 1ª a 26ª cont.

Instrucciones:

Montar un núm. de p. múlt. de 13.

1ª vta. *7 p.der. 2 p.jtos.der., 1 heb., 4 p.der.* Rep. de * a *.

Vtas. pares. Trab. los p. como se presenten y las heb. del rev.

3ª vta. *6 p.der. 2 p.jtos.der., 1 heb., 5 p.der.* Rep. de * a *.

5ª vta. *5 p.der. 2 p.jtos.der., 1 heb., 6 p.der.* Rep. de * a *.

7ª vta. *4 p.der. 2 p.jtos.der., 1 heb., 7 p.der.* Rep. de * a *.

9ª vta. *3 p.der. 2 p.jtos.der., 1 heb., 8 p.der.* Rep. de * a *.

11ª vta. *2 p.der., 2 p.jtos.der., 1 heb., 1 p.der., 1 heb. Pas. 1 p. sin h., tej. 1 p.der. y pas.enc. el p. sin h. 6 p.der.* Rep. de * a *.

13ª vta. *1 p.der., 2 p.jtos.der., 1 heb., 3 p.der., 1 heb. Pas. 1 p. sin h., tej. 1 p.der. y pas.enc. el p. sin h. 5 p.der.* Rep. de * a *.

15ª vta. *2 p.jtos.der., 1 heb., 5 p.der., 1 heb. Pas. 1 p. sin h., tej. 1 p.der. y pas.enc. el p. sin h. 4 p.der.* Rep. de * a *.

17ª vta. *1 p.der., 1 heb. Pas. 1 p. sin h., tej. 1 p.der. y pas.enc. el p. sin h. 3 p.der., 2 p.jtos.der., 1 heb., 5 p.der.* Rep. de * a *.

19ª vta. *2 p.der., 1 heb. Pas. 1 p. sin h., tej. 1 p.der. y pas.enc. el p. sin h. 1 p.der., 2 p.jtos.der., 1 heb., 6 p.der.* Rep. de * a *.

21ª vta. *3 p.der., 1 heb., 3 p.jtos.der.retorc., 1 heb., 7 p.der.* Rep. de * a *.

23ª vta. *4 p.der., 1 heb. Pas. 1 p. sin h., tej. 1 p.der. y pas.enc. el p. sin h. 7 p.der.* Rep. de * a *.

25ª vta. *5 p.der., 1 heb. Pas. 1 p. sin h., tej. 1 p.der. y pas.enc. el p. sin h. 6 p.der.* Rep. de * a *.

27ª vta. *6 p.der., 1 heb. Pas. 1 p. sin h., tej. 1 p.der. y pas.enc. el p. sin h. 5 p.der.* Rep. de * a *.

29ª vta. *7 p.der., 1 heb. Pas. 1 p. sin h., tej. 1 p.der. y pas.enc. el p. sin h. 4 p.der.* Rep. de * a *.

31ª vta. *8 p.der., 1 heb. Pas. 1 p. sin h., tej. 1 p.der. y pas.enc. el p. sin h. 3 p.der.* Rep. de * a *.

33ª vta. *6 p.der., 2 p.jtos.der., 1 heb., 1 p.der., 1 heb. Pas. 1 p. sin h., tej. 1 p.der. y pas.enc. el p. sin h. 2 p.der.* Rep. de * a *.

35ª vta. *5 p.der., 2 p.jtos.der., 1 heb., 3 p.der., 1 heb. Pas. 1 p. sin h., tej. 1 p.der. y pas.enc. el p. sin h. 1 p.der.* Rep. de * a *.

37ª vta. *4 p.der., 2 p.jtos.der., 1 heb., 5 p.der., 1 heb. Pas. 1 p. sin h., tej. 1 p.der. y pas.enc. el p. sin h.* Rep. de * a *.

39ª vta. *5 p.der., 1 heb. Pas. 1 p. sin h., tej. 1 p.der. y pas.enc. el p. sin h. 3 p.der., 2 p.jtos.der., 1 heb., 1 p.der.* Rep. de * a *.

41ª vta. *6 p.der., 1 heb. Pas. 1 p. sin h., tej. 1 p.der. y pas.enc. el p. sin h. 1 p.der., 2 p.jtos.der., 1 heb., 2 p.der.* Rep. de * a *.

43ª vta. *7 p.der., 1 heb., 3 p.jtos.der., 1 heb., 3 p.der.* Rep. de * a *.

Rep. las vtas. 1ª a 44ª cont.

Calado en rombo

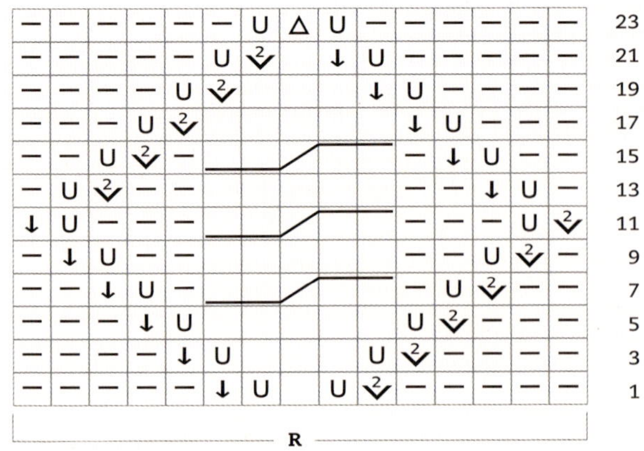

Instrucciones:

Trab. sobre un núm. de p. múlt. de 31.

1ª vta. *5 p.rev., 2 p.jtos.der., 1 heb., 1 p.der., 1 heb. Pas. 1 p. sin h., tej. 1 p.der., pas.enc. el p. sin h. 5 p.rev.* Rep. de * a *.

Vtas. pares. Trab. todos los p. como se presenten y las heb. del rev.

3ª vta. *4 p.rev., 2 p.jtos.der., 1 heb., 3 p.der., 1 heb. Pas. 1 p. sin h., tej. 1 p.der., pas.enc. el p. sin h. 4 p.rev.* Rep. de * a *.

5ª vta. *3 p.rev., 2 p.jtos.der., 1 heb., 5 p.der., 1 heb. Pas. 1 p. sin h., tej. 1 p.der., pas.enc. el p. sin h. 3 p.rev.* Rep. de * a *.

7ª vta. *2 p.rev., 2 p.jtos.der., 1 heb., 1 p.rev. Pon. 3 p. en ag.aux. con el hilo detrás, tej. 3 p.der. y tej. los 3 p. de la ag.aux. al der. 1 p.rev., 1 heb. Pas. 1 p. sin h., tej. 1 p.der., pas.enc. el p. sin h. 2 p.rev.* Rep. de * a *.

9ª vta. *1 p.rev., 2 p.jtos.der., 1 heb., 2 p.rev., 5 p.der., 2 p.rev., 1 heb. Pas. 1 p. sin h., tej. 1 p.der., pas.enc. el p. sin h. 1 p.rev.* Rep. de * a *.

11ª vta. *2 p.jtos.der., 1 heb., 3 p.rev. Pon. 3 p. en una ag.aux. con el hilo detrás, tej. 3 p.der. y tej. los 3 p. de la ag.aux. al der. 3 p.rev., 1 heb. Pas. 1 p. sin h., tej. 1 p.der., pas.enc. el p. sin h.* Rep. de * a *.

13ª vta. *1 p.rev., 1 heb. Pas. 1 p. sin h., tej. 1 p.der., pas.enc. el p. sin h. 2 p.rev., 5 p.der., 2 p.rev., 2 p.jtos.der., 1 heb., 1 p.rev.* Rep. de * a *.

15ª vta. *2 p.rev., 1 heb. Pas. 1 p. sin h., tej. 1 p.der., pas.enc. el p. sin h. 1 p.rev. Pon. 3 p. en una ag.aux. con el hilo detrás, tej. 3 p.der. y tej. los 3 p. de la ag.aux. al der. 1 p.rev., 2 p.jtos.der., 1 heb., 2 p.rev.* Rep. de * a *.

17ª vta. *3 p.rev., 1 heb. Pas. 1 p. sin h., tej. 1 p.der., pas.enc. el p. sin h. 5 p.der., 2 p.jtos.der., 1 heb., 3 p.rev.* Rep. de * a *.

19ª vta. *4 p.rev., 1 heb. Pas. 1 p. sin h., tej. 1 p.der., pas.enc. el p. sin h. 3 p.der., 2 p.jtos.der., 1 heb., 4 p.rev.* Rep. de * a *.

21ª vta. *5 p.rev., 1 heb. Pas. 1 p. sin h., tej. 1 p.der., pas.enc. el p. sin h. 1 p.der., 2 p.jtos.der., 1 heb., 5 p.rev.* Rep. de * a *.

23ª vta. *6 p.rev., 1 heb. Pas. 2 p.retorc. sin h., 1 p.der., pas.enc. los p. sin h., 1 heb., 6 p.rev.* Rep. de * a *.

Rep. las vtas. 1ª a 24ª cont.

Calado en picot

Instrucciones:

Trab. sobre 13 p.

1ª vta. *2 p.rev., 9 p.der., 2 p.rev.* Rep. de * a *.

Vtas. pares. Trab. los p. como se presenten y las heb. del rev.

3ª vta. *2 p.rev., 3 p.der., 2 p.jtos.der., 1 heb., 4 p.der., 2 p.rev.* Rep. de * a *.

5ª vta. *2 p.rev., 2 p.der., 2 p.jtos.der., 1 heb., 1 p.der., 1 heb. Pas. 1 p. sin h., tej. 1 p.der., pas.enc. el p. sin h. 2 p.der., 2 p.rev.* Rep. de * a *.

7ª vta. *2 p.rev., 1 p.der., 2 p.jtos.der., 1 heb., 3 p.der., 1 heb. Pas. 1 p. sin h., tej. 1 p.der., pas.enc. el p. sin h. 1 p.der., 2 p.rev.* Rep. de * a *.

9ª vta. *2 p.rev., 2 p.jtos.der., 1 heb., 5 p.der., 1 heb. Pas. 1 p. sin h., tej. 1 p.der., pas.enc. el p. sin h. 2 p.rev.* Rep. de * a *.

Tej. las vtas. 1ª a 10ª y rep. después de la 3ª a la 10ª cont.

Relieve partido

Instrucciones:

Montar un número de p. múlt. de 10 más 1 p.

1ª vta. *1 p.der., 9 p.rev.* Rep. de * a * y term. con 1 p.der.

Vtas. pares. Trab. los p. como se presenten.

3ª y 19ª vtas. *1 p.rev., 1 p.der., 3 p.rev., 1 p.der., 3 p.rev., 1 p.der.* Rep. de * a * y term. con 1 p.rev.

5ª y 17ª vtas. *2 p.rev., 1 p.der., 1 p.rev., 3 p.der., 1 p.rev., 1 p.der., 1 p.rev.* Rep. de * a * y term. con 1 p.rev.

7ª y 15ª vtas. *4 p.rev., 3 p.der., 3 p.rev.* Rep. de * a * y term. con 1 p.rev.

9ª y 13ª vtas. *2 p.rev., 2 p.der., 1 p.rev., 1 p.der., 1 p.rev., 2 p.der., 1 p.rev.* Rep. de * a * y term. con 1 p.rev.

11ª vta. *1 p.rev., 4 p.der., 1 p.rev., 4 p.der.* Rep. de * a * y term. con 1 p.rev.

Rep. las vtas. 1ª a 20ª cont.

Faltas trenzas

Instrucciones:

Montar un núm. de p. múlt. de 8.

1ª y 15ª vta. *1 p.rev., 1 p.der., 1 p.rev., 1 p.der., 1 p.rev., 1 p.der., 1 p.rev., 1 p.der.* Rep. de * a *.

Vtas. pares. Trab. todos los p. como se presenten.

3ª y 11ª vtas. *1 p.der., 1 p.rev., 2 p.der., 2 p.rev., 1 p.der., 1 p.rev.* Rep. de * a *.

5ª vta. *1 p.rev., 3 p.der., 3 p.rev., 1 p.der.* Rep. de * a *.

7ª vta. *4 p.der., 4 p.rev.* Rep. de * a *.

9ª vta. *3 p.der., 1 p.rev., 1 p.der., 3 p.rev.* Rep. de * a *.

11ª vta. *2 p.der., 1 p.rev., 1 p.der., 1 p.rev., 1 p.der., 2 p.rev.* Rep. de * a *.

13ª y 27ª vtas. *1 p.der., 1 p.rev., 1 p.der., 1 p.rev., 1 p.der., 1 p.rev., 1 p.der., 1 p.rev.* Rep. de * a *.

17ª vta. *2 p.rev., 1 p.der., 1 p.rev., 1 p.der., 1 p.rev., 2 p.der.* Rep. de * a *.

19ª vta. *3 p.rev., 1 p.der., 1 p.rev., 3 p.der.* Rep. de * a *.

21ª vta. *4 p.rev., 4 p.der.* Rep. de * a *.

23ª vta. *1 p.der., 3 p.rev., 3 p.der., 1 p.rev.* Rep. de * a *.

25ª vta. *1 p.rev., 1 p.der., 2 p.rev., 2 p.der., 1 p.rev., 1 p.der.* Rep. de * a *.

Rep. las vtas. 1ª a 28ª cont.

Juego de rombos

Instrucciones:

Montar un núm. de p. múlt. de 17 p.

1ª vta. *1 p.rev., 15 p.der.* Rep. de * a * y term. con 1 p.rev.

2ª vta. 1 p.der., *1 p.der., 13 p.rev., 2 p.der.* Rep. de * a *.

3ª y 17ª vtas. *1 p.der., 2 p.rev., 11 p.der., 2 p.rev.* Rep. de * a * y term. con 1 p.der.

4ª y 16ª vtas. 1 p.rev., *1 p.rev., 2 p.der., 9 p.rev., 2 p.der., 2 p.rev.* Rep. de * a *.

5ª y 15ª vtas. *1 p.rev., 2 p.der., 2 p.rev., 7 p.der., 2 p.rev., 2 p.der.* Rep. de * a * y term. con 1 p.rev.

6ª y 14ª vtas. 1 p.rev., *1 p.der., 2 p.rev., 2 p.der., 5 p.rev., 2 p.der., 2 p.rev., 1 p.der., 1 p.rev.* Rep. de * a *.

7ª y 13ª vtas. *1 p.rev., 1 p.der., 1 p.rev., 2 p.der., 2 p.rev., 3 p.der., 2 p.rev., 2 p.der., 1 p.rev., 1 p.der.* Rep. de * a * y term. con 1 p.rev.

8ª y 12ª vtas. 1 p.rev., *1 p.der., 1 p.rev., 1 p.der., 2 p.rev., 2 p.der., 1 p.rev., 2 p.der., 2 p.rev., 1 p.der., 1 p.rev., 1 p.der., 1 p.rev.* Rep. de * a *.

9ª y 11ª vtas. *1 p.rev., 1 p.der., 1 p.rev., 1 p.der., 1 p.rev., 2 p.der., 3 p.rev., 2 p.der., 1 p.rev., 1 p.der., 1 p.rev., 1 p.der.* Rep. de * a * y term. con 1 p.rev.

10ª vta. 1 p.rev., *1 p.der., 1 p.rev., 1 p.der., 1 p.rev., 1 p.der., 2 p.rev., 1 p.der., 2 p.rev., 1 p.der., 1 p.rev., 1 p.der., 1 p.rev., 1 p.der., 1 p.rev.* Rep. de * a *.

Rep. las vtas. 1ª a 18ª cont.

Serpentina

Instrucciones:

Trab. sobre un núm. de p. múlt. de 32.

Trab. los p. de las vtas. impares con p.der. y los p. de las vtas. pares con p.rev. Entrecruzar los hilos siempre por el rev. de la labor.

Guirnalda

Instrucciones:

Trab. sobre 6 p.

1ª vta. 1 p.rev. Tej. en el mismo p. 1 p.der., 1 p.rev. y 1 p.der., girar la labor, 3 p.der., girar de nuevo, 3 p.rev., girar la labor y pas. 1 p. sin h., tej. 1 p.rev. Pon. 3 p. en una ag.aux. detrás, tej. 2 p.der y al rev. el p. de la ag.aux.

Vtas. pares. Trab. todos los p. como se presenten.

3ª vta. 2 p.rev. Pon. 3 p. en una ag.aux. detrás, tej. 2 p.der. y tej. al rev. el p. de la ag.aux. 1 p.rev.

5ª vta. 1 p.rev. Pon. 3 p. en una ag.aux. detrás, tej. 2 p.der. y tej. al rev. el p. de la ag.aux. 2 p.rev.

7ª vta. Pon. 3 p. en una ag.aux. detrás, tej. 2 p.der. y tej. al rev. el p. de la ag.aux. 3 p.rev.

9ª vta. 2 p.rev. Pon. 2 p. en una ag.aux. del., tej. 1 p.rev. y tej. al der. los p. de la ag.aux. 1 p.rev. Tej. en el mismo p. 1 p.der., 1 p.rev. y 1 p.der., girar la labor, 3 p.der., girar de nuevo, 3 p.rev., girar la labor y pas. 1 p. sin h., tej. 1 p.rev.

11ª vta. 1 p.rev. Pon. 2 p. en una ag.aux. del., tej. 1 p.rev. y tej. al der. los p. de la ag.aux. 2 p.rev.

13ª vta. 2 p.rev. Pon. 2 p. en una ag.aux. del., tej. 1 p.rev. y tej. al der. los p. de la ag.aux. 1 p.rev.

15ª vta. 3 p.rev. Pon. 2 p. en una ag.aux. del., tej. 1 p.rev. y tej. al der. los p. de la ag.aux.

Rep. las vtas. 1ª a 16ª cont.

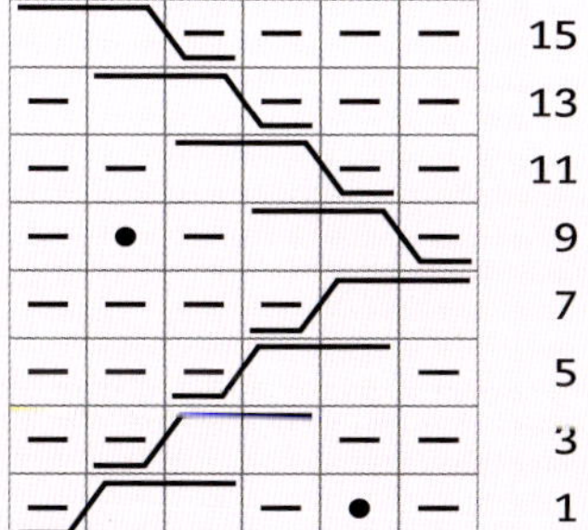

Panales entrelazados

Instrucciones:

Montar un núm. de p. múlt. de 8.

1ª vta. *2 p.rev., 1 heb., 1 p.der., 1 heb., 3 p.rev.* Rep. de * a * y term. con 2 p.rev.

Vtas. pares. Trab. todos los p. como se presenten y las heb. del rev.

3ª vta. *2 p.rev., 1 heb., 3 p.der., 1 heb., 3 p.rev.* Rep. de * a * y term. con 2 p.rev.

5ª, 7ª y 9ª vtas. *2 p.rev., 1 heb., 1 p.der., 3 p.jtos.der., 1 p.der., 1 heb., 3 p.rev.* Rep. de * a * y term. con 2 p.rev.

11ª vta. *2 p.rev., 1 p.der., 3 p.jtos.der., 1 p.der., 3 p.rev.* Rep. de * a * y term. con 2 p.rev.

13ª vta. *2 p.rev., 3 p.jtos.der., 3 p.rev.* Rep. de * a * y term. con 2 p.rev.

15ª vta. *5 p.rev., 1 heb., 1 p.der., 1 heb.* Rep. de * a * y term. con 2 p.rev.

17ª vta. *5 p.rev., 1 heb., 3 p.der., 1 heb.* Rep. de * a * y term. con 2 p.rev.

19ª, 21ª y 23ª vtas. *5 p.rev., 1 heb., 1 p.der., 3 p.jtos.der., 1 p.der., 1 heb.* Rep. de * a * y term. con 2 p.rev.

25ª vta. *5 p.rev., 1 p.der., 3 p.jtos.der., 1 p.der.* Rep. de * a * y term. con 2 p.rev.

27ª vta. *5 p.rev., 3 p.jtos.der. * Rep. de * a * y term. con 2 p.rev.

Rep. las vtas. 1ª a 28ª cont.

Instrucciones:

Montar un núm. de p. múlt. de 10 más 5 p.

1ª, 3ª, 5ª, 7ª, 9ª, 13ª, 15ª, 17ª y 19ª vtas. Trab. todos los p. al der.

2ª, 4ª, 6ª, 8ª, 10ª y 22ª vtas. 5 p.rev. *Pas. 5 p. al rev. sin h. con el hilo del., 5 p.rev.* Rep. de * a *.

11 vta. *7 p.der., 1 p.alarg., 7 p.der.* Rep. de * a *.

12ª, 14ª, 16ª, 18ª y 20ª vtas. Pas. 5 p. al rev. sin h. con el hilo del. *5 p.rev. Pas. 5 p. al rev. sin h. con el hilo del.* Rep. de * a *.

21ª vta. *2 p.der., 1 p.alarg., 7 p.der.* Rep. de * a * y term. con 2 p.der., 1 p.alarg., 2 p.der.

Rep. las vtas. 1ª a 22ª cont.

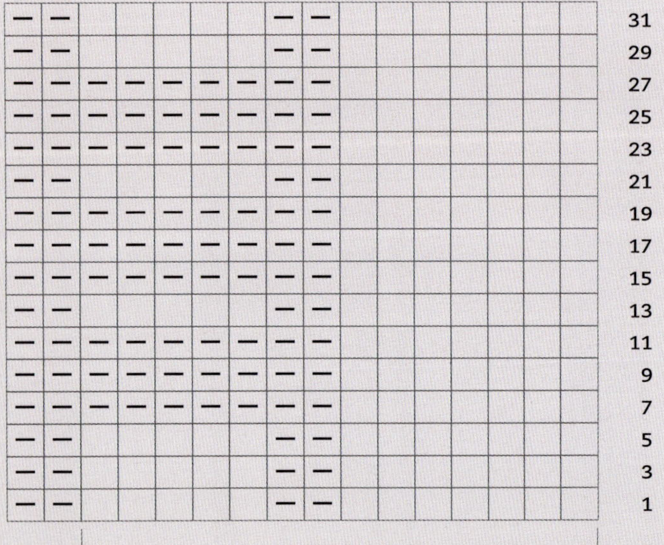

Instrucciones:

Montar un núm. de p. múlt. de 14 más 4 p. orillo (2 a cada lado).

1ª, 3ª, 5ª, 13ª, 21ª, 29ª y 31ª vtas. 2 p.rev., *7 p.der., 2 p.rev., 5 p.der.* Rep. de * a * y term. con 2 p.rev.

Vtas. pares. Trab. todos los p. como se presenten.

7ª, 9ª, 11ª, 15ª. 17ª, 19ª, 23ª, 25ª y 27ª vtas. 2 p.rev., *7 p.der., 7 p.rev.* Rep. de * a * y term. con 2 p.rev.

Rep. las vtas. 1ª a 32ª cont.

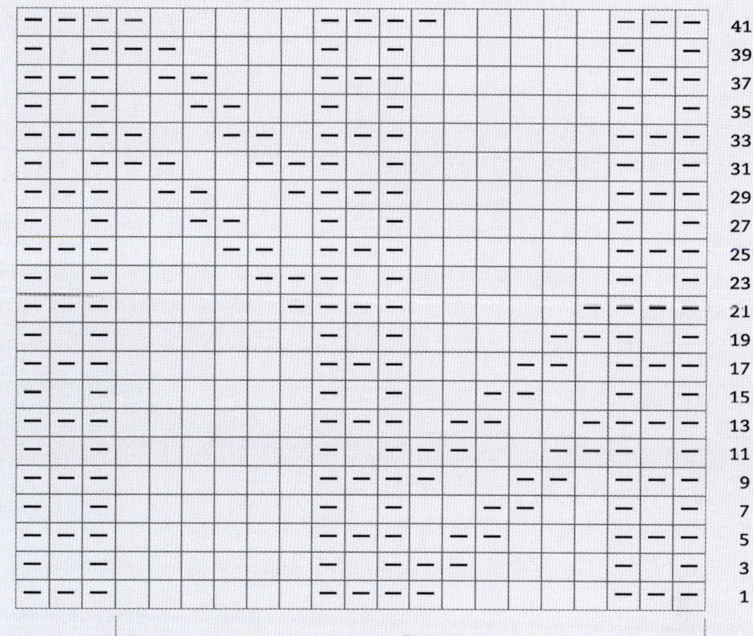

Instrucciones:

Montar un núm. de p. múlt. de 18 más 3 p.

1ª vta. *3 p.rev., 5 p.der., 4 p.rev., 6 p.der.* Rep. de * a * y term. con 3 p.rev.

Vtas. pares. Trab. todos los p. como se presenten.

3ª vta. *1 p.rev., 1 p.der., 1 p.rev., 4 p.der., 3 p.rev., 1 p.der., 1 p.rev., 6 p.der.* Rep. de * a * y term. con 1 p.rev., 1 p.der., 1 p.rev.

5ª vta. *1 p.rev., 1 p.der., 1 p.rev., 3 p.der., 2 p.rev., 1 p.der., 3 p.rev., 6 p.der.* Rep. de * a * y term. con 3 p.rev.

7ª vta. *1 p.rev., 1 p.der., 1 p.rev., 2 p.der., 2 p.rev., 2 p.der., 1 p.rev., 1 p.der., 1 p.rev., 6 p.der.* Rep. de * a * y term. con 1 p.rev., 1 p.der., 1 p.rev.

9ª vta. *3 p.rev., 1 p.der., 2 p.rev., 2 p.der., 4 p.rev., 6 p.der.* Rep. de * a * y term. con 3 p.rev.

11ª vta. *1 p.rev., 1 p.der., 3 p.rev., 2 p.der., 3 p.rev., 1 p.der., 1 p.rev., 6 p.der.* Rep. de * a * y term. con 1 p.rev., 1 p.der., 1 p.rev.

13ª vta. *4 p.rev., 2 p.der., 2 p.rev., 1 p.der., 3 p.rev., 6 p.der.* Rep. de * a * y term. con 3 p.rev.

15ª vta. *1 p.rev., 1 p.der., 1 p.rev., 2 p.der., 2 p.rev., 2 p.der., 1 p.rev., 1 p.der., 1 p.rev., 6 p.der.* Rep. de * a * y term. con 1 p.rev., 1 p.der., 1 p.rev.

17ª vta. *3 p.rev., 1 p.der., 2 p.rev., 3 p.der., 3 p.rev., 6 p.der.* Rep. de * a * y term. con 3 p.rev.

19ª vta. *1 p.rev., 1 p.der., 3 p.rev., 4 p.der., 1 p.rev., 1 p.der., 1 p.rev., 6 p.der.* Rep. de * a * y term. con 1 p.rev., 1 p.der., 1 p.rev.

21ª vta. *4 p.rev., 5 p.der., 4 p.rev., 5 p.der.* Rep. de * a * y term. con 3 p.rev.

23ª vta. *1 p.rev., 1 p.der., 1 p.rev., 6 p.der., 1 p.rev., 1 p.der., 3 p.rev., 4 p.der.* Rep. de * a * y term. con 1 p.rev., 1 p.der., 1 p.rev.

25ª vta. *3 p.rev., 6 p.der., 3 p.rev., 1 p.der., 2 p.rev., 3 p.der.* Rep. de * a * y term. con 3 p.rev.

27ª vta. *1 p.rev., 1 p.der., 1 p.rev., 6 p.der., 1 p.rev., 1 p.der., 1 p.rev., 2 p.der., 2 p.rev., 2 p.der.* Rep. de * a * y term. con 1 p.rev., 1 p.der., 1 p.rev.

29ª vta. *3 p.rev., 6 p.der., 4 p.rev., 2 p.der., 2 p.rev., 1 p.der.* Rep. de * a * y term. con 3 p.rev.

31ª vta. *1 p.rev., 1 p.der., 1 p.rev., 6 p.der., 1 p.rev., 1 p.der., 3 p.rev., 2 p.der., 2 p.rev.* Rep. de * a * y term. con 1 p.rev., 1 p.der., 1 p.rev.

33ª vta. *3 p.rev., 6 p.der., 3 p.rev., 1 p.der., 2 p.rev., 2 p.der., 1 p.rev.* Rep. de * a * y term. con 3 p.rev.

35ª vta. *1 p.rev., 1 p.der., 1 p.rev., 6 p.der., 1 p.rev., 1 p.der., 1 p.rev., 2 p.der., 2 p.rev., 2 p.der.* Rep. de * a * y term. con 1 p.rev., 1 p.der., 1 p.rev.

37ª vta. *3 p.rev., 6 p.der., 3 p.rev., 3 p.der., 2 p.rev., 1 p.der.* Rep. de * a * y term. con 3 p.rev.

39ª vta. *1 p.rev., 1 p.der., 1 p.rev., 6 p.der., 1 p.rev., 1 p.der., 1 p.rev., 4 p.der., 2 p.rev.* Rep. de * a * y term. con 1 p.rev., 1 p.der., 1 p.rev.

41ª vta. *3 p.rev., 5 p.der., 4 p.rev., 5 p.der., 1 p.rev.* Rep. de * a * y term. con 3 p.rev.

Trab. una vez las vtas. 1ª a 2ª y rep. las vtas 3ª a 42ª cont.

Instrucciones:

Montar un núm. de p. múlt. de 12.

1ª vta. *5 p.rev., 2 p.der., 5 p.rev.* Rep. de * a *.

2ª vta. Trab. todos los p. como se presenten.

3ª vta. *4 p.rev. Pon. 1 p. en una ag.aux. detrás, tej. 1 p.der. y tej. al der. el p. de la ag.aux. Pon. 1 p. en una ag.aux. del., tej. 1 p.der. y tej. al der. el p. de la ag.aux. 4 p.rev.* Rep. de * a *.

4ª vta. *4 p.der., 4 p.rev., 4 p.der.* Rep. de * a *.

5ª vta. *3 p.rev. Pon. 1 p. en una ag.aux. detrás, tej. 1 p.der. y tej. al rev. el p. de la ag.aux. 2 p.der. Pon. 1 p. en una ag.aux. del., tej. 1 p.der. y tej. al der. el p. de la ag.aux. 3 p.rev.* Rep. de * a *.

6ª vta. *3 p.der., 1 p.rev., 1 p.der., 2 p.rev., 1 p.der., 1 p.rev., 3 p.der.* Rep. de * a *.

7ª vta. *2 p.rev. Pon. 1 p. en una ag.aux. detrás, tej. 1 p.der. y tej. al rev. el p. de la ag.aux. 1 p.rev., 2 p.der., 1 p.rev. Pon. 1 p. en una ag.aux. del., tej. 1 p.der. y tej. al der. el p. de la ag.aux. 2 p.rev.* Rep. de * a *.

8ª vta. *1 p.der. Pon. 1 p. en una ag.aux. del., tej. 1 p.rev. y tej. al der. el p. de la ag.aux. 2 p.der., 2 p.rev., 2 p.der. Pon. 1 p. en una ag.aux. detrás, tej. 1 p.der. y tej. al rev. el p. de la ag.aux. 1 p.der.* Rep. de * a *.

Rep. las vtas. 1ª a 8ª cont.

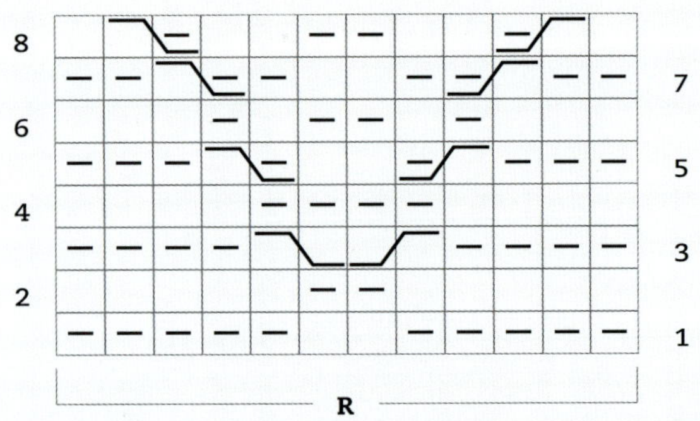

Instrucciones:

Montar un núm. de p. múlt. de 8.

1ª, 3ª, 11ª y 13ª vta. Trab. todos los p. al rev.

2ª y 12ª vta. Trab. todos los p. al der.

4ª, 6ª, 8ª y 10ª vta. *3 p.rev., pas. 2 p.rev. sin h., 3 p.rev.* Rep. de * a *.

5ª, 7ª y 9ª vtas. *3 p.rev., pas. 2 p.rev. sin h., 3 p.rev.* Rep de * a *.

14ª, 16ª, 18ª y 20ª vta. *Pas. 1 p.rev. sin h., 6 p.rev., pas. 1 p.rev. sin h.* Rep. de * a *.

15ª, 17ª y 19ª vta. *Pas. 1 p.rev. sin h., 6 p.der., pas. 1 p.rev. sin h.* Rep. de * a *.

Rep. las vtas. 1ª a 20ª cont.

Relieve de rombos

Instrucciones:

Trab. sobre un núm. de p. múlt. de 13.

1ª, 29ª y 33ª vta. *6 p.der., 1 p.rev., 6 p.der.* Rep. de * a *.

Vtas. pares. Trab. todos los p. del rev.

3ª y 27ª vta. *5 p.der., 3 p.rev., 5 p.der.* Rep. de * a *.

5ª y 25ª vta. *4 p.der., 1 p.rev., 1 p.der., 3 p.rev., 3 p.der.* Rep. de * a *.

7ª y 23ª vta. *3 p.der., 2 p.rev., 2 p.der., 3 p.rev., 3 p.der.* Rep. de * a *.

9ª y 21ª vta. *2 p.der., 2 p.rev., 2 p.der., 1 p.rev., 1 p.der., 3 p.rev., 2 p.der.* Rep. de * a *.

11ª y 19ª vta. *1 p.der., 2 p.rev., 2 p.der., 2 p.rev., 2 p.der., 3 p.rev., 1 p.der.* Rep. de * a *.

13ª y 17ª vta. *1 p.der., 2 p.rev., 2 p.der., 2 p.rev., 1 p.der., 3 p.rev.* Rep. de * a *.

15ª vta. *1 p.rev., 2 p.der., 2 p.rev., 2 p.der., 2 p.rev., 2 p.der., 2 p.rev.* Rep. de * a *.

31ª vta. Trab. todos los p. del der.

35ª vta. *5 p.der., 1 p.rev., 1 p.der., 1 p.rev., 5 p.der.* Rep. de * a *.

37ª, 41ª, 45ª y 49ª vta. *4 p.der., 1 p.rev., 1 p.der., 1 p.rev., 1 p.der., 1 p.rev., 3 p.der.* Rep. de * a *.

39ª, 43ª, 47ª y 51ª vta. *3 p.der., 1 p.rev., 1 p.der., 1 p.rev., 1 p.der., 1 p.rev., 1 p.der., 1 p.rev., 3 p.der.* Rep. de * a *.

Rep. las vtas. 1ª a 52ª cont.

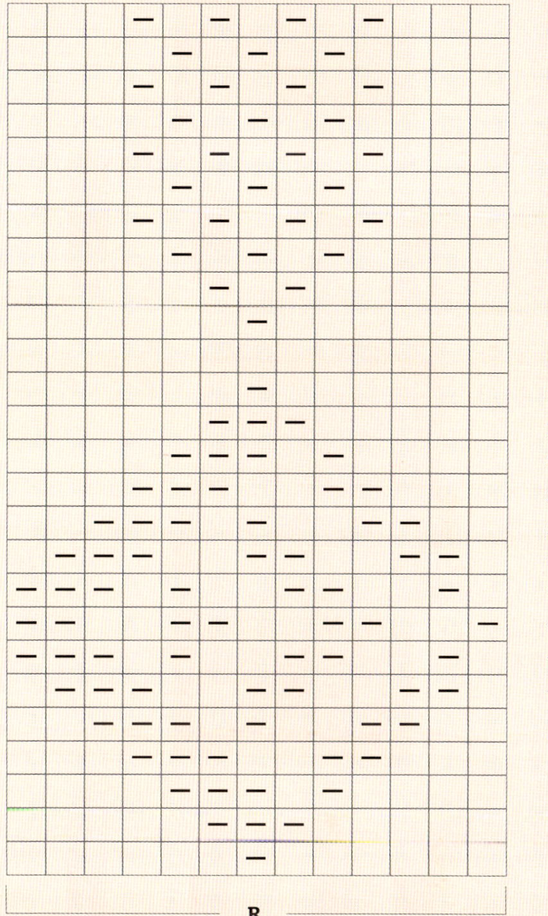

Calado en rama

Instrucciones:

Montar un núm. de p. múlt. de 12.

1ª vta. 2 p.der.,*2 p.jtos.der., 2 p.jtos.der., 1 heb., 1 p.der., 1 heb., 1 p.der., 1 heb., 1 p.der., 1 heb., 1 p.der., 2 p.jtos.der., 2 p.jtos.der.* Rep. de * a * y term. con 2 p.der.

2ª vta. Trab. todos los p. del der.

3ª vta. Trab. todos los p. del der.

4ª vta. Trab. todos los p. del rev.

Rep. las vtas. 1ª a 4ª cont.

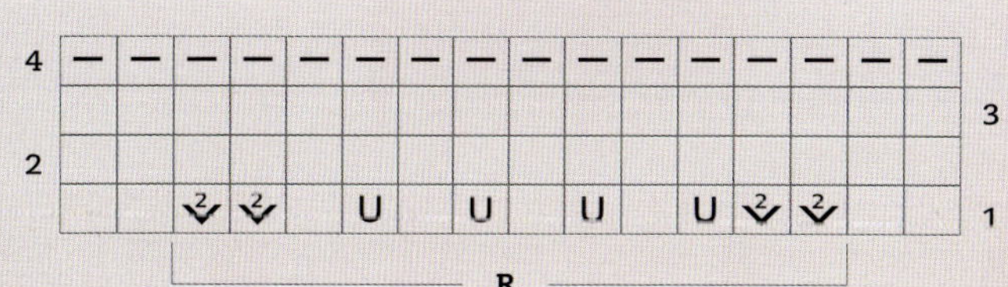

Los rombos son uno de los
motivos más utilizados al
tejer prendas de punto.
Además de decorar el
tejido final, dan un relieve
geométrico muy apreciado
en jerséis y chaquetas
de invierno.

Instrucciones:

Trab. sobre un núm. de p. múlt. de 20.

1ª vta. *8 p.rev. Pon. 2 p. en una ag.aux. del., tej. 2 p.der. y tej. los p. de la ag.aux. al der. 8 p.rev.* Rep. de * a *.

Vtas. pares. Trab. todos los p. como se presenten.

3ª vta. *7 p.rev. Pon. 2 p. en una ag.aux. detrás, tej. 1 p.rev. y tej. los p. de la ag.aux. al der. Pon. 2 p. en una ag.aux. del., tej. 1 p.rev. y tej. los p. de la ag.aux. al der. 7 p.rev.* Rep. de * a *.

5ª vta. *6 p.rev. Pon. 2 p. en una ag.aux. detrás, tej. 1 p.rev. y tej. los p. de la ag.aux. al der. 2 p.rev. Pon. 2 p. en una ag.aux. del., tej. 1 p.rev. y tej. los p. de la ag.aux. al der. 6 p.rev.* Rep. de * a *.

7ª vta. *5 p.rev. Pon. 2 p. en una ag.aux. detrás, tej. 1 p.rev. y tej. los p. de la ag.aux. al der. 4 p.rev. Pon. 2 p. en una ag.aux. del., tej. 1 p.rev. y tej. los p. de la ag.aux. al der. 5 p.rev.* Rep. de * a *.

9ª vta. *4 p.rev. Pon. 2 p. en una ag.aux. detrás, tej. 1 p.rev. y tej. los p. de la ag.aux. al der. 6 p.rev. Pon. 2 p. en una ag.aux. del., tej. 1 p.rev. y tej. los p. de la ag.aux. al der. 4 p.rev.* Rep. de * a *.

11ª vta. *3 p.rev. Pon. 2 p. en una ag.aux. detrás, tej. 1 p.rev. y tej. los p. de la ag.aux. al der. 8 p.rev. Pon. 2 p. en una ag.aux. del., tej. 1 p.rev. y tej. los p. de la ag.aux. al der. 3 p.rev.* Rep. de * a *.

13ª vta. *2 p.rev. Pon. 2 p. en paso ag.aux. detrás, tej. 1 p.rev. y tej. los p. de la ag.aux. al der. 10 p.rev. Pon. 2 p. en una ag.aux. del., tej. 1 p.rev. y tej. los p. de la ag.aux. al der. 2 p.rev.* Rep. de * a *.

15ª vta. *1 p.rev. Pon. 2 p. en una ag.aux. detrás, tej. 1 p.rev. y tej. los p. de la ag.aux. al der. 12 p.rev. Pon. 2 p. en una ag.aux. del., tej. 1 p.rev. y tej. los p. de la ag.aux. al der. 1 p.rev.* Rep. de * a *.

17ª vta. *1 p.rev., 2 p.der., 14 p.rev., 2 p.der., 1 p.rev.* Rep. de * a *.

19ª vta. *1 p.rev. Pon. 2 p. en una ag.aux. del., tej. 1 p.rev. y tej. los p. de la ag.aux. al der. 12 p.rev. Pon. 2 p. en una ag.aux. detrás, tej. 1 p.rev. y tej. los p. de la ag.aux. al der. 1 p.rev.* Rep. de * a *.

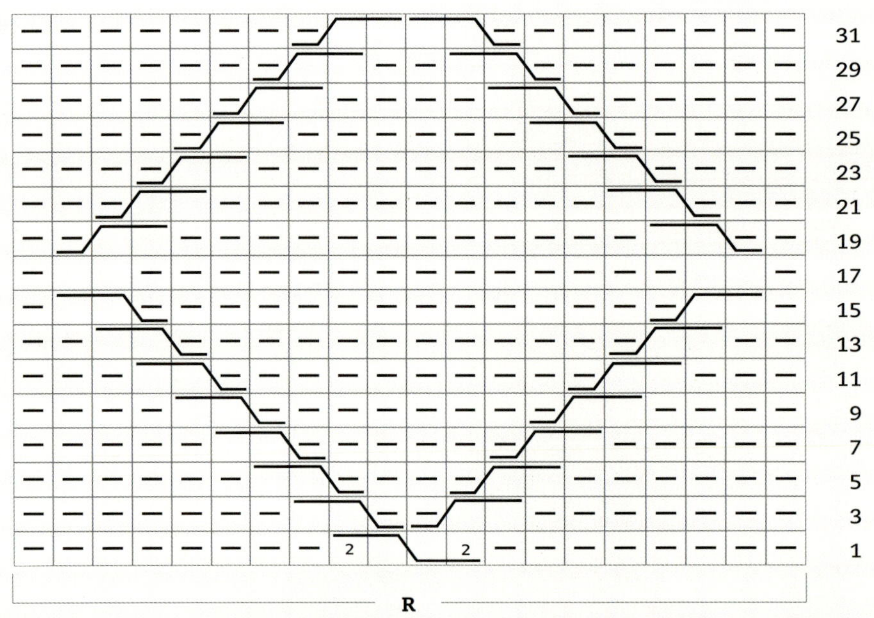

21ª vta. *2 p.rev. Pon. 2 p. en una ag.aux. del., tej. 1 p.rev. y tej. los p. de la ag.aux. al der. 10 p.rev. Pon. 2 p. en una ag.aux. detrás, tej. 1 p.rev. y tej. los p. de la ag.aux. al der. 2 p.rev.* Rep. de * a *.

23ª vta. *3 p.rev. Pon. 2 p. en una ag.aux. del., tej. 1 p.rev. y tej. los p. de la ag.aux. al der. 8 p.rev. Pon. 2 p. en una ag.aux. detrás, tej. 1 p.rev. y tej. los p. de la ag.aux. al der. 3 p.rev.* Rep. de * a *.

25ª vta. *4 p.rev. Pon. 2 p. en una ag.aux. del., tej. 1 p.rev. y tej. los p. de la ag.aux. al der. 6 p.rev. Pon. 2 p. en una ag.aux. detrás, tej. 1 p.rev. y tej. los p. de la ag.aux. al der. 4 p.rev.* Rep. de * a *.

27ª vta. *5 p.rev. Pon. 2 p. en una ag.aux. del., tej. 1 p.rev. y tej. los p. de la ag.aux. al der. 4 p.rev. Pon. 2 p. en una ag.aux. detrás, tej. 1 p.rev. y tej. los p. de la ag.aux. al der. 5 p.rev.* Rep. de * a *.

29ª vta. *6 p.rev. Pon. 2 p. en una ag.aux. del., tej. 1 p.rev. y tej. los p. de la ag.aux. al der. 2 p.rev. Pon. 2 p. en una ag.aux. detrás, tej. 1 p.rev. y tej. los p. de la ag.aux. al der. 6 p.rev.* Rep. de * a *.

31ª vta. *7 p.rev. Pon. 2 p. en una ag.aux. del., tej. 1 p.rev. y tej. los p. de la ag.aux. al der. Pon. 2 p. en una ag.aux. detrás, tej. 1 p.rev. y tej. los p. de la ag.aux. al der. 7 p.rev.* Rep. de * a *.

Rep. las vtas. 1ª a 32ª cont.

Rombo polar

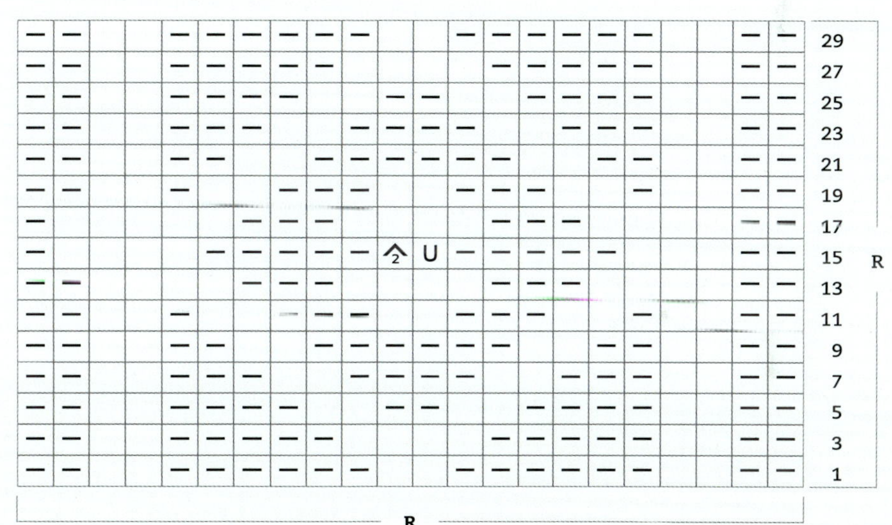

Instrucciones:

Trab. sobre un núm. de p. múlt. de 22 p.

1ª y 29ª vtas. *2 p.rev., 2 p.der., 6 p.rev., 2 p.der., 6 p.rev., 2 p.der., 2 p.rev.* Rep. de * a *.

Vtas. pares. Trab. todos los p. como se presenten.

3ª y 27ª vtas. *2 p.rev., 2 p.der., 5 p.rev., 4 p.der., 5 p.rev., 2 p.der., 2 p.rev.*

5ª y 25ª vtas. *2 p.rev., 2 p.der., 4 p.rev., 2 p.der., 2 p.rev., 2 p.der., 4 p.rev., 2 p.der., 2 p.rev.* Rep. de * a *.

7ª y 23ª vtas. *2 p.rev., 2 p.der., 3 p.rev., 2 p.der., 4 p.rev., 2 p.der., 3 p.rev., 2 p.der., 2 p.rev.* Rep. de * a *.

9ª y 21ª vtas. *2 p.rev., 2 p.der., 2 p.rev., 2 p.der., 6 p.rev., 2 p.der., 2 p.rev., 2 p.der., 2 p.rev.* Rep. de * a *.

11ª y 19ª vtas. *2 p.rev., 2 p.der., 1 p.rev., 2 p.der., 3 p.rev., 2 p.der., 3 p.rev., 2 p.der., 1 p.rev., 2 p.der., 2 p.rev.* Rep. de * a *.

13ª y 17ª vtas. *2 p.rev., 4 p.der., 3 p.rev., 4 p.der., 3 p.rev., 4 p.der., 2 p.rev.* Rep. de * a *.

15ª vta. *2 p.rev., 3 p.der., 5 p.rev., 1 hcb., 2 p.jtos.rev., 5 p.rev., 3 p.der., 2 p.rev.* Rep. de * a *.

Rep. las vtas. 1ª a 30ª cont.

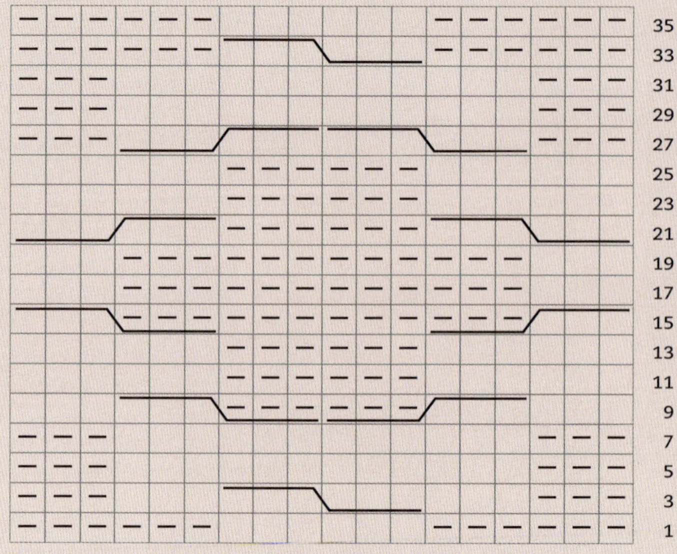

Instrucciones:

Trab. sobre 18 p.

1ª, 23ª, 25ª y 35ª vtas. 6 p.rev., 6 p.der., 6 p.rev.

Vtas. pares. Trab. todos los p. como se presenten.

3ª vta. 3 p.rev., 3 p.der. Pon. 3 p. en una ag.aux. del., tej. 3 p.der. y tej. los 3 p. de la ag.aux. al der. 3 p.der., 3 p.rev.

5ª, 7ª, 29ª y 31ª vtas. 3 p.rev., 12 p.der., 3 p.rev.

9ª vta. 3 p.der. Pon. 3 p. en una ag.aux. detrás, tej. 3 p.rev. y tej. los 3 p. de la ag.aux. al der. Pon. 3 p. en una ag.aux. del., tej. 3 p.rev. y tej. los 3 p. de la ag.aux. al der. 3 p.der.

11ª y 13ª vtas. 6 p.der., 6 p.rev., 6 p.der.

15ª vta. Pon. 3 p. en una ag.aux. detrás, tej. 3 p.rev. y tej. los 3 p. de la ag.aux. al der. 6 p.rev. Pon. 3 p. en una ag.aux. del., tej. 3 p.rev. y tej. los 3 p. de la ag.aux. al der.

17ª y 19ª vtas. 3 p.der., 12 p.rev., 3 p.der.

21ª vta. Pon. 3 p. en una ag.aux. del., tej. 3 p.der. y tej. los 3 p. de la ag.aux. al der. 6 p.rev. Pon. 3 p. en una ag.aux. detrás, tej. 3 p.der. y tej. los 3 p. de la ag.aux. al der.

27ª vta. 3 p.rev. Pon. 3 p. en una ag.aux. del., tej. 3 p.der. y tej. los 3 p. de la ag.aux. al der. Pon. 3 p. en una ag.aux. detrás, tej. 3 p.der. y tej. los 3 p. de la ag.aux. al der. 3 p.rev.

33ª vta. 6 p.rev. Pon. 3 p. en una ag.aux. del., tej. 3 p.der. y tej. los 3 p. de la ag.aux. al der. 6 p.rev.

Rep. las vtas. 1ª a 36ª cont.

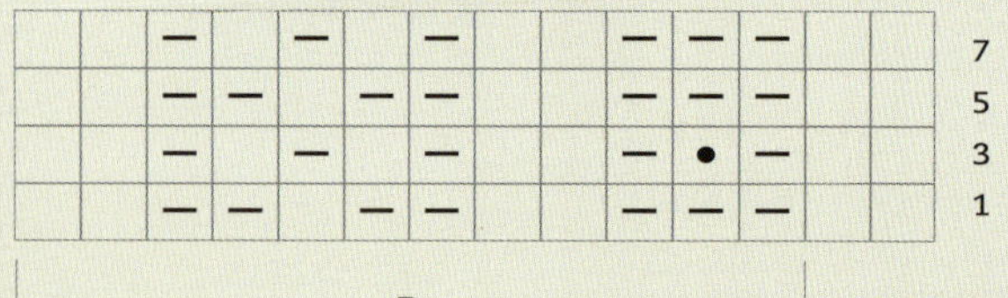

Instrucciones:

Montar un núm. de p. múlt. de 12 más 2 p.

1ª y 5ª vtas. 2 p.der., *3 p.rev., 2 p.der., 2 p.rev., 1 p.der., 2 p.rev., 2 p.der.* Rep. de * a *.

Vtas. pares. Trab. los p. como se presenten.

3ª vta. 2 p.der., *1 p.rev. Hacer un bodoque, tej. 3 veces el mismo p., girar la labor, tej. los 3 p. al der., girar de nuevo la labor y tej. los mismos 3 p.jtos. al der. 1 p.rev., 2 p.der., 1 p.rev., 1 p.der., 1 p.rev., 1 p.der., 1 p.rev., 2 p.der.* Rep. de * a *.

7ª vta. 2 p.der., *3 p.rev., 2 p.der., 1 p.rev., 1 p.der., 1 p.rev., 1 p.der., 1 p.rev., 2 p.der.* Rep. de * a *.

Rep. las vtas. 1ª a 8ª cont.

Rombos clásicos

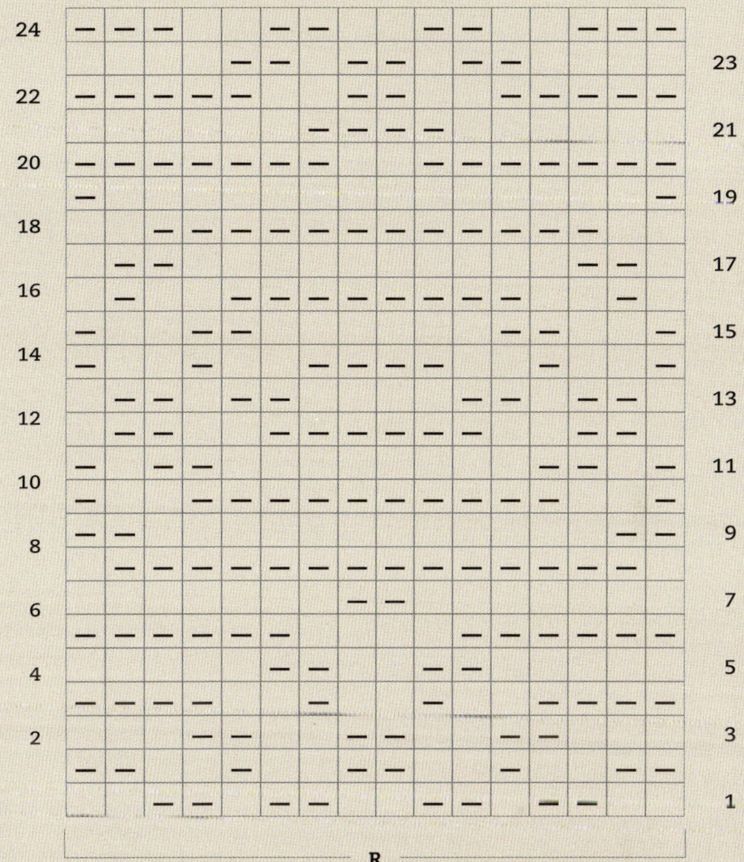

Instrucciones:

Montar un núm. de p. múlt. de 16 p.

1ª vta. *2 p.der., 2 p.rev., 1 p.der., 2 p.rev., 2 p.der., 2 p.rev., 1 p.der., 2 p.rev., 2 p.der.* Rep. de * a *.

2ª vta. *2 p.rev., 2 p.der., 1 p.rev., 2 p.der., 2 p.rev., 2 p.der., 1 p.rev., 2 p.der., 2 p.rev.* Rep. de * a *.

3ª vta. *3 p.der., 2 p.rev., 2 p.der., 2 p.rev., 2 p.der., 2 p.rev., 3 p.der.* Rep. de * a *.

4ª vta. *4 p.rev., 2 p.der., 1 p.rev., 2 p.der., 1 p.rev., 2 p.der., 4 p.rev.* Rep. de * a *.

5ª vta. *5 p.der., 2 p.rev., 2 p.der., 2 p.rev., 5 p.der.* Rep. de * a *.

6 vta. *6 p.rev., 4 p.der., 6 p.rev.* Rep. de * a *.

7ª vta. *7 p.der., 2 p.rev., 7 p.der.* Rep. de * a *.

8ª vta. *1 p.der., 14 p.rev., 1 p.der.* Rep. de * a *.

9ª vta. *2 p.rev., 12 p.der., 2 p.rev.* Rep. de * a *.

10ª vta. *1 p.rev., 2 p.der., 10 p.rev., 2 p.der., 1 p.rev.* Rep. de * a *.

11ª vta. *1 p.rev., 1 p.der., 2 p.rev., 8 p.der., 2 p.rev., 1 p.der., 1 p.rev.* Rep. de * a *.

12ª vta. *1 p.der., 2 p.rev., 2 p.der., 6 p.rev., 2 p.der., 2 p.rev., 2 p.der.* Rep. de * a *.

13ª vta. *1 p.der., 1 p.rev., 2 p.der., 2 p.rev., 4 p.der., 2 p.rev., 1 p.der., 2 p.rev., 1 p.der.* Rep. de * a *.

14ª vta. *1 p.rev., 2 p.der., 1 p.rev., 2 p.der., 4 p.rev., 2 p.der., 1 p.rev., 2 p.der., 1 p.rev.* Rep. de * a *.

15ª vta. *1 p.rev., 2 p.der., 2 p.der., 6 p.der., 2 p.rev., 2 p.der., 1 p.rev.* Rep. de * a *.

16ª vta. *1 p.der., 1 p.rev., 2 p.der., 8 p.rev., 2 p.der., 1 p.rev., 1 p.der.* Rep. de * a *.

17ª vta. *1 p.der., 2 p.rev., 10 p.der., 2 p.rev., 1 p.der.* Rep. de * a *.

18ª vta. *2 p.der., 12 p.rev., 2 p.der.* Rep. de * a *.

19ª vta. *1 p.rev., 14 p.der., 1 p.rev.* Rep. de * a *.

20ª vta. *7 p.rev., 2 p.der., 7 p.rev.* Rep. de * a *.

21ª vta. *6 p.der., 4 p.rev., 6 p.der.* Rep. de * a *.

22ª vta. *5 p.rev., 2 p.der., 2 p.der., 2 p.der., 5. p.rev.* Rep. de * a *.

23ª vta. *4 p.der., 2 p.rev., 1 p.der., 2 p.rev., 1 p.der., 2 p.rev., 4 p.der.* Rep. de * a *.

24ª vta. *3 p.rev., 2 p.der., 2 p.der., 2 p.der., 2. p.rev., 2 p.der., 3 p.rev.* Rep. de * a *.

Rep. las vtas. 1ª a 24ª cont.

																			Vta.
—	↓	U	↓	U	↓	U						U	⌄2	U	⌄2	U	⌄2	—	23
—		↓	U	↓	U	↓	U				U	⌄2	U	⌄2	U	⌄2		—	21
—			↓	U	↓	U	↓	U		U	⌄2	U	⌄2	U	⌄2			—	19
—				↓	U	↓	U	↓	U		U	⌄2	U	⌄2				—	17
—					↓	U	↓	U	↓	U		U	⌄2					—	15
—						↓	U	↓	U	↓	U							—	13
—						U	⌄3	U	↓	U	↓	U						—	11
—					U	⌄2	U	⌄3	U	↓	U	↓	U					—	9
—				U	⌄2	U	⌄2	U	⌄3	U	↓	U	↓	U				—	7
—			U	⌄2	U	⌄2	U	⌄2		↓	U	↓	U	↓	U			—	5
—		U	⌄2	U	⌄2	U	⌄2				↓	U	↓	U	↓	U		—	3
—	U	⌄2	U	⌄2	U	⌄2						↓	U	↓	U	↓	U	—	1

(Marca **R** a la derecha del diagrama.)

Instrucciones:

Trab. sobre 19 p.

1ª vta. *1 p.rev., 1 heb. Pas. 1 p. sin h., tej. 1 p.der. y pas.enc. el p. sin h. 1 heb. Pas. 1 p. sin h., tej. 1 p.der. y pas.enc. el p. sin h. 1 heb. Pas. 1 p. sin h., tej. 1 p.der. y pas.enc. el p. sin h. 5 p.der., 2 p.jtos.der., 1 heb., 2 p.jtos.der., 1 heb., 2 p.jtos.der., 1 heb.* Rep. de * a * y term. con 1 p.rev.

Vtas. pares. Trab. todos los p. y las heb. del rev.

3ª vta. *1 p.rev., 1 p.der., 1 heb. Pas. 1 p. sin h., tej. 1 p.der. y pas.enc. el p. sin h. 1 heb. Pas. 1 p. sin h., tej. 1 p.der. y pas.enc. el p. sin h. 1 heb. Pas. 1 p. sin h., tej. 1 p.der. y pas.enc. el p. sin h. 3 p.der., 2 p.jtos.der., 1 heb., 2 p.jtos.der., 1 heb., 2 p.jtos.der., 1 heb., 1 p.der.* Rep. de * a * y term. con 1 p.rev.

5ª vta. *1 p.rev., 2 p.der., 1 heb. Pas. 1 p. sin h., tej. 1 p.der. y pas.enc. el p. sin h. 1 heb. Pas. 1 p. sin h., tej. 1 p.der. y pas.enc. el p. sin h. 1 heb. Pas. 1 p. sin h., tej. 1 p.der. y pas.enc. el p. sin h. 1 p.der., 2 p.jtos.der., 1 heb., 2 p.jtos.der., 1 heb., 2 p.jtos.der., 1 heb., 2 p.der.* Rep. de * a * y term. con 1 p.rev.

7ª vta. *1 p.rev., 3 p.der., 1 heb. Pas. 1 p. sin h., tej. 1 p.der. y pas.enc. el p. sin h. 1 heb. Pas. 1 p. sin h., tej. 1 p.der. y pas.enc. el p. sin h. 1 heb., 3 p.jtos.der., 1 heb., 2 p.jtos.der., 1 heb., 2 p.jtos.der., 1 heb., 3 p.der.* Rep. de * a * y term. con 1 p.rev.

9ª vta. *1 p.rev., 4 p.der., 1 heb. Pas. 1 p. sin h., tej. 1 p.der. y pas.enc. el p. sin h. 1 heb. Pas. 1 p. sin h., tej. 1 p.der. y pas.enc. el p. sin h. 1 heb., 3 p.jtos.der., 1 heb., 2 p.jtos.der., 1 heb., 4 p.der.* Rep. de * a * y term. con 1 p.rev.

11ª vta. *1 p.rev., 5 p.der., 1 heb. Pas. 1 p. sin h., tej. 1 p.der. y pas.enc. el p. sin h. 1 heb. Pas. 1 p. sin h., tej. 1 p.der. y pas.enc. el p. sin h. 1 heb., 3 p.jtos.der., 1 heb., 5 p.der.* Rep. de * a * y term. con 1 p.rev.

13ª vta. *1 p.rev., 6 p.der., 1 heb. Pas. 1 p. sin h., tej. 1 p.der. y pas.enc. el p. sin h. 1 heb. Pas. 1 p. sin h., tej. 1 p.der. y pas.enc. el p. sin h. 1 heb. Pas. 1 p. sin h., tej. 1 p.der. y pas.enc. el p. sin h. 6 p.der.* Rep. de * a * y term. con 1 p.rev.

15ª vta. *1 p.rev., 4 p.der., 2 p.jtos.der., 1 heb., 1 p.der., 1 heb. Pas. 1 p. sin h., tej. 1 p.der. y pas.enc. el p. sin h. 1 heb. Pas. 1 p. sin h., tej. 1 p.der. y pas.enc. el p. sin h. 1 heb. Pas. 1 p. sin h., tej. 1 p.der. y pas.enc. el p. sin h. 4 p.der.* Rep. de * a * y term. con 1 p.rev.

17ª vta. *1 p.rev., 3 p.der., 2 p.jtos.der., 1 heb., 2 p.jtos.der., 1 heb., 1 p.der., 1 heb. Pas. 1 p. sin h., tej. 1 p.der. y pas.enc. el p. sin h. 1 heb. Pas. 1 p. sin h., tej. 1 p.der. y pas.enc. el p. sin h. 1 heb. Pas. 1 p. sin h., tej. 1 p.der. y pas.enc. el p. sin h. 3 p.der.* Rep. de * a * y term. con 1 p.rev.

19ª vta. *1 p.rev., 2 p.der., 2 p.jtos.der., 1 heb., 2 p.jtos.der., 1 heb., 2 p.jtos.der., 1 heb., 1 p.der., 1 heb. Pas. 1 p. sin h., tej. 1 p.der. y pas.enc. el p. sin h. 1 heb. Pas. 1 p. sin h., tej. 1 p.der. y pas.enc. el p. sin h. 1 heb. Pas. 1 p. sin h., tej. 1 p.der. y pas.enc. el p. sin h. 2 p.der.* Rep. de * a * y term. con 1 p.rev.

21ª vta. *1 p.rev., 1 p.der., 2 p.jtos.der., 1 heb., 2 p.jtos.der., 1 heb., 2 p.jtos.der., 1 heb., 3 p.der., 1 heb. Pas. 1 p. sin h., tej. 1 p.der. y pas.enc. el p. sin h. 1 heb. Pas. 1 p. sin h., tej. 1 p.der. y pas.enc. el p. sin h. 1 heb. Pas. 1 p. sin h., tej. 1 p.der. y pas.enc. el p. sin h. 1 p.der.* Rep. de * a * y term. con 1 p.rev.

23ª vta. *1 p.rev., 2 p.jtos.der., 1 heb., 2 p.jtos.der., 1 heb., 2 p.jtos.der., 1 heb., 5 p.der., 1 heb. Pas. 1 p. sin h., tej. 1 p.der. y pas.enc. el p. sin h. 1 heb. Pas. 1 p. sin h., tej. 1 p.der. y pas.enc. el p. sin h. 1 heb. Pas. 1 p. sin h., tej. 1 p.der. y pas.enc. el p. sin h.* Rep. de * a * y term. con 1 p.rev.

Rep. las vtas. 1ª a 24ª cont.

Rombos geométricos

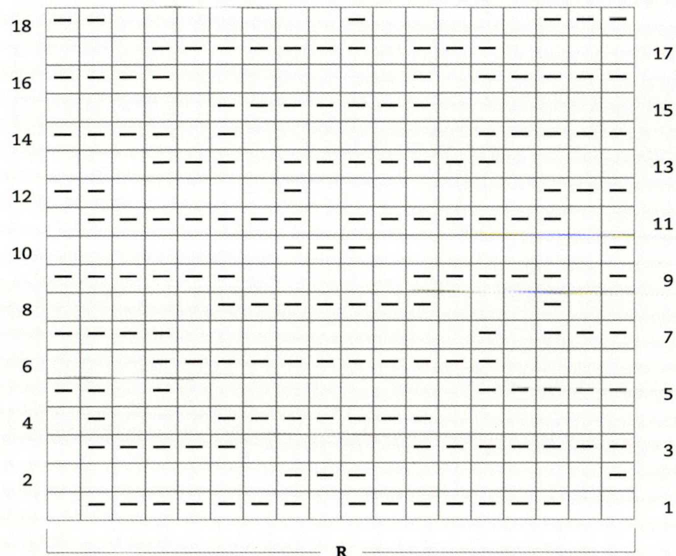

Instrucciones:

Montar un núm. de p. múlt. de 18 p.

1ª vta. *2 p.der., 7 p.rev., 1 p.der., 7 p.rev., 1 p.der.* Rep. de * a *.

2ª vta. *7 p.der., 3 p.rev., 7 p.der., 1 p.rev.* Rep. de * a *.

3ª vta. *7 p.rev., 5 p.der., 5 p.rev., 1 p.der.* Rep. de * a *.

4ª vta. *1 p.der., 1 p.rev., 3 p.der., 7 p.rev., 6 p.der.* Rep. de * a *.

5ª vta. *5 p.rev., 9 p.der., 1 p.rev., 1 p.der., 2 p.rev.* Rep. de * a *.

6ª vta. *3 p.der., 11 p.rev., 4 p.der.* Rep. de * a *.

7ª vta. *3 p.rev., 1 p.der., 1 p.rev., 9 p.der., 4 p.rev.* Rep. de * a *.

8ª vta. *5 p.der., 7 p.rev., 3 p.der., 1 p.rev., 2 p.der.* Rep. de * a *.

9ª vta. *1 p.rev., 1 p.der., 5 p.rev., 5 p.der., 6 p.rev.* Rep. de * a *.

10ª vta. *7 p.der., 3 p.rev., 7 p.der., 1 p.rev.* Rep. de * a *.

11ª vta. *2 p.der., 7 p.rev., 1 p.der., 7 p.rev., 1 p.der.* Rep. de * a *.

12ª vta. *2 p.rev., 5 p.der., 1 p.rev., 7 p.der., 3 p.rev.* Rep. de * a *.

13 vta. *4 p.der., 7 p.rev., 1 p.der., 3 p.rev., 3 p.der.* Rep. de * a *.

14 vta. *4 p.rev., 1 p.der., 1 p.rev., 7 p.der., 5 p.rev.* Rep. de * a *.

15 vta. *6 p.der., 7 p.rev., 5 p.der.* Rep. de * a *.

16 vta. *1 p.rev., 7 p.der., 1 p.rev., 1 p.der., 5 p.rev.* Rep. de * a *.

17 vta. *4 p.der., 3 p.rev., 1 p.der., 7 p.rev., 3 p.der.* Rep. de * a *.

18 vta. *2 p.rev., 7 p.der., 1 p.rev., 5 p.der., 3 p.rev.* Rep. de * a *.

Rep. las vtas. 1ª a 18ª cont.

Estrella polar

Instrucciones:

Trab. sobre 15 p.

Trab. los p. de las vtas. impares con p.der. y los p. de las vtas. pares con p.rev. Entrecruzar los hilos siempre por el rev. de la labor.

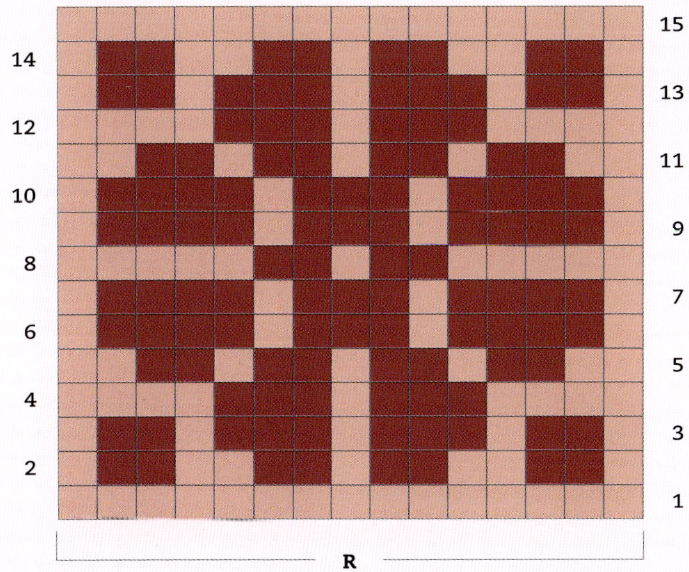

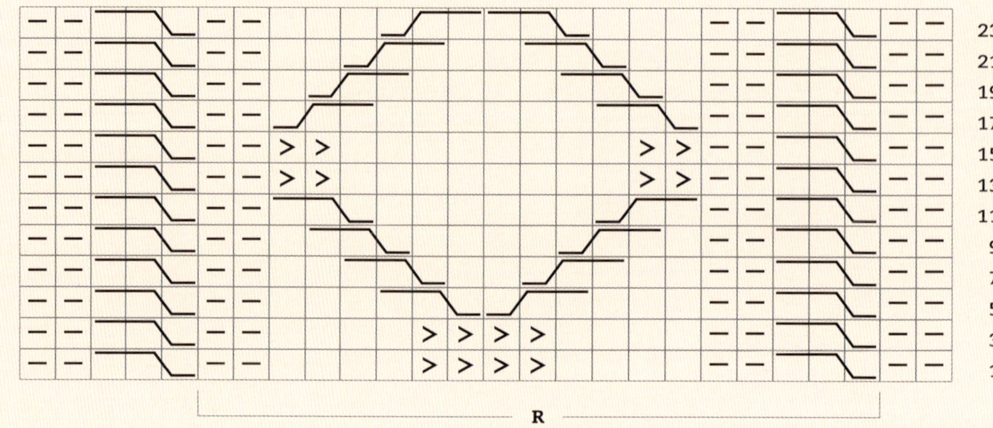

Instrucciones:

Trab. sobre 18 p.

1ª y 3ª vta. 2 p.rev. *Pon. 2 p. en una ag.aux. del., tej. 1 p.der. y tej. los 2 p. de la ag.aux. al der. 2 p.rev., 4 p.der., 4 p.rev.retorc., 4 p.der., 2 p.rev.* Rep. de * a * y term. pon. 2 p. en una ag.aux. del., tej. 1 p.der. y tej. los 2 p. de la ag.aux. al der. 2 p.rev.

Vtas. pares. Trab. todos los p. como se presenten.

5ª vta. 2 p.rev. *Pon. 2 p. en una ag.aux. del., tej. 1 p.der. y tej. los 2 p. de la ag.aux. al der. 2 p.rev., 3 p.der. Pon. 1 p. en una ag.aux. detras, tej. 2 p.der. y tej. el p. de la ag.aux. al der. Pon. 1 p. en una ag.aux. del., tej. 2 p.der. y tej. el p. de la ag.aux. al der. 3 p.der., 2 p.rev.* Rep. de * a * y term. pon. 2 p. en una ag.aux. del., tej. 1 p.der. y tej. los 2 p. de la ag.aux. al der. 2 p.rev.

7ª vta. 2 p.rev. *Pon. 2 p. en una ag.aux. del., tej. 1 p.der. y tej. los 2 p. de la ag.aux. al der. 2 p.rev., 2 p.der. Pon. 1 p. en una ag.aux. detras, tej. 2 p.der. y tej. el p. de la ag.aux. al der. 2 p.der. Pon. 1 p. en una ag.aux. del., tej. 2 p.der. y tej. el p. de la ag.aux. al der. 2 p.der., 2 p.rev.* Rep. de * a * y term. pon. 2 p. en una ag.aux. del., tej. 1 p.der. y tej. los 2 p. de la ag.aux. al der. 2 p.rev.

9ª vta. 2 p.rev. *Pon. 2 p. en una ag.aux. del., tej. 1 p.der. y tej. los 2 p. de la ag.aux. al der. 2 p.rev., 1 p.der. Pon. 1 p. en una ag.aux. detras, tej. 2 p.der. y tej. el p. de la ag.aux. al der. 4 p.der. Pon. 1 p. en una ag.aux. del., tej. 2 p.der. y tej. el p. de la ag.aux. al der. 1 p.der., 2 p.rev.* Rep. de * a * y term. pon. 2 p. en una ag.aux. del., tej. 1 p.der. y tej. los 2 p. de la ag.aux. al der. 2 p.rev.

11ª vta. 2 p.rev. *Pon. 2 p. en una ag.aux. del., tej. 1 p.der. y tej. los 2 p. de la ag.aux. al der. 2 p.rev. Pon. 1 p. en una ag.aux. detras, tej. 2 p.der. y tej. el p. de la ag.aux. al der. 6 p.der. Pon. 1 p. en una ag.aux. del., tej. 2 p.der. y tej. el p. de la ag.aux. al der. 2 p.rev.* Rep. de * a * y term. pon. 2 p. en una ag.aux. del., tej. 1 p.der. y tej. los 2 p. de la ag.aux. al der. 2 p.rev.

13ª y 15ª vta. 2 p.rev. *Pon. 2 p. en una ag.aux. del., tej. 1 p.der. y tej. los 2 p. de la ag.aux. al der. 2 p.rev., 2 p.rev.retorc., 8 p.der., 2 p.rev.retorc., 2 p.rev.* Rep. de * a * y term. pon. 2 p. en una ag.aux. del., tej. 1 p.der. y tej. los 2 p. de la ag.aux. al der. 2 p.rev.

17ª vta. 2 p.rev. *Pon. 2 p. en una ag.aux. del., tej. 1 p.der. y tej. los 2 p. de la ag.aux. al der. 2 p.rev. Pon. 2 p. en una ag.aux. del., tej. 1 p.der. y tej. los 2 p. de la ag.aux. al der. 6 p.der. Pon. 2 p. en una ag.aux. detrás, tej. 1 p.der. y tej. los 2 p. de la ag.aux. al der. 2 p.rev.* Rep. de * a * y term. pon. 2 p. en una ag.aux. del., tej. 1 p.der. y tej. los 2 p. de la ag.aux. al der. 2 p.rev.

19ª vta. 2 p.rev. *Pon. 2 p. en una ag.aux. del., tej. 1 p.der. y tej. los 2 p. de la ag.aux. al der. 2 p.rev., 1 p.der. Pon. 2 p. en una ag.aux. del., tej. 1 p.der. y tej. los 2 p. de la ag.aux. al der. 4 p.der. Pon. 2 p. en una ag.aux. detrás, tej. 1 p.der. y tej. los 2 p. de la ag.aux. al der. 1 p.der., 2 p.rev.* Rep. de * a * y term. pon. 2 p. en una ag.aux. del., tej. 1 p.der. y tej. los 2 p. de la ag.aux. al der. 2 p.rev.

21ª vta. 2 p.rev. *Pon. 2 p. en una ag.aux. del., tej. 1 p.der. y tej. los 2 p. de la ag.aux. al der. 2 p.rev., 2 p.der. Pon. 2 p. en una ag.aux. del., tej. 1 p.der. y tej. los 2 p. de la ag.aux. al der. 2 p.der. Pon. 2 p. en una ag.aux. detrás, tej. 1 p.der. y tej. los 2 p. de la ag.aux. al der. 2 p.der., 2 p.rev.* Rep. de * a * y term. pon. 2 p. en una ag.aux. del., tej. 1 p.der. y tej. los 2 p. de la ag.aux. al der. 2 p.rev.

23ª vta. 2 p.rev. *Pon. 2 p. en una ag.aux. del., tej. 1 p.der. y tej. los 2 p. de la ag.aux. al der. 2 p.rev., 3 p.der. Pon. 2 p. en una ag.aux. del., tej. 1 p.der. y tej. los 2 p. de la ag.aux. al der. Pon. 2 p. en una ag.aux. detrás, tej. 1 p.der. y tej. los 2 p. de la ag.aux. al der. 3 p.der., 2 p.rev.* Rep. de * a * y term. pon. 2 p. en una ag.aux. del., tej. 1 p.der. y tej. los 2 p. de la ag.aux. al der. 2 p.rev.

Rep. las vtas. 1ª a 24ª cont.

Rombos calados

Instrucciones:

Trab. sobre 12 p.

1ª vta. *4 p.der., 2 p.jtos.der., 1 heb., 1 p.rev., 1 heb. Pas. 1 p. sin h., tej. 1 p.der. y pas.enc. el p. sin h. 3 p.der.* Rep. de * a *.

Vtas. pares. Trab. los p. como se presenten y las heb. del rev.

3ª vta. *3 p.der., 2 p.jtos.der., 1 heb., 1 p.rev., 1 p.der., 1 p.rev., 1 heb. Pas. 1 p. sin h., tej. 1 p.der. y pas.enc. el p. sin h. 2 p.der.* Rep. de * a *.

5ª vta. *2 p.der., 2 p.jtos.der., 1 heb., 1 p.rev., 1 p.der., 1 p.rev., 1 p.der., 1 p.rev., 1 heb. Pas. 1 p. sin h., tej. 1 p.der. y pas.enc. el p. sin h. 1 p.der.* Rep. de * a *.

7ª vta. *1 p.der., 2 p.jtos.der., 1 heb., 1 p.rev., 1 p.der., 1 p.rev., 1 p.der., 1 p.rev., 1 p.der., 1 p.rev., 1 heb. Pas. 1 p. sin h., tej. 1 p.der. y pas.enc. el p. sin h.* Rep. de * a *.

9ª vta. *Pas. 1 p. sin h., tej. 2 p.der. y pas.enc. el p. sin h. 1 heb., 1 p.rev., 1 p.der., 1 p.rev., 1 p.der., 1 p.rev., 1 p.der., 1 p.rev., 1 heb.* Rep. de * a *.

11ª vta. *1 p.der., 1 heb. Pas. 1 p. sin h., tej. 1 p.der. y pas.enc. el p. sin h. 1 p.rev., 1 p.der., 1 p.rev., 1 p.der., 1 p.rev., 1 p.der., 1 p.rev., 2 p.jtos.der., 1 heb.* Rep. de * a *.

1	2	3	4	5	6	7	8	9	10	11	12	Vta.
				U	↑	U						19
			U	✓2	−	↓	U					17
		U	✓2	−		−	↓	U				15
	U	✓2	−		−		−	↓	U			13
U	✓2	−		−		−		−	↓	U		11
U	−		−		−		−		−	U	↑	9
↓	U	−		−		−		−	U	✓2		7
	↓	U	−		−		−	U	✓2			5
		↓	U	−		−	U	✓2				3
			↓	U	−	U	✓2					1

R

13ª vta. *2 p.der., 1 heb. Pas. 1 p. sin h., tej. 1 p.der. y pas.enc. el p. sin h. 1 p.rev., 1 p.der., 1 p.rev., 1 p.der., 1 p.rev., 2 p.jtos.der., 1 heb., 1 p.der.* Rep. de * a *.

15ª vta. *3 p.der., 1 heb. Pas. 1 p. sin h., tej. 1 p.der. y pas.enc. el p. sin h. 1 p.rev., 1 p.der., 1 p.rev., 2 p.jtos.der., 1 heb., 2 p.der.* Rep. de * a *.

17ª vta. *4 p.der., 1 heb. Pas. 1 p. sin h., tej. 1 p.der. y pas.enc. el p. sin h. 1 p.rev., 2 p.jtos.der., 1 heb., 3 p.der.* Rep. de * a *.

19ª vta. *5 p.der., 1 heb. Pas. 1 p. sin h., tej. 2 p.der. y pas.enc. el p. sin h. 1 heb., 4 p.der.* Rep. de * a *.

Rep. las vtas. 1ª a 20ª cont.

Cruces

Instrucciones:

Montar un núm. de p. múlt. de 16.

Trab. los p. de las vtas. impares con p.der. y los p. de las vtas. pares con p.rev. Entrecruzar los hilos siempre por el rev. de la labor.

Colmena

Instrucciones:

Montar un núm. de p. múlt. de 6 más 2 p.

Trab. los p. de las vtas. impares con p.der. y los p. de las vtas. pares con p.rev. Entrecruzar los hilos siempre por el rev. de la labor.

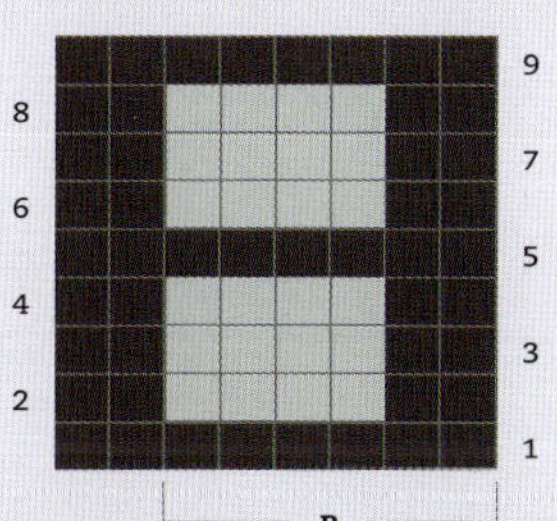

Rombos entrelazados

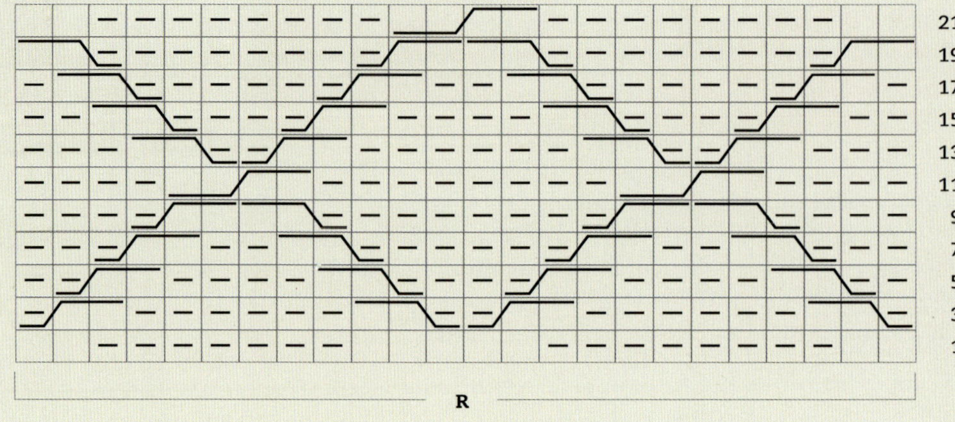

Instrucciones:

Trab. sobre un núm. de p. múlt. de 24.

1ª vta. *2 p.der., 8 p.rev., 5 p.der., 7 p.rev., 2 p.der.* Rep. de * a *.

Vtas. pares. Trab. los p. como se presenten.

3ª vta. *Pon. 2 p. en una ag.aux. del., tej. 1 p.rev. y tej. los 2 p. de la ag.aux. al der. 1 p.rev. 5 p.rev. Pon. 2 p. en una ag.aux. detrás, tej. 1 p.rev. y tej. los 2 p. de la ag.aux. al der. Pon. 2 p. en una ag.aux. del., tej. 1 p.rev. y tej. los 2 p. de la ag.aux. al der. 6 p.rev. Pon. 2 p. en una ag.aux. detrás, tej. 1 p.rev. y tej. los 2 p. de la ag.aux. al der.* Rep. de * a *.

5ª vta. *1 p.rev. Pon. 2 p. en una ag.aux. del., tej. 1 p.rev. y tej. los 2 p. de la ag.aux. al der. 4 p.rev. Pon. 2 p. en una ag.aux. detrás, tej. 1 p.rev. y tej. los 2 p. de la ag.aux. al der. 2 p.rev. Pon. 2 p. en una ag.aux. del., tej. 1 p.rev. y tej. los 2 p. de la ag.aux. al der. 4 p.rev. Pon. 2 p. en una ag.aux. detrás, tej. 1 p.rev. y tej. los 2 p. de la ag.aux. al der. 1 p.rev.* Rep. de * a *.

7ª vta. *2 p.rev. Pon. 2 p. en una ag.aux. del., tej. 1 p.rev. y tej. los 2 p. de la ag.aux. al der. 2 p.rev. Pon. 2 p. en una ag.aux. detrás, tej. 1 p.rev. y tej. los 2 p. de la ag.aux. al der. 4 p.rev. Pon. 2 p. en una ag.aux. del., tej. 1 p.rev. y tej. los 2 p. de la ag.aux. al der. 2 p.rev. Pon. 2 p. en una ag.aux. detrás, tej. 1 p.rev. y tej. los 2 p. de la ag.aux. al der. 2 p.rev.* Rep. de * a *.

9ª vta. *3 p.rev. Pon. 2 p. en una ag.aux. del., tej. 1 p.rev. y tej. los 2 p. de la ag.aux. al der. Pon. 2 p. en una ag.aux. detrás, tej. 1 p.rev. y tej. los 2 p. de la ag.aux. al der. 6 p.rev. Pon. 2 p. en una ag.aux. del., tej. 1 p.rev. y tej. los 2 p. de la ag.aux. al der. Pon. 2 p. en una ag.aux. detrás, tej. 1 p.rev. y tej. los 2 p. de la ag.aux. al der. 3 p.rev.* Rep. de * a *.

11ª vta. *4 p.rev. Pon. 2 p. en una ag.aux. del., tej. 2 p.der. y tej. los 2 p. de la ag.aux. al der. 8 p.rev. Pon. 2 p. en una ag.aux. del., tej. 2 p.der. y tej. los 2 p. de la ag.aux. al der. 4 p.rev.* Rep. de * a *.

13ª vta. *3 p.rev. Pon. 2 p. en una ag.aux. detrás, tej. 1 p.rev. y tej. los 2 p. de la ag.aux. al der. Pon. 2 p. en una ag.aux. del., tej. 1 p.rev. y tej. los 2 p. de la ag.aux. al der. 6 p.rev. Pon. 2 p. en una ag.aux. detrás, tej. 1 p.rev. y tej. los 2 p. de la ag.aux. al der. Pon. 2 p. en una ag.aux. del., tej. 1 p.rev. y tej. los 2 p. de la ag.aux. al der. 3 p.rev.* Rep. de * a *.

15ª vta. *2 p.rev. Pon. 2 p. en una ag.aux. detrás, tej. 1 p.rev. y tej. los 2 p. de la ag.aux. al der. 2 p.rev. Pon. 2 p. en una ag.aux. del., tej. 1 p.rev. y tej. los 2 p. de la ag.aux. al der. 4 p.rev. Pon. 2 p. en una ag.aux. detrás, tej. 1 p.rev. y tej. los 2 p. de la ag.aux. al der. 2 p.rev. Pon. 2 p. en una ag.aux. del., tej. 1 p.rev. y tej. los 2 p. de la ag.aux. al der. 2 p.rev.* Rep. de * a *.

17ª vta. *1 p.rev. Pon. 2 p. en una ag.aux. detrás, tej. 1 p.rev. y tej. los 2 p. de la ag.aux. al der. 4 p.rev. Pon. 2 p. en una ag.aux. del., tej. 1 p.rev. y tej. los 2 p. de la ag.aux. al der. 2 p.rev. Pon. 2 p. en una ag.aux. detrás, tej. 1 p.rev. y tej. los 2 p. de la ag.aux. al der. 4 p.rev. Pon. 2 p. en una ag.aux. del., tej. 1 p.rev. y tej. los 2 p. de la ag.aux. al der. 1 p.rev.* Rep. de * a *.

19ª vta. *Pon. 2 p. en una ag.aux. detrás, tej. 1 p.rev. y tej. los 2 p. de la ag.aux. al der. 6 p.rev. Pon. 2 p. en una ag.aux. del., tej. 1 p.rev. y tej. los 2 p. de la ag.aux. al der. Pon. 2 p. en una ag.aux. detrás, tej. 1 p.rev. y tej. los 2 p. de la ag.aux. al der. 6 p.rev. Pon. 2 p. en una ag.aux. del., tej. 1 p.rev. y tej. los 2 p. de la ag.aux. al der.* Rep. de * a *.

21ª vta. *2 p.der., 8 p.rev. Pon. 2 p. en una ag.aux. detrás, tej. 2 p.der. y tej. los 2 p. de la ag.aux. al der. 8 p.rev., 2 p.der.* Rep. de * a *.

Rep. las vtas. 1ª a 22ª cont.

Relieve en cruz

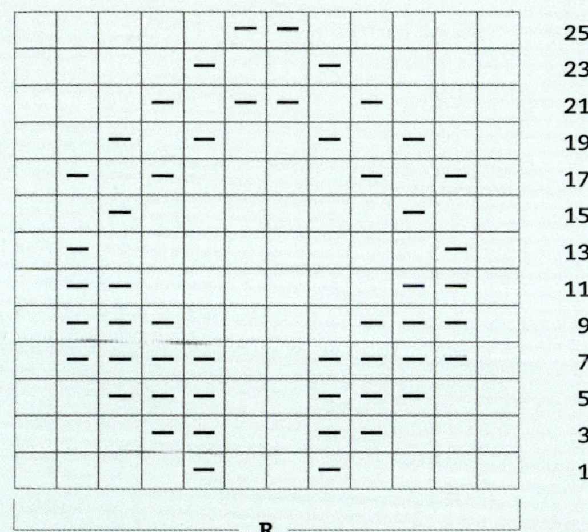

Instrucciones:

Montar un núm. de p. múlt. de 12.

1ª y 23 ª vta. *4 p.der., 1 p.rev., 2 p.der., 1 p.rev., 4 p.der.* Rep. de * a *.

Vtas. pares. Trab. todos los p. del rev.

3ª vta. *3 p.der., 2 p.rev., 2 p.der., 2 p.rev., 3 p.der.* Rep. de * a *.

5ª vta. *2 p.der., 3 p.rev., 2 p.der., 3 p.rev., 2 p.der.* Rep. de * a *.

7ª vta. *1 p.der., 4 p.rev., 2 p.der., 4 p.rev., 1 p.der.* Rep. de * a *.

9ª vta. *1 p.der., 3 p.rev., 4 p.der., 3 p.rev., 1 p.der.* Rep. de * a *.

11ª vta. *1 p.der., 2 p.rev., 6 p.der., 2 p.rev., 1 p.der.* Rep. de * a *.

13ª vta. *1 p.der., 1 p.rev., 8 p.der., 1 p.rev., 1 p.der.* Rep. de * a *.

15ª vta. *2 p.der., 1 p.rev., 6 p.der., 1 p.rev., 2 p.der.* Rep. de * a *.

17ª vta. *1 p.der., 1 p.rev., 1 p.der., 1 p.rev., 4 p.der., 1 p.rev., 1 p.der., 1 p.rev., 1 p.der.* Rep. de * a *.

19ª vta. *2 p.der., 1 p.rev., 1 p.der., 1 p.rev., 2 p.der., 1 p.rev., 1 p.der., 1 p.rev., 2 p.der.* Rep. de * a *.

21ª vta. *3 p.der., 1 p.rev., 1 p.der., 2 p.rev., 1 p.der., 1 p.rev., 3 p.der.* Rep. de * a *.

25ª vta. *5 p.der., 2 p.rev., 5 p.der.* Rep. de * a *.

Rep. las vtas. 1ª a 26ª cont.

Trenza con tallo

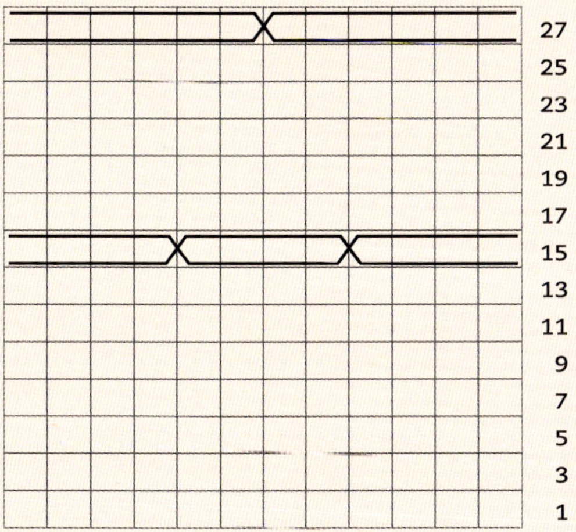

Instrucciones:

Trab. sobre 12 p.

1ª, 3ª, 5ª, 7ª, 9ª, 11ª, 13ª, 17ª, 19ª, 21ª, 23ª y 25ª vtas. Trab. todos los p. al der.

Vtas. pares. Trab. todos los p. como se presenten.

15ª vta. *Pon. 3 p. en una ag.aux. del., tej. 2 p.der. Trab. los 2 últ. p. de la ag.aux. (izq.) del rev. y tej. el p. rest. del der. Pon. 3 p. en una ag.aux. del., tej. 2 p.der. Trab. los 2 últ. p. de la ag.aux. (izq.) del rev. y tej. el p. rest. del der.* Rep. de * a *.

27ª vta. *Pon. 5 p. en una ag.aux. del., tej. 2 p.der. Trab. los 3 últ. p. de la ag.aux. (izq.) del rev. y tej. los 2 p. rest. del der.* Rep. de * a *.

Tej. una vez las vtas. 1ª a 28ª y rep. después las vtas. 5ª a 28ª cont.

Rombos acolchados

Instrucciones:

Trab. sobre 31 p.

1ª vta. 3 p.der., 1 p.rev., 6 p.der., 2 p.rev. Pon. 3 p. en la 1ª ag.aux. del., pon. 1 p. en la 2ª ag.aux. det., tej. 3 p.der., tej. el p. de la 2ª ag.aux. del rev. y los 3 p. de la 1ª ag.aux. al der. 2 p.rev., 6 p.der., 1 p.rev., 3 p.der.

Vtas. pares. Trab. los p. como se presenten, excepto los 3 primeros y 3 últimos p., que se trab. del der.

3ª vta. 3 p.der., 1 p.rev., 5 p.der., 1 p.rev., 1 p.der., 1 p.rev., 7 p.der., 1 p.rev., 1 p.der., 1 p.rev., 5 p.der., 1 p.rev., 3 p.der.

5ª vta. 3 p.der., 1 p.rev., 4 p.der., 1 p.rev., 1 p.der., 2 p.rev., 7 p.der., 2 p.rev., 1 p.der., 1 p.rev., 4 p.der., 1 p.rev., 3 p.der.

7ª vta. 3 p.der., 1 p.rev., 3 p.der., 1 p.rev., 1 p.der., 1 p.rev., 1 p.der., 1 p.rev. Pon. 3 p. en la 1ª ag.aux. del., pon. 1 p. en la 2ª ag.aux. detrás, tej. 3 p.der., tej. el p. de la 2ª ag.aux. del rev. y los 3 p. de la 1ª ag.aux. al der. 1 p.rev., 1 p.der., 1 p.rev., 1 p.der., 1 p.rev. 3 p.der., 1 p.rev., 3 p.der.

9ª vta. 3 p.der., 1 p.rev., 2 p.der., 1 p.rev., 1 p.der., 1 p.rev., 1 p.der., 2 p.jtos.rev., 3 p.der., 1 p.alarg., 1 p.der., 1 p.alarg., 3 p.der., 2 p.jtos.rev., 1 p.der., 1 p.rev., 1 p.der., 1 p.rev., 2 p.der., 1 p.rev., 3 p.der.

11ª vta. 3 p.der., 1 p.rev., 1 p.der., 1 p.rev., 1 p.der., 1 p.rev., 1 p.der., 2 p.jtos.rev., 3 p.der., 1 p.alarg., 3 p.der., 1 p.alarg., 3 p.der., 2 p.jtos.rev., 1 p.der., 1 p.rev., 1 p.der., 1 p.rev., 1 p.der., 1 p.rev., 3 p.der.

13ª vta. 3 p.der., 2 p.rev., 1 p.der., 1 p.rev., 1 p.der., 2 p.jtos.rev., 3 p.der., 1 p.alarg., 5 p.der., 1 p.alarg., 3 p.der., 2 p.jtos.rev., 1 p.der., 1 p.rev., 1 p.der., 2 p.rev., 3 p.der.

15ª vta. 3 p.der., 1 p.rev., 1 p.der., 1 p.rev., 1 p.der., 2 p.jtos.rev., 3 p.der., 1 p.alarg., 7 p.der., 1 p.alarg., 3 p.der., 2 p.jtos.rev., 1 p.der., 1 p.rev., 1 p.der., 1 p.rev., 3 p.der.

17ª vta. 3 p.der., 2 p.rev., 1 p.der., 2 p.jtos.rev., 3 p.der., 1 p.alarg., 9 p.der., 1 p.alarg., 3 p.der., 2 p.jtos.rev., 1 p.der., 2 p.rev., 3 p.der.

19ª vta. 3 p.der., 1 p.rev., 1 p.der., 2 p.jtos.rev., 3 p.der., 1 p.alarg., 1 p.rev., 9 p.der., 1 p.rev., 1 p.alarg., 3 p.der., 2 p.jtos.rev., 1 p.der., 1 p.rev., 3 p.der.

21ª vta. 3 p.der., 1 p.rev., 2 p.jtos.rev., 3 p.der., 1 p.alarg., 4 p.der., 1 p.rev., 7 p.der., 1 p.rev., 2 p.der., 1 p.alarg., 3 p.der., 2 p.jtos.rev., 1 p.rev., 3 p.der.

23ª vta. 3 p.der., 2 p.jtos.rev., 3 p.der., 1 p.alarg., 4 p.der., 1 p.rev., 5 p.der., 1 p.rev., 4 p.der., 1 p.alarg., 3 p.der., 2 p.jtos.rev., 3 p.der.

25ª vta. 3 p.der. Pas. 1 p. sin h., tej. 1 p.der. y pas.enc. el p. sin h. 2 p.der., 1 p.alarg., 6 p.der., 1 p.rev., 6 p.der., 1 p.alarg., 2 p.der., 2 p.jtos.der., 3 p.der.

27ª vta. Pon. 3 p. en una ag.aux. del., tej. 3 p.der. y tej. los 3 p. de la ag.aux. al der. 1 p.rev., 7 p.der., 1 p.rev., 1 p.der., 1 p.rev., 7 p.der., 1 p.rev. Pon. 3 p. en una ag.aux. detrás, tej. 3 p.der. y tej. los 3 p. de la ag.aux. al der.

29ª vta. 6 p.der., 1 p.rev., 8 p.der., 1 p.rev., 8 p.der., 1 p.rev., 6 p.der.

31ª vta. 6 p.der., 1 p.rev., 7 p.der., 1 p.rev., 1 p.der., 1 p.rev., 7 p.der., 1 p.rev., 6 p.der.

33ª vta. Pon. 3 p. en una ag.aux. del., tej. 3 p.der. y tej. los 3 p. de la ag.aux. al der. 1 p.rev., 6 p.der., 1 p.rev., 3 p.der., 1 p.rev., 6 p.der., 1 p.rev. Pon. 3 p. en una ag.aux. detrás, tej. 3 p.der. y tej. los 3 p. de la ag.aux. al der.

35ª vta. 3 p.der., 1 p.alarg., 3 p.der., 2 p.jtos.rev., 4 p.der., 1 p.rev., 5 p.der., 1 p.rev., 2 p.jtos.rev., 3 p.der., 1 p.alarg., 3 p.der.

37ª vta. 3 p.der., 1 p.rev., 1 p.alarg., 3 p.der., 2 p.jtos.rev., 2 p.der., 1 p.rev., 7 p.der., 1 p.rev., 2 p.der., 2 p.jtos.rev., 3 p.der., 1 p.alarg., 1 p.rev. 3 p.der.

39ª vta. 3 p.der., 1 p.rev., 1 p.der., 1 p.alarg., 3 p.der., 2 p.jtos.rev., 1 p.rev., 9 p.der., 1 p.rev., 2 p.jtos.rev., 3 p.der., 1 p.alarg., 1 p.der., 1 p.rev. 3 p.der.

41ª vta. 3 p.der., 1 p.rev., 2 p.der., 1 p.alarg., 3 p.der., 2 p.jtos.rev., 9 p.der., 2 p.jtos.rev., 3 p.der., 1 p.alarg., 1 p.der., 2 p.rev., 3 p.der.

43ª vta. 3 p.der., 1 p.rev., 1 p.der., 1 p.rev., 1 p.alarg., 3 p.der., 2 p.jtos.rev., 7 p.der., 2 p.jtos.rev., 3 p.der., 1 p.alarg., 1 p.der., 1 p.rev., 1 p.der., 1 p.rev. 3 p.der.

45ª vta. 3 p.der., 2 p.rev., 1 p.der., 1 p.rev., 1 p.der., 1 p.alarg., 3 p.der., 2 p.jtos.rev., 5 p.der., 2 p.jtos.rev., 3 p.der., 1 p.alarg., 1 p.der., 1 p.rev., 1 p.der., 2 p.rev., 3 p.der.

47ª vta. 3 p.der., 1 p.rev., 1 p.der., 1 p.rev., 1 p.der., 1 p.rev., 1 p.der., 1 p.alarg., 3 p.der., 2 p.jtos.rev., 3 p.der., 2 p.jtos.rev., 3 p.der., 1 p.alarg., 1 p.der., 1 p.rev., 1 p.der., 1 p.rev., 1 p.der., 1 p.rev., 3 p.der.

49ª vta. 3 p.der., 1 p.rev., 2 p.der., 1 p.rev., 1 p.der., 1 p.rev., 1 p.der., 1 p.alarg., 3 p.der., 2 p.jtos.rev., 1 p.der., 2 p.jtos.rev., 3 p.der., 1 p.alarg., 1 p.der., 1 p.rev., 1 p.der., 1 p.rev., 2 p.der., 1 p.rev., 3 p.der.

51ª vta. 3 p.der., 1 p.rev., 3 p.der., 1 p.rev., 1 p.der., 1 p.rev., 1 p.der., 1 p.alarg., 3 p.der., 3 p.jtos.rev., 3 p.der., 1 p.alarg., 1 p.der., 1 p.rev., 1 p.der., 1 p.rev., 3 p.der., 1 p.rev., 3 p.der.

53ª vta. 3 p.der., 1 p.rev., 4 p.der., 1 p.rev., 1 p.der., 2 p.rev. Pon. 3 p. en la 1ª ag.aux. del., pon. 1 p. en la 2ª ag.aux. detrás, tej. 3 p.der., tej. el p. de la 2ª ag.aux. del rev. y los 3 p. de la 1ª ag.aux. al der. 2 p.rev., 1 p.der., 1 p.rev., 4 p.der., 1 p.rev., 3 p.der.

55ª vta. 3 p.der., 1 p.rev., 5 p.der., 1 p.rev., 1 p.der., 1 p.rev., 7 p.der., 1 p.rev., 1 p.der., 1 p.rev., 5 p.der., 1 p.rev., 3 p.der.

57ª vta. 3 p.der., 1 p.rev., 6 p.der., 2 p.rev., 7 p.der., 2 p.rev., 6 p.der., 1 p.rev., 3 p.der.

Rep. las vtas. 1ª a 58ª cont.

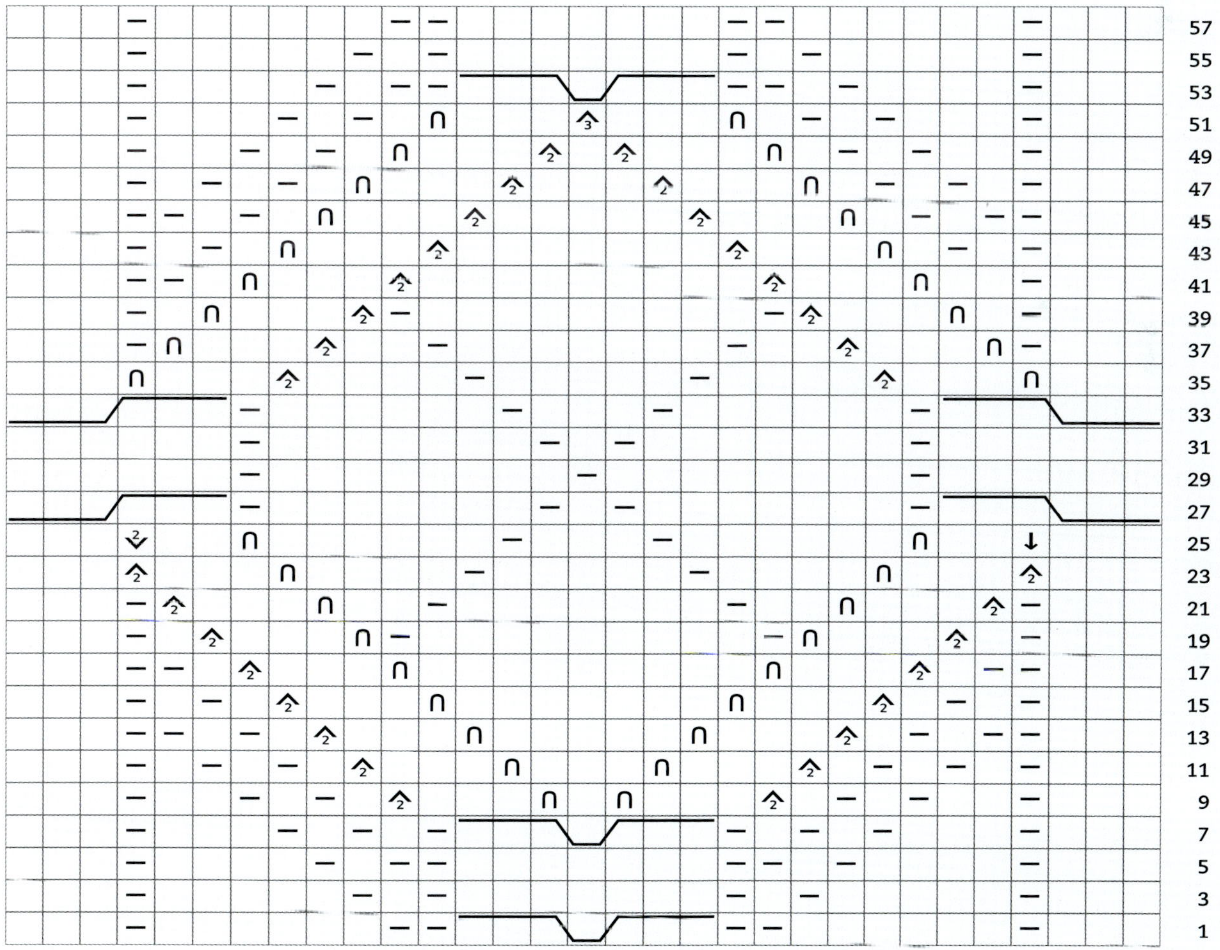

El punto jacquard mezcla colores distintos para formar franjas o dibujos. La clave está en entrecruzar los hilos por el revés de la labor para que no queden huecos en el tejido.

Ideas
paso a paso

Falda de verano

Una falda de verano muy fresca, ideal para los días más calurosos. Para conseguir este bonito efecto estampado, basta con elegir una lana multicolor.

Dificultad

Media

Materiales

4 ovillos de algodón 100 % multicolor (50 g)

Agujas

Núm. 4

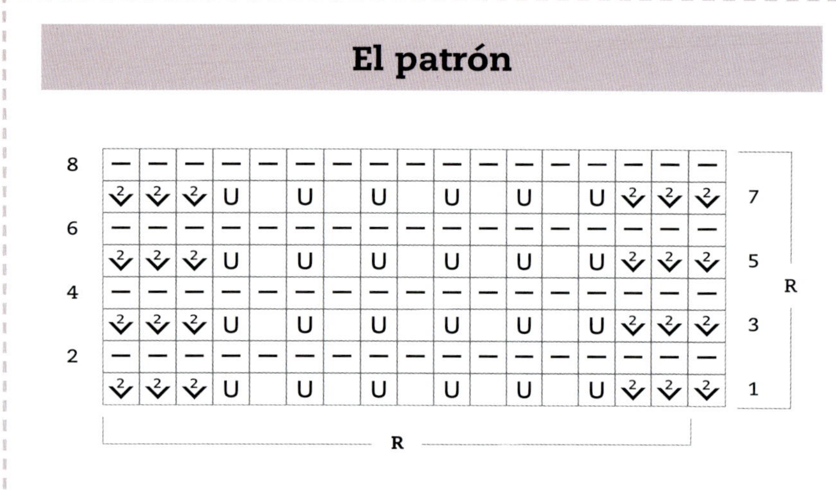

Cómo hacerlo

Montar un núm. de p. múlt. de 17.

1ª vta. *2 p.jtos.der., 2 p.jtos.der., 2 p.jtos.der., 1 heb., 1 p.der., 1 heb., 1 p.der., 1 heb., 1 p.der., 1 heb., 1 p.der., 1 heb., 1 p.der., 1 heb., 2 p.jtos.der., 2 p.jtos.der., 2 p.jtos.der.* Rep. de * a *.

2ª vta. Trab. todos los p. al rev.

Rep. las vtas. 1ª y 2ª hasta obtener la altura deseada. Iniciar las vtas. de remate para la cintura:

3ª vta. Trab. todos los p. al der.

Vtas. pares. Trab. todos los p. al rev.

5ª vta. 1 p.der. *1 heb., 2 p.jtos.der.* Rep. de * a *.

7ª vta. Trab. todos los p. al der.

Seguir así hasta que se hayan tejido 40 cm o el largo deseado.

Crr. los p.

Tejer otra pieza igual.

Coser las 2 piezas por los lados.

Hacer una cadeneta en ganchillo con doble hilo. Rematar los extremos y pasarla por los agujeros que se han tejido en el remate.

El patrón

—	—	—	—	—	—	—	—	—	—	—	—	—	—	—	—	8
ꝟ	ꝟ	ꝟ	U		U		U		U		U		U	ꝟ	ꝟ	ꝟ	7
—	—	—	—	—	—	—	—	—	—	—	—	—	—	—	—	6
ꝟ	ꝟ	ꝟ	U		U		U		U		U		U	ꝟ	ꝟ	ꝟ	5
—	—	—	—	—	—	—	—	—	—	—	—	—	—	—	—	4
ꝟ	ꝟ	ꝟ	U		U		U		U		U		U	ꝟ	ꝟ	ꝟ	3
—	—	—	—	—	—	—	—	—	—	—	—	—	—	—	—	2
ꝟ	ꝟ	ꝟ	U		U		U		U		U		U	ꝟ	ꝟ	ꝟ	1

R

! Idea plus

El primer paso es medir el contorno de la cadera para calcular el tamaño. La medida de cada pieza será la mitad de la cadera. Tejer una muestra de 20 puntos con unas 12 pasadas y multiplicar el número de puntos hasta conseguir el ancho requerido.

Botitas de bebé

Unas preciosas botas de bebé que pueden tejerse con algodón para verano o con lana merino para invierno.

Dificultad

Media

Materiales

1 ovillo de algodón 100 % de color verde lima (50 g)
1 bobina de hilo verde lima
4 botones pequeños

Agujas

Núm. 2,5

Cómo hacerlo. Talla recién nacido.

Montar 12 p.

1ª, 3ª, 5ª y 7ª vtas. Trab. todos los p. al der.

2ª vta. 8 p.der., 2 p.rev., 1 p.der., 1 heb., 1 p.der.

4ª vta. 8 p.der., 2 p.rev., 2 p.der., 1 heb., 1 p.der.

6ª vta. 8 p.der., 2 p.rev., 3 p.der., 1 heb., 1 p.der.

8ª vta. 8 p.der., 2 p.rev., 5 p.der.

Rep. las vtas. 7ª y 8ª hasta tener 5 cm de largo. En una vta. del rev., iniciar las vtas. acortadas:

1ª vta. acortada LR. 8 p.der., 2 p.rev., 3 p.der. Dejar 2 p. en espera.

2ª vta. acortada LD. Trab. todos los p. al der.

3ª vta. acortada LR. 8 p.der., 2 p.rev., 5 p.der.

4ª vta. acortada LD. Trab. todos los p. al der.

Rep. estas 4 pasadas un total de 7 veces.

Rep. las vtas. 7ª y 8ª hasta tener 13,5 cm de largo total. En una vta. del rev., iniciar las vtas. de meng.:

1ª vta. meng. LR. 8 p.der., 2 p.rev., 2 p.der., 2 p.jtos.der., 1 p.der.

2ª vta. meng. LD. Trab. todos los p. al der.

3ª vta. meng. LR. 8 p.der., 2 p.rev., 1 p.der., 2 p.jtos.der., 1 p.der.

4ª vta. meng. LD. Trab. todos los p. al der.

Coser el botón

Las botas se rematan cosiendo un botón en el centro de los puntos ajustados. Encarar los botones a ambos lados y coser.

5ª vta. meng. LR. 8 p.der., 2 p.rev., 2 p.jtos.der.,
1 p.der.

6ª vta. meng. LD. Trab. todos los p. al der.

Rep. estas 6 pasadas hasta tener 15 cm de
largo total. Crr. los p.

Hacer la otra botita igual que la
primera.

Coser uniendo los lados de
los 5 puntos a punto bobo
y coser la suela. Coser con
costura invisible los 8 puntos
centrales de las vueltas
acortadas. Coser 2 botones
enfrentados en cada botita a la
altura de esos puntos centrales.

Cómo hacerlo.
Talla 3 meses.

Montar 15 p.

1ª, 3ª, 5ª y 7ª vtas. Trab. todos los p. al der.

2ª vta. 10 p.der., 2 p.rev., 2 p.der., 1 heb., 1 p.der.

4ª vta. 10 p.der., 2 p.rev., 3 p.der., 1 heb., 1 p.der.

6ª vta. 10 p.der., 2 p.rev., 4 p.der., 1 heb., 1 p.der.

8ª vta. 10 p.der., 2 p.rev., 6 p.der.

Rep. las vtas. 7ª y 8ª hasta tener 5,5 cm de largo. En
una vta. del rev., iniciar las vtas. acortadas:

1ª vta. acortada LR. 10 p.der., 2 p.rev., 3 p.der. Dejar 3 p.
en espera.

2ª vta. acortada LD. Trab. todos los p. al der.

3ª vta. acortada LR. 10 p.der., 2 p.rev., 6 p.der.

4ª vta. acortada LD. Trab. todos los p. al der.

Rep. estas 4 pasadas un total de 8 veces.

Rep. las vtas. 7ª y 8ª hasta tener 15,5 cm de largo total.
En una vta. del rev., iniciar las vtas. de meng.:

1ª vta. meng. LR. 10 p.der., 2 p.rev., 3 p.der., 2 p.jtos.der.,
1 p.der.

2ª vta. meng. LD. Trab. todos los p. al der.

3ª vta. meng. LR. 10 p.der., 2 p.rev., 2 p.der., 2 p.jtos.der.,
1 p.der.

4ª vta. meng. LD. Trab. todos los p. al der.

5ª vta. meng. LR. 10 p.der., 2 p.rev., 2 p.jtos.der., 1 p.der.

6ª vta. meng. LD. Trab. todos los p. al der.

Rep. estas 6 pasadas hasta tener 17 cm de largo total. Crr. los p.

Hacer la otra botita igual que la primera.

Coser uniendo los lados de los 6 puntos a punto bobo y unir
la suela cosiéndola a la botita. Coser con costura invisible los
10 puntos centrales de las vueltas acortadas. Coser 2 botones
enfrentados en cada bota, a la altura de esos puntos centrales.

Manta de sofá

Una pequeña pieza indispensable en el salón que combinará con cualquier decoración. Basta con elegir los tres colores base que mejor encajen y seguir el patrón.

Dificultad

Fácil

Materiales

4 ovillos de algodón 100 % color caldera (50 g)
2 ovillos de algodón 100 % color verde lima (50 g)
2 ovillos de algodón 100 % color marrón (50 g)

Agujas

Núm. 3,5

Cómo hacerlo

Montar 188 p. con hilo marrón.

1ª a 6ª vtas. y 195ª a 200ª vtas. Trab. todos los p. del der. con hilo marrón.

7ª a 193ª vtas. Trab. todos los p. del der., cambiando los colores siguiendo el dibujo.

8ª a 194ª vtas. 6 p.der., 176 p.rev., 6 p.der., cambiar los colores siguiendo el dibujo.

Crr. todos los p.

Remate

Este remate se hace al mismo tiempo que la labor con punto bobo, aunque también puede hacerse con ganchillo del número 4 con punto bajo, una vez tejida la manta.

Funda de gafas

Fácil y muy vistosa, esta práctica funda para gafas puede tejerse para realizar modelos que se adapten a un teléfono móvil o una tableta.

Dificultad

Fácil

Materiales

1 ovillo de cinta de algodón (50 g)

Agujas

Núm. 7

Cómo hacerlo

Montar 10 p.

1ª vta. Trab. todos los p. del der.

2ª vta. Trab. todos los p. del der.

Rep. las vtas. 1ª y 2ª hasta tener 30 cm de largo total.

3ª vta. 2 p.jtos.der., 8 p.der., 2 p.jtos.der.

4ª vta. 2 p.jtos.der., 6 p.der., 2 p.jtos.der.

5ª vta. 2 p.jtos.der., 4 p.der., 2 p.jtos.der.

6ª vta. 2 p.jtos.der., 2 p.der., 2 p.jtos.der.

Crr. los p.

Doblar la labor recta por la mitad, de forma que la solapa sobresalga. Coser los lados con la misma lana y rematar.

Funda de cojín

Nada más fácil que tejer fundas de lana para los viejos cojines. Estrena imagen para el salón o el dormitorio con este precioso motivo trenzado.

Dificultad

Media

Materiales

5 ovillos de algodón (50 g)
4 botones de madera
Hilo para coser

Agujas

Núm. 3,5

Cómo hacerlo

Medir el cojín y hacer una muestra de 10 x 10 cm. Montar un núm. de p. múlt. de 30, más 15 p.

1ª, 3ª, 5ª, 9ª, 11ª, 15ª, 17ª y 35ª vtas. *6 p.der., 1 p.rev., 6 p.der., 2 p.rev., 1 p.der., 1 p.rev., 1 p.der., 2 p.rev., 1 p.der., 1 p.rev., 1 p.der., 2 p.rev., 1 p.der., 1 p.rev., 1 p.der.* Rep. de * a *.

Vtas. pares. Trab. los p. como se presenten.

7ª y 13ª vtas. *Pon. 3 p. en una ag.aux. det., tej. 3 p.der. y tej. los 3 p. de la ag.aux. al der. 1 p.rev. Pon. 3 p. en una ag.aux. del., tej. 3 p.der. y tej. los 3 p. de la ag.aux. al der.* Rep. de * a *.

19ª, 21ª, 23ª, 27ª, 29ª y 33ª vtas. *1 p.der., 1 p.rev., 1 p.der., 2 p.rev., 1 p.der., 1 p.rev., 1 p.der., 2 p.rev., 1 p.der., 1 p.rev., 1 p.der., 2 p.rev., 6 p.der., 1 p.rev., 6 p.der.* Rep. de * a *.

25ª y 31ª vtas. *1 p.der., 1 p.rev., 1 p.der., 2 p.rev., 1 p.der., 1 p.rev., 1 p.der., 2 p.rev., 1 p.der., 1 p.rev., 1 p.der., 2 p.rev. Pon. 3 p. en una ag.aux. det., tej. 3 p.der. y tej. los 3 p. de la ag.aux. al der. 1 p.rev. Pon. 3 p. en una ag.aux. del., tej. 3 p.der. y tej. los 3 p. de la ag.aux. al der.* Rep. de * a *.

A 92 cm de largo, hacer los ojales, cerrando 4 p. en una vta. impar y aumentándolos en la sig. vta. impar. A 95 cm de largo, crr. los p.

Doblar la labor formando una solapa y coser a pespunte del revés. Coser los botones de forma que encajen con los ojales.

Remate

Al cerrar los puntos, el remate queda con un vistoso efecto de cadeneta. Si se desea un acabado más grueso, se pueden tejer 2 vueltas en punto bobo.

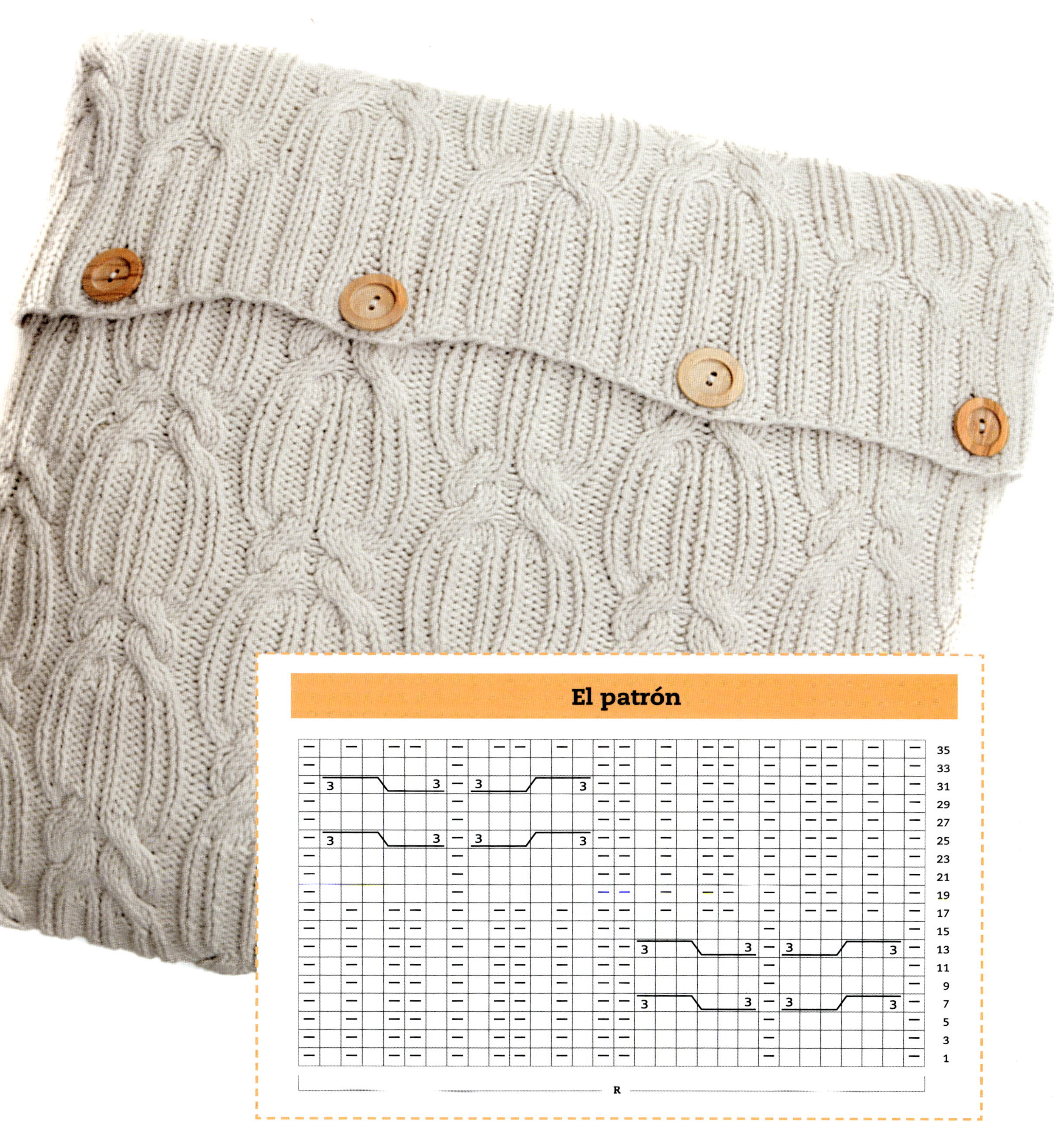

El patrón
R

Chaleco de lana

Práctico y muy cálido, este chaleco es perfecto para combinar tanto con camisas como con jerséis finos de cuello alto. La abotonadura corta le da mucho movimiento a la prenda.

Dificultad

Fácil

Materiales

10 ovillos de lana merino (50 g)
3 botones de madera
Hilo marrón

Agujas

Núm. 3,5

Cómo hacerlo

Para la espalda

Montar 130 p.

1ª vta. *2 p.der., 2 p.rev.* Rep. de * a *.

2ª vta. *2 p.rev., 2 p.der.* Rep. de * a *.

Rep. las vtas. 1ª y 2ª hasta tener 3 cm de largo.

3ª vta. *1 p.rev., 1 heb., 2 p.jtos.der.* Rep. de * a * y term. con 1 p.rev.

4ª vta. 1 p.der. *2 p.rev., 1 p.der.* Rep. de * a *.

5ª vta. *1 p.rev., 2 p.jtos.der., 1 heb.* Rep. de * a * y term. con 1 p.rev.

6ª vta. *1 p.der., 2 p.rev.* Rep. de * a * y term. con 1 p.der.

Rep. las vtas. 3ª a 6ª hasta tener 55 cm de largo. Crr. los p.

Para el **delantero derecho,** montar 65 p.

Rep. las vtas. 1ª y 2ª hasta tener 3 cm de largo.

7ª vta. *1 p.rev., 1 heb., 2 p.jtos.der.* Rep. de * a * y term. con 1 p.rev., 2 p.der., 2 p.rev., 2 p.der.

8ª vta. 2 p.rev., 2 p.der., 2 p.rev., 1 p.der. *2 p.jtos.der., 1 heb., 1 p.rev.* Rep. de * a *.

Rep. las vtas. 7ª y 8ª hasta tener 45 cm de largo total e iniciar las vtas. de cierre por el LR.

1ª vta. de cierre. Crr. 5 p. *1 p.rev., 1 heb., 2 p.jtos.der.* Rep. de * a *.

Vtas. pares de cierre. *2 p.jtos.der., 1 heb., 1 p.rev.* Rep. de * a *.

3ª vta. de cierre. Crr. 4 p. *1 p.rev., 1 heb., 2 p.jtos.der.* Rep. de * a *.

5ª vta. de cierre. Crr. 3 p. *1 p.rev., 1 heb., 2 p.jtos.der.* Rep. de * a *.

7ª vta. de cierre. Crr. 2 p. *1 p.rev., 1 heb., 2 p.jtos.der.* Rep. de * a *.

9ª vta. de cierre. Crr. 1 p. *1 p.rev., 1 heb., 2 p.jtos.der.* Rep. de * a *.

Seguir tejiendo sin crr. hasta tener 55 cm de largo total. Crr. los p.

Tej. el **delantero izquierdo** a la inversa y cerrando por el LD. Crr. los p.

Coser los hombros del delantero a la espalda con costura de lado. Recoger los p. de todo el cuello y tej. en canalé 3 cm. Rep. las vtas. 1ª y 2ª.

Recoger todos los p. en cada manga y tej. en canalé 3 cm. Rep. las vtas. 1ª y 2ª.

Coser los lados del chaleco. Coser los botones y abrir los ojales rematando el interior del hueco con hilo.

Conjunto para bebé

Este conjunto de jersey y pantalón para bebé puede ser también un juego de primera puesta para la canastilla del recién nacido. Las indicaciones se dan para una talla de 3 meses, pero puede tejerse en cualquier medida adaptando el número de puntos.

Dificultad

Media

Materiales

1 ovillo de acrílico blanco (100 g)
1 ovillo de acrílico amarillo (100 g)
2 ovillo de acrílico gris (100 g)
2 botones pequeños de nácar
Hilo para coser

Agujas

Núm. 2,5

Cómo hacerlo

Para el delantero

Montar 63 p. en color gris.

1ª a 6ª vtas. Trab. todos los p. al der.

2ª vta. Trab. todos los p. al rev.

3ª vta. 1 p.der. *1 heb., 2 p.jtos.der.* Rep. de * a *.

4ª vta. Trab. todos los p. al rev.

5ª vta. Trab. todos los p. al der.

6ª vta. Trab. todos los p. al rev.

7ª , 8ª y 10ª vtas. En color blanco, todos los p. al rev.

9ª vta. En color blanco, todos los p. al der.

11ª, 13ª, 15ª, 17ª y 19ª vtas. En color amarillo, *1 p.der., 1 p.rev.* Rep. de * a * y term. con 1 p.der.

12ª, 14ª, 16ª, 18ª y 20ª vtas. En color amarillo, 1 p.rev. *1 p.der., 1 p.rev.* Rep. de * a *.

21ª a 26ª vtas. En color gris, trab. todos los p. al der.

27ª, 29ª, 41ª y 43ª vtas. En color blanco, trab. todos los p. al der.

28ª, 30ª, 42ª y 44ª vtas. En color blanco, trab. todos los p. al rev.

31ª, 32ª y 34ª vtas. En color amarillo, trab. todos los p. al rev.

33ª vta. En color amarillo, trab. todos los p. al der.

35ª, 37ª y 39ª vtas. En color gris, trab. todos los p. al der.

36ª, 38ª y 40ª vtas. En color gris, trab. todos los p. al rev.

Rep. las vtas. 7ª a 44ª hasta tener 19 cm de largo. Crr. los 9 p. centrales y seguir trab. cada lado por separado cerrando cada 2 vtas. 1 vez 3 p., 1 vez 2 p., 2 veces 1 p. Cada 4 vtas, crr. 1 vez 1 p.

A 23 cm de largo total, crr. los 19 p. rest. de cada hombro.

Para la **espalda izquierda,** montar 45 p. en color gris.

Trab. siguiendo las vtas. explicadas para el delantero. A 22 cm de largo, crr. al principio de la vta. por el derecho de la labor 23 p. En la sig. vta. por el derecho, crr. al inicio 3 p. A 23 cm de largo total, crr. los 19 p. rest.

Tej. la **espalda derecha** a la inversa, cerrando los p. al inicio de las vtas. por el revés.

Para las **mangas,** montar 41 p. en color gris. Trab. siguiendo las vtas. explicadas para el delantero, aumentando 1 p. cada 8 vtas. y 1 p. cada 10. Rep. estos aumentos cada 8 y 10 vtas. hasta tener 51 p. A 15 cm de largo, crr. Trab. igual la otra manga.

Coser el delantero y las 2 espaldas, dejando libres las sisas para las mangas. Coser las mangas. Presentar los botones y hacer los ojales tirando del hilo de una hebra y haciendo un hueco con el dedo. Coser el contorno interior de este ojal con hilo resistente y coser los botones encarados a los ojales.

Pantalón a juego

Para cada pernera:

Montar 28 p. en color gris.

1ª, 3ª y 5ª vtas. *2 p.der., 2 p.rev.* Rep. de * a *.

2ª, 4ª y 6ª vtas. Trab. los p. como se presenten.

7ª vta. en adelante. *1 p. der., 1 p.rev.* Rep. de * a *.

8ª vta. en adelante. Trab. los p. al contrario de como se presenten.

Aumentar por la izq. 8 veces 1 p. cada 4 vtas. y 8 veces 1 p. cada 6 vtas. Rep. estos aumentos cada 4 y 6 vtas. A 13 cm de largo, dejar estos p. en espera y tej. la otra pierna, aumentando por la der.

Juntar las 2 perneras trab. todos los p. según las vtas. 7 ª y 8ª.

A 27 cm de largo, crr. los p. Coser las 2 piernas y pasar un cordón elástico por la cintura.

Fular corto

La delicada textura del mohair hace que este pañuelo de cuello sea ligero y esponjoso, perfecto para los primeros fríos.

Dificultad

Fácil

Materiales

4 ovillos de mohair (25 g)

Agujas

Núm. 4,5

Cómo hacerlo

Montar 104 p.

1ª y 3ª vtas. Trab. todos los p. del der.

Vtas. pares. Trab. los p. y las heb. al rev.

5ª vta. 3 p.der. *1 heb., 2 p.der. Pas. 1 p. sin h., tej. 1 p.der. y pas.enc. el p. sin h. 2 p.jtos.der., 2 p.der., 1 heb., 1 p.der.* Rep. de * a * y term. con 2 p.der.

7ª vta. 3 p.der. *1 p.der., 1 heb. Pas. 1 p. sin h., tej. 1 p.der. y pas.enc. el p. sin h. 2 p.jtos.der., 1 heb., 2 p.der.* Rep. de * a * y term. con 2 p.der.

Rep. cont. las vta. 3ª a 8ª.

A 149 cm de largo total, rep. las vtas. 1ª y 2ª y crr. los p.

El patrón

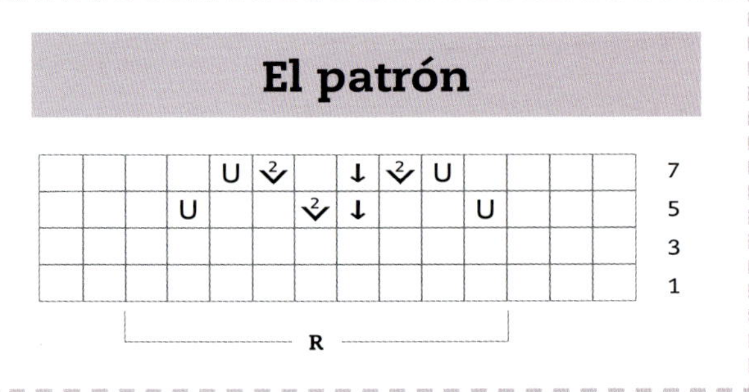

Remate

El mohair debe tejerse con mucho cuidado, ya que el hilo puede romperse durante la labor. Es mejor tejer con la lana floja y no forzar al clavar la aguja ni tirar del hilo.

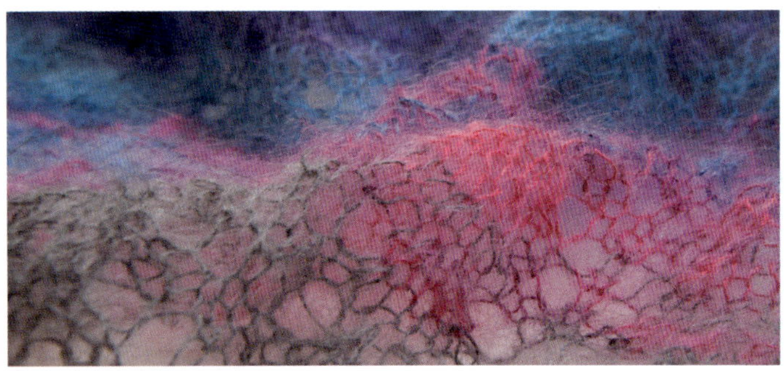

Maxi jersey

Los jerséis largos pueden usarse con faldas y pantalones o bien llevarlos a modo de vestido. Todo depende del largo con el que tejamos la prenda.

Dificultad

Media

Materiales

12 ovillos de lana fina multicolor (50 g)

Agujas

Núm. 2,5

Cómo hacerlo

Para la espalda

Montar 114 p.

1ª y 5ª vtas. 3 p.der., 1 heb., 2 p.jtos.der., 1 heb., 1 p.der. *Pas. 1 p. sin h., tej. 1 p. y pas.enc. el p. sin h. 1 p.der., 1 heb., 1 p.der., 1 heb., 2 p.jtos.der., 1 heb., 1 p.der.* Rep. de * a * y term. pas. 1 p. sin h., tej. 1 p.der. y pas.enc. el p. sin h. 2 p.jtos.der., 1 p.der., 1 heb., 4 p.der.

Vtas. pares. Trab. los p. y las heb. del rev.

3ª y 7ª vtas. 4 p.der., 1 heb., 2 p.der. *Pas. 1 p. sin h., tej. 1 p. y pas.enc. el p. sin h. 2 p.der., 1 heb., 1 p.der., 1 heb., 2 p.der.* Rep. de * a * y term. pas. 1 p. sin h., tej. 1 p.der. y pas.enc. el p. sin h. 2 p.jtos.der., 2 p.der., 1 heb., 3 p.der.

Rep. las vtas. 1ª a 8ª hasta tener 16 cm de largo. Si se va a llevar el maxijersey como vestido, prolongar esta longitud al largo deseado.

Aumentar 6 p. y seguir tej. todas las vtas. impares con p.der. y las vtas. pares con p.rev.

A 38 cm de largo, crr. en ambos lados al inicio de cada vta. 7 p. en 1 vta., 4 p. en 1 vta., 2 p. en 1 vta., 1 p. en 2 vtas.

A 57 cm de largo, crr. en ambos lados al inicio de cada vta. 21 p. en 1 vta. y 11 p. en la sig.

A 58 cm de largo, crr. los p. rest.

Trabajar el **delantero** igual que la espalda hasta tener 48 cm de largo. Crr. en una vta. der. 20 p. centrales. Trab. cada lado por separado, menguando en cada lado del escote 2 p. en 4 vtas. y 1 p. en otras 4 vtas.

A 57 cm de largo, crr. en el lado izquierdo por el rev. de la labor 12 p. en 1 vta. y 11 p. en la sig. vta. del rev.

Trabajar el otro lado igual a la inversa.

Para las **mangas**, montar 80 p. Tej. todas las vtas. impares con p.der. y las vtas. pares con p.rev.

A 20 cm de largo, menguar 16 p. repartidos en 1 vta. tej. 2 p.jtos.der.

A 23 cm aumentar 7 p. repartidos en ambos lados cada 8 vtas.

A 47 cm de largo, crr. en ambos lados al inicio de vta. 4 p. en 1 vta., 2 p. en 4 vtas., 1 p. en 12 vtas. y 3 p. en 2 vtas.

A 61 cm de largo total, crr. los p. rest.

Trab. igual la otra manga.

Coser las piezas por los lados, empezando por los hombros y siguiendo por las mangas. Coser finalmente los lados y los puños.

El patrón del calado

Top de manga corta

Los calados son la mejor opción para los jerséis de manga corta y los tops de verano, por su aire fresco y juvenil. En este, el calado de rombos decora mangas y cintura.

Dificultad

Media

Materiales

8 ovillos de algodón 100 % (50 g)

Agujas

Núm. 3,5

Cómo hacerlo

Para la espalda

Montar 134 p.

1ª, 3ª, 5ª y 7ª vtas. 2 p.der. *2 p.der., 2 p.rev.* Rep. de * a * y term. con 2 p.der.

2ª, 4ª, 6ª y 8ª vtas. 2 p.rev. *2 p.rev., 2 p.der.* Rep. de * a * y term. con 2 p.rev.

9ª vta. 1 p.der., 2 p.jtos.der., 1 heb., 2 p.der., 1 heb. Pas. 1 p. sin h., tej. 1 p.der. y pas.enc. el p. sin h. 2 p.der. *Pas. 1 p. sin h., tej. 2 p.der. y pas.enc. el p. sin h. 2 p.der., 2 p.jtos.der., 1 heb., 2 p.der., 1 heb., 1 p.der., 1 heb., 2 p.der., 1 heb. Pas. 1 p. sin h., tej. 1 p.der. y pas.enc. el p. sin h. 2 p.der.* Rep. de * a * y term. pas. 1 p. sin h., tej. 2 p.der. y pas.enc. el p. sin h. 2 p.der., 2 p.jtos.der., 1 heb., 3 p.der., 1 heb., 3 p.der.

10ª vta. y resto vtas. pares hasta 36ª vta. Trab. los p. y las heb. del revés.

11ª vta. 4 p.der., 1 heb., 2 p.der., 1 heb. Pas. 1 p. sin h., tej. 1 p.der. y pas.enc. el p. sin h. 1 p.der. *Pas. 1 p. sin h., tej. 2 p.der. y pas.enc. el p. sin h. 1 p.der., 2 p.jtos.der., 1 heb., 2 p.der., 1 heb., 3 p.der., 1 heb., 2 p.der., 1 heb. Pas. 1 p. sin h., tej. 1 p.der. y pas.enc. el p. sin h. 1 p.der.* Rep. de * a * y term. pas. 1 p. sin h., tej. 2 p.der. y pas.enc. el p. sin h. 1 p.der., 2 p.jtos. der., 1 heb., 2 p.der., 1 heb., 4 p.der.

13ª vta. 2 p.der., 2 p.jtos.der., 1 heb., 1 p.der., 1 heb., 2 p.der., 1 heb. Pas. 1 p. sin h., tej. 1 p.der. y pas.enc. el p. sin h. *Pas. 1 p. sin h., tej. 2 p.der. y pas.enc. el p. sin h. 2 p.jtos.der., 1 heb., 2 p.der., 1 heb., 1 p.der., 1 heb. Pas. 1 p. sin h., tej. 2 p.der. y pas. enc. el p. sin h. 1 heb., 1 p.der., 1 heb., 2 p.der., 1 heb. Pas. 1 p. sin h., tej. 1 p.der. y pas.enc. el p. sin h.* Rep. de * a * y term. pas. 1 p. sin h., tej. 2 p.der. y pas.enc. el p. sin h. 2 p.jtos.der., 1 heb., 2 p.der., 1 heb., 1 p.der., 1 heb. Pas. 1 p. sin h., tej. 1 p.der. y pas. enc. el p. sin h. 2 p.der.

15ª vta. 6 p.der., 1 heb., 3 p.der. *Pas. 1 p. sin h., tej. 2 p.der. y pas.enc. el p. sin h. 3 p.der., 1 heb., 7 p.der., 1 heb., 3 p.der.* Rep. de * a * y term. pas. 1 p. sin h., tej. 1 p.der. y pas.enc. el p. sin h. 3 p.der., 1 heb., 6 p.der.

17ª vta. 3 p.der., 1 heb. Pas. 1 p. sin h., tej. 2 p.der. y pas.enc. el p. sin h. 1 heb., 1 p.der., 1 heb., 2 p.der. *Pas. 1 p. sin h., tej. 2 p.der. y pas.enc. el p. sin h. 2 p.der., 1 heb., 1 p.der., 1 heb. Pas. 1 p. sin h., tej. 2 p.der. y pas.enc. el p. sin h. 1 heb., 1 p.der., 1 heb. Pas. 1 p. sin h., tej. 2 p.der. y pas.enc. el p. sin h. 1 heb., 1 p.der., 1 heb., 2 p.der.* Rep. de * a * y term. pas. 1 p. sin h., tej. 2 p.der. y pas.enc. el p. sin h. 2 p.der., 1 heb., 1 p.der., 1 heb. Pas. 1 p. sin h., tej. 2 p.der. y pas.enc. el p. sin h. 1 heb., 3 p.der.

19ª vta. 8 p.der., 1 heb., 1 p.der. *Pas. 1 p. sin h., tej. 2 p.der. y pas.enc. el p. sin h. 1 p.der., 1 heb., 11 p.der., 1 heb., 1 p.der.* Rep. de * a * y term. pas. 1 p. sin h., tej. 2 p.der. y pas.enc. el p. sin h. 1 p.der., 1 heb., 8 p.der.

"

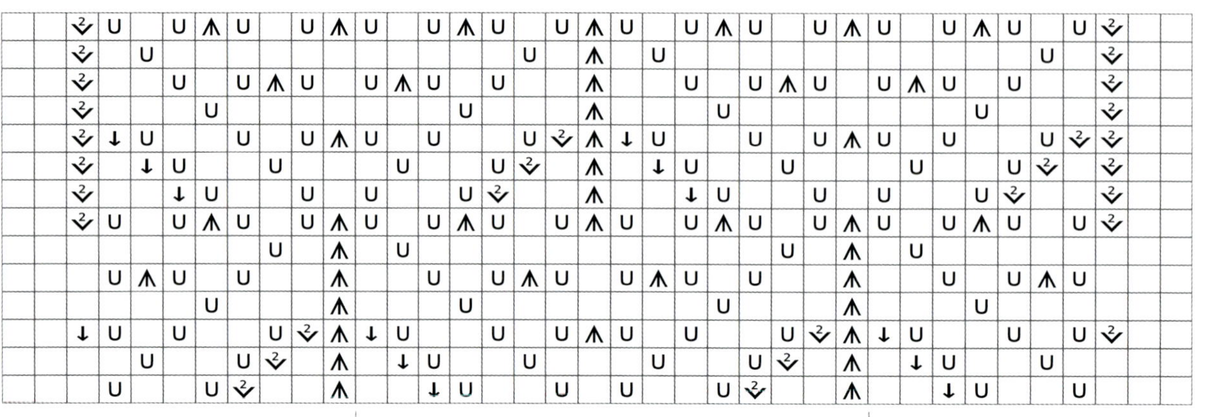

21ª vta. 2 p.der., 2 p.jtos.der., 1 heb., 1 p.der., 1 heb. Pas. 1 p. sin h., tej. 2 p.der. y pas.enc. el p. sin h. 1 heb., 1 p.der., 1 heb. *Pas. 1 p. sin h., tej. 2 p.der. y pas.enc. el p. sin h. 1 heb., 1 p.der., 1 heb. Pas. 1 p. sin h., tej. 2 p.der. y pas.enc. el p. sin h. 1 heb., 1 p.der., 1 heb. Pas. 1 p. sin h., tej. 2 p.der. y pas.enc. el p. sin h. 1 heb., 1 p.der., 1 heb. Pas. 1 p. sin h., tej. 2 p.der. y pas.enc. el p. sin h. 1 heb., 1 p.der., 1 heb.* Rep. de * a * y term. pas. 1 p. sin h., tej. 2 p.der. y pas.enc. el p. sin h. 1 heb., 1 p.der., 1 heb. Pas. 1 p. sin h., tej. 2 p.der. y pas.enc. el p. sin h. 1 heb., 1 p.der., 1 heb., 2 p.jtos.der., 2 p.der.

23ª vta. 2 p.der., 2 p.jtos.der., 2 p.der., 2 p.jtos.der., 1 heb., 2 p.der., 1 heb. *1 p.der., 1 heb., 2 p.der., 1 heb. Pas. 1 p. sin h., tej. 1 p.der. y pas.enc. el p. sin h. 2 p.der. Pas. 1 p. sin h., tej. 2 p.der. y pas.enc. el p. sin h. 2 p.der., 2 p.jtos.der., 1 heb., 2 p.der., 1 heb.* Rep. de * a * y term. con 1 p.der., 1 heb., 2 p.der., 1 heb. Pas. 1 p. sin h., tej. 1 p.der. y pas.enc. el p. sin h. 2 p.der., 2 p.jtos.der., 2 p.der.

25ª vta. 2 p.der., 2 p.jtos.der., 1 p.der., 2 p.jtos.der., 1 heb., 2 p.der., 1 heb., 1 p.der. *2 p.der., 1 heb., 2 p.der., 1 heb. Pas. 1 p. sin h., tej. 1 p.der. y pas.enc. el p. sin h. 1 p.der. Pas. 1 p. sin h., tej. 2 p.der. y pas.enc. el p. sin h. 1 p.der., 2 p.jtos.der., 1 heb., 2 p.der., 1 heb., 1 p.der.* Rep. de * a * y term. con 2 p.der., 1 heb., 2 p.der., 1 heb. Pas. 1 p. sin h., tej. 1 p.der. y pas.enc. el p. sin h. 1 p.der., 2 p.jtos.der., 2 p.der.

27ª vta. 2 p.der., 2 p.jtos.der., 2 p.jtos.der., 1 heb., 2 p.der., 1 heb., 1 p.der., 1 heb. *Pas. 1 p. sin h., tej. 2 p.der. y pas.enc. el p. sin h. 1 heb., 1 p.der., 1 heb., 2 p.der., 1 heb. Pas. 1 p. sin h.,

tej. 1 p.der. y pas.enc. el p. sin h. Pas. 1 p. sin h., tej. 2 p.der. y pas.enc. el p. sin h. 2 p.jtos.der., 1 heb., 2 p.der., 1 heb., 1 p.der., 1 heb.* Rep. de * a * y term. pas. 1 p. sin h., tej. 2 p.der. y pas.enc. el p. sin h. 1 heb., 1 p.der., 1 heb., 2 p.der., 1 heb. Pas. 1 p. sin h., tej. 1 p.der. y pas.enc. el p. sin h. 2 p.jtos.der., 2 p.der.

29ª vta. 2 p.der., 2 p.jtos.der., 3 p.der., 1 heb., 3 p.der. *4 p.der., 1 heb., 3 p.der. Pas. 1 p. sin h., tej. 2 p.der. y pas.enc. el p. sin h. 3 p.der., 1 heb., 3 p.der.* Rep. de * a * y term. con 4 p.der., 1 heb., 3 p.der., 2 p.jtos.der., 2 p.der.

31ª vta. 2 p.der., 2 p.jtos.der., 2 p.der., 1 heb., 1 p.der., 1 heb. Pas. 1 p. sin h., tej. 2 p.der. y pas.enc. el p. sin h. 1 heb., 1 p.der., 1 heb., 2 p.der. Pas. 1 p. sin h., tej. 2 p.der. y pas.enc. el p. sin h. 2 p.der., 1 heb., 1 p.der., 1 heb. Pas. 1 p. sin h., tej. 2 p.der. y pas.enc. el p. sin h. 1 heb.* Rep. de * a * y term. con 1 p.der., 1 heb. Pas. 1 p. sin h., tej. 2 p.der. y pas.enc. el p. sin h. 1 heb., 1 p.der., 1 heb., 2 p.der., 2 p.jtos.der., 2 p.der.

33ª vta. 2 p.der., 2 p.jtos.der., 1 p.der., 1 heb., 5 p.der. *6 p.der., 1 heb., 1 p.der. Pas. 1 p. sin h., tej. 2 p.der. y pas.enc. el p. sin h. 1 p.der., 1 heb., 5 p.der.* Rep. de * a * y term. con 6 p.der., 1 heb., 1 p.der., 2 p.jtos.der., 2 p.der.

35ª vta. 2 p.der., 2 p.jtos.der., 1 heb., 1 p.der., 1 heb. Pas. 1 p. sin h., tej. 2 p.der. y pas.enc. el p. sin h. 1 heb., 1 p.der., 1 heb. *Pas. 1 p. sin h., tej. 2 p.der. y pas.enc. el p. sin h. 1 heb., 1 p.der., 1 heb. Pas. 1 p. sin h., tej. 2 p.der. y pas.enc. el p. sin h. 1 heb., 1 p.der., 1 heb. Pas. 1 p. sin h., tej. 2 p.der. y pas.enc. el p. sin h. 1 heb., 1 p.der., 1 heb.* Rep. de * a * y term. pas. 1 p. sin h., tej. 2 p.der. y pas.enc. el p. sin h. 1 heb., 1 p.der., 1 heb.

Pas. 1 p. sin h., tej. 2 p.der. y pas.enc. el p. sin h. 1 heb., 1 p.der., 1 heb., 2 p.jtos.der., 2 p.der.

Rep. las vtas. 9ª a 36ª hasta tener 16 cm de largo.

37ª vta. Trab. todos los p. del der.

Vtas. pares 38ª en adelante. Trab. todos los p. del rev.

Rep. las vtas. 37ª y 38ª hasta tener 32 cm de largo total.

39ª vta. Crr. 8 p., *1 p.der.* Rep. de * a * y crr. 8 p.

41ª vta. 3 p.der., 2 p.jtos.der. *1 p.der.* Rep. de * a * y term. con 2 p.jtos.der., 3 p.der.

Rep. las vtas. 41ª y 42ª hasta tener 25 cm más de largo. Dejar los p. en espera.

Tej. el **delantero** igual que la espalda hasta tener 50 cm de largo.

43ª vta. 3 p.der., 2 p.jtos.der., 20 p.der., crr. 26 p., 20 p.der., 2 p.jtos.der., 3 p.der.

45ª vta. Crr. 5 p., 3 p.der., 2 p.jtos.der., 14 p.der.

47ª vta. Crr. 4 p., 3 p.der., 2 p.jtos.der., 9 p.der.

49ª vta. Crr. 2 p., 3 p.der., 2 p.jtos.der., 6 p.der.

51ª vta. Crr. 1 p., 3 p.der., 2 p.jtos.der., 4 p.der.

53ª vta. Crr. 1 p., 3 p.der., 2 p.jtos.der., 2 p.der.

55ª vta. Crr. 1 p., 3 p.der., 2 p.jtos.der.

Tej. el otro hombro a la inversa, crr. los p. al inicio de las vtas. pares.

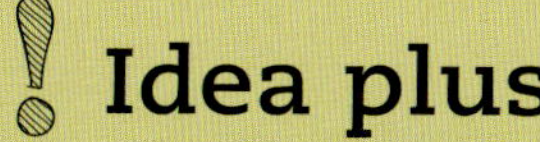

Para las mangas, montar 86 p.

Tej. las vtas. 1ª a 38ª 1 vez.

Rep. las vtas. 41ª y 42ª hasta crr. todos los p. centrales.

Recoger todos los p. del ranglán del delantero y de la espalda y coser las mangas de lado. Para el cuello, recoger los p. interiores de las piezas cosidas y tej. 3 cm. Rep. las vtas. 1ª y 2ª.

Cómo tejer bien los calados

Los puntos calados son los más utilizados en prendas de entretiempo o verano, porque ofrecen tejidos más livianos y frescos. A la hora de tejer un punto calado, es más importante que nunca mantener la misma tensión en el punto, para evitar que unos agujeros queden distintos a otros. Mantener el hilo holgado al trabajar las vueltas es una de las mejores formas de garantizar que la labor no quedará demasiado apretada.

Chaqueta para bebé

Una preciosa chaqueta para bebé, tejida en punto bobo y con lana multicolor. La solución más fácil para tejer prendas espectaculares. Las indicaciones se dan para la talla de 12 meses.

Dificultad

Fácil

Materiales

2 ovillos de lana con acrílico (100 g)
5 botones de fantasía
Hilo blanco

Agujas

Núm. 5

Cómo hacerlo

Para la espalda

Montar 68 p.

1ª y 2ª vtas. Trab. todos los p. al der.

Rep. las vtas. 1ª y 2ª hasta tener 16 cm de largo.

3ª vta. Crr. 2 p., 64 p.der., crr. 2 p.

4ª vta. Trab. todos los p. al der.

Rep. las vtas. 1ª y 2ª hasta tener 28 cm de largo total.

5ª vta. 16 p.der. Crr. los 32 p. centrales. 16 p.der.

Seguir tej. todos los p. al der. en todas las vtas. hasta tener 29 cm de largo total. Crr. los 16 p. rest. de cada lado.

Para el delantero derecho, montar 36 p.

1ª y 2ª vtas. Trab. todos los p. al der.

Rep. las vtas. 1ª y 2ª hasta tener 16 cm de largo. Hacer 3 ojales repartidos en estos 16 cm (ver pág. 77).

3ª vta. Crr. 2 p., 32 p.der., crr. 2 p.

4ª vta. Trab. todos los p. al der.

Rep. las vtas. 1ª y 2ª hasta tener 25 cm de largo total. Repartir 2 ojales más en este final de pieza.

A 29 cm de largo total, crr. los p. rest.

Trab. el **delantero izquierdo** de forma inversa y sin ojales.

Para las mangas, montar 40 p.

1ª y 2ª vtas. Trab. todos los p. al der.

Rep. las vtas. 1ª y 2ª aumentando cada 6 y 8 vtas. alternativamente 1 p.

A 22 cm de largo total, crr. los p.

Tejer la otra manga de la misma forma.

Coser los hombros de la chaqueta y las mangas al cuerpo. Coser los botones encarándolos con los ojales.

El punto más fácil

El punto bobo es el más indicado para principiantes: todos los puntos de todas las vueltas se trabajan al derecho.

Poncho

Los ponchos son una buena alternativa a chaquetas y abrigos. Este modelo, con un espectacular cuello alto y grueso, sustituye además a la bufanda.

Dificultad

Media

Materiales

4 ovillos de alpaca (100 g)

Agujas

Núm. 8

Cómo hacerlo

Para la espalda

Montar 34 p.

1ª vta. Trab. todos los p. al der.

2ª vta. Trab. todos los p. al der.

3ª vta. 2 p.der., 1 heb., 14 p.der., 1 heb., 2 p.der., 1 heb., 14 p.der., 1 heb., 2 p.der.

4ª vta. y resto vtas. pares. Trab. los p. y heb. del rev.

5ª vta. 2 p.der., 1 heb., 14 p.der., 1 heb., 2 p.der., 1 heb., 14 p.der., 1 heb., 2 p.der.

7ª vta. 2 p.der., 1 heb., 14 p.der., 1 heb., 2 p.der., 1 heb., 14 p.der., 1 heb., 2 p.der.

9ª vta. 2 p.der., 1 heb., 14 p.der., 1 heb., 2 p.der., 1 heb., 14 p.der., 1 heb., 2 p.der.

11ª vta. 2 p.der., 1 heb., 14 p.der., 1 heb., 2 p.der., 1 heb., 14 p.der., 1 heb., 2 p.der.

13ª vta. 2 p.der., 1 heb., 14 p.der., 1 heb., 2 p.der., 1 heb., 14 p.der., 1 heb., 2 p.der.

15ª vta. 2 p.der., 1 heb., 14 p.der., 1 heb., 2 p.der., 1 heb., 14 p.der., 1 heb., 2 p.der.

17ª vta. 17 p.der., 1 heb., 2 p.der., 1 heb., 17 p.der.

Rep. las vtas. 17ª y 18ª hasta tener 52 cm de largo. Crr. todos los p.

Tejer la **otra pieza** igual.

Coser las 2 piezas por los lados.

Para el cuello, montar 41 p.

1ª vta. 4 p.der. *3 p.der., 3 p.rev.* Rep. de * a * y term. con 4 p.der.

2ª vta. Trab. los p. como se presenten.

A 70 cm de largo, crr. todos los p. y coser ambos extremos de lado. Coser el cuello al poncho, cortar el hilo y rematar.

! Idea plus

La lana multicolor crea efectos estampados a rayas sin necesidad de utilizar varios hilos de distinto color al tejer.

Fular de fiesta

Sugerente fular calado tejido en viscosa metalizada para las ocasiones especiales. Si se teje en lana y con agujas más gruesas, se obtiene una bufanda XXL.

Dificultad

Media

Materiales

4 ovillos de viscosa metalizada (50 g)

Agujas

Núm. 6

5ª vta. 2 p.jtos.der., 1 heb., 2 p.der. *2 p.jtos.der., 1 heb., 2 p.der. * Rep. de * a * y term. con 2 p.jtos.der., 1 heb., 3 p.der., 1 p.rev.

7ª vta. 1 p.rev., 1 p.der., 1 heb. Pas. 1 p. sin h., tej. 1 p.der. y pas.enc. el p.sin h. 1 p.der. *1 p.der., 1 heb. Pas. 1 p. sin h., tej. 1 p.der. y pas.enc. el p. sin h. 1 p.der.* Rep. de * a * y term. con 1 p.der., 1 heb. Pas. 1 p. sin h., tej. 1 p.der. y pas.enc. el p. sin h. 2 p.der., 1 p.rev.

9ª vta. 1 p.rev., 2 p.der., 1 heb. Pas. 1 p. sin h., tej. 1 p.der. y pas.enc. el p. sin h. *2 p.der., 1 heb. Pas. 1 p. sin h., tej. 1 p.der. y pas.enc. el p. sin h.* Rep. de * a * y term. con 2 p.der., 1 heb. Pas. 1 p. sin h., tej. 1 p.der. y pas.enc. el p. sin h. 1 p.der., 1 p.rev.

11ª vta. 1 p.rev., 3 p.der., 1 heb. *Pas. 1 p. sin h., tej. 1 p.der. y pas.enc. el p. sin h. 2 p.der., 1 heb.* Rep. de * a * y term. pas. 1 p. sin h., tej. 1 p.der. y pas.enc. el p. sin h. 2 p.der., 1 heb. Pas. 1 p. sin h., tej. 1 p.der. y pas.enc. el p. sin h. 1 p.rev.

Rep. las vtas. 1ª a 12ª cont.

Cómo hacerlo

Montar 99 p.

1ª vta. 1 p.rev., 2 p.der., 2 p.jtos.der., 1 heb. *2 p.der., 2 p.jtos. der., 1 heb.* Rep. de * a * y term. con 2 p.der., 2 p.jtos.der., 1 heb., 1 p.der., 1 p.rev.

Vtas. pares. Trab. los p. como se presenten y las heb. del rev. Primer y último p. de cada vta. al rev.

3ª vta. 1 p.rev., 1 p.der., 2 p.jtos.der., 1 heb., 1 p.der. *1 p.der., 2 p.jtos.der., 1 heb., 1 p.der.* Rep. de * a * y term. con 1 p.der., 2 p.jtos.der., 1 heb., 2 p.der., 1 p.rev.

Cómo hacer los flecos

Para hacer los flecos, cortar un cartón con el doble del largo que se desee. Enrollar el hilo alrededor del cartón y cortar por un extremo. En grupos de tres o cuatro hilos, y con la ayuda de un ganchillo, meterlos en distintos puntos de cada extremo, repartidos por la labor. Cada vez que se inserte un grupo de hilos, centrarlo y anudarlos en la base de la bufanda.

El patrón
11
9
7
5
3
1
R

Chaleco de fantasía

La original forma cruzada del delantero de este chaleco es lo que hace de esta sencilla prenda algo único. El secreto está en coser girada la pieza delantera.

Dificultad

Fácil

Materiales

8 ovillos de algodón y alpaca (100 g)

Agujas

Núm. 5,5

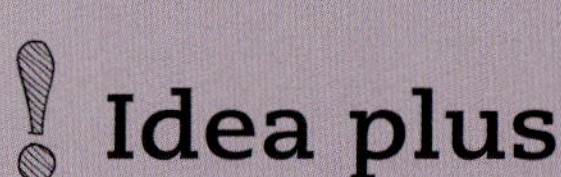

4ª vta. 1 p.der. *2 p.rev., 1 p.der.* Rep. de * a *.

5ª vta. *1 p.rev., 2 p.jtos.der., 1 heb.* Rep. de * a * y term. con 1 p.rev.

6ª vta. *1 p.der., 2 p.rev.* Rep. de * a * y term. con 1 p.der.

Rep. las vtas. 3ª a 6ª hasta tener 88,5 cm de largo.

Trab. 1,5 cm más tej. las vtas. 1ª y 2ª.

A 90 cm, crr. todos los p.

Trabajar el **delantero** igual que la espalda.

Colocar la espalda en una superficie plana y poner encima el delantero, girándolo por el centro.

Coser los hombros, dejando 24 cm para el escote.

Coser los lados, dejando 21 cm libres de abertura para los brazos.

Cómo hacerlo

Para la espalda

Montar 67 p.

1ª vta. *1 p.der., 1 p.rev.* Rep. de * a *.

2ª vta. *1 p.rev., 1 p.der.* Rep. de * a *.

Rep. vtas 1ª y 2ª hasta tener 1,5 cm de largo.

3ª vta. *1 p.rev., 1 heb., 2 p.jtos.der.* Rep. de * a * y term. con 1 p.rev.

! Idea plus

Un diseño tan original gana puntos con los complementos. Un broche de fantasía en el cruce delantero o unos flecos de la misma lana en todo el bajo son buenas ideas.

Gorrito y patucos

El punto bobo es la base de este precioso conjunto de gorrito y patucos para bebé. Si se desea un aire más informal, el lazo de los patucos puede hacerse con una cadeneta trenzada con la misma lana.

Dificultad

Media

Materiales

1 ovillo de lana merino (50 g)
1 m de cinta de raso blanca

Agujas

Núm. 3,5

Cómo hacer el gorrito

Montar 58 p.

1ª, 3ª, 5ª y 7ª vtas. 23 p.der. *1 p.der., 1 p.rev.* Rep. de * a * y term. con 23 p.der.

2ª, 4ª, 6ª y 8ª vtas. 23 p.rev., *1 p.rev., 1 p.der.* Rep. de * a * y term. con 23 p.rev.

Vtas. 9ª a 16ª. Trab. todos los p. del der.

17ª vta. 8 p.der. *2 p.jtos.der., 8 p.der.* Rep. de * a *.

18ª, 20ª, 22ª, 24ª, 26ª y 28ª vtas. Trab. todos los p. del der.

19ª vta. 7 p.der. *2 p.jtos.der., 7 p.der.* Rep. de * a *.

21ª vta. 6 p.der. *2 p.jtos.der., 6 p.der.* Rep. de * a *.

23ª vta. 5 p.der. *2 p.jtos.der., 5 p.der.* Rep. de * a *.

25ª vta. 4 p.der. *2 p.jtos.der., 4 p.der.* Rep. de * a *.

27ª vta. 3 p.der. *2 p.jtos.der., 3 p.der.* Rep. de * a *.

En la sig. vta. impar, cortar el hilo y pasarlo por los p. rest., ajustar y coser.

Con el mismo hilo, coser de lado la parte trasera del gorrito.

Cómo hacer los patucos

Montar 35 p.

1ª vta. Trab. todos los p. del der.

2ª vta. 1 p.der., 1 heb., 15 p.der., 1 heb., 3 p.der., 1 heb., 15 p.der., 1 heb., 1 p.der.

3ª, 5ª, 7ª y 9ª vtas. Trab. los p. y las heb. del der.

4ª vta. 2 p.der., 1 heb., 15 p.der., 1 heb., 5 p.der., 1 heb., 15 p.der., 1 heb., 2 p.der.

6ª vta. 3 p.der., 1 heb., 15 p.der., 1 heb., 7 p.der., 1 heb., 15 p.der., 1 heb., 3 p.der.

8ª vta. 4 p.der., 1 heb., 15 p.der., 1 heb., 9 p.der., 1 heb., 15 p.der., 1 heb., 4 p.der.

10ª vta. 23 p.der., 2 p.jtos.der., 1 p.der., 2 p.jtos.der., 23 p.der.

11ª vta. Trab. los p. y las heb. del der.

Rep. las vtas. 10ª y 11ª un total de 12 veces.

Al term. los meng., seguir tej. en p. bobo (todas las vtas. del der.) unos 3,5 cm. Crr. los p.

Tej. el otro patuco igual.

Coser de lado la suela con los 2 extremos de cada patuco. Con una aguja lanera, pasar la cinta blanca por el tejido y anudarla en el empeine.

¡ Idea plus

Para adaptar este conjunto de recién nacido a un tejido más fresco, puede tejerse en algodón. Lo ideal es elegir un hilo fino (tipo mercerizado o perlé) y trabajar la labor con agujas de 2,5 mm.

Gorro y cuello de lana

Espectacular cuello de lana para abrigar los días más fríos. Se teje con trenzas gruesas, para dar más volumen a la prenda. Para completar el conjunto, un gorro clásico a juego.

Dificultad

Fácil

Materiales

1 ovillo de lana mezclada con acrílico (100 g) para cada pieza

Agujas

Núm. 5,5

Rep. las vtas. 1ª a 8ª hasta tener 25 cm de largo.

9ª y 11ª vtas. *1 p.der. Pas. 1 p. sin h., tej. 1 p.der. y pas.enc. el p. sin h.* Rep. de * a *.

10ª vta. Trab. los p. como se presenten.

Cortar el hilo de forma que quede un trozo largo. Enhebrar una aguja lanera con esta lana y pasarla por los puntos. Tirar de la lana para cerrar el gorro, ajustando bien. Con la misma lana, coser los lados del gorro.

Cómo hacer el gorro

Montar 78 p.

1ª vta. *2 p.der., 2 p.rev.* Rep. de * a *

2ª vta. *2 p.rev., 2 p.der.* Rep. de * a *

Rep. las vtas 1ª y 2ª hasta tener 10 cm de largo.

3ª vta. *Pon. 3 p. en una ag.aux. det., tej. 3 p.der. y tej. al der. los 3 p. de la ag.aux., 1 p.rev.* Rep. de * a *

4ª, 5ª, 6ª, 7ª y 8ª vtas. Trab. los p. como se presenten.

Hacer un pompón enrollando la misma lana sobre 2 discos. Cortar por el centro (pasando las tijeras entre los 2 discos) y anudar entre los dos discos con un trozo de lana. Retirar los discos y coser el pompón en el extremo del gorro con la misma lana.

Cómo hacer el cuello

Montar 42 p.

1ª vta. *6 p.der. Pon. 3 p. en una ag.aux., tej. 3 p.der. y tej. los 3 p. de la ag.aux. al der.* Rep. de * a * y term. con 6 p.der.

Vtas. pares. *6 p.der., 6 p.rev.* Rep. de * a * y term. con 6 p.der.

3ª , 5ª, 7ª y 9ª vtas. Trab. todos los p. al der.

Rep. las vtas. 1ª a 10ª hasta tener 40 cm de largo total.

Crr. los p. y coser los extremos del cuello con la misma lana.

Elegir el largo

Cuanto más largo se teja el cuello, mayor será su ancho una vez puesto. Si se teje a 60 cm de largo, será de doble vuelta.

Saco de bebé

Ideal para regalar a un recién nacido, este cálido saquito de lana puede tejerse en algodón para los bebés que nacen en verano.

Dificultad

Media

Materiales

9 ovillos de lana merino (50 g)
10 botones
Hilo del mismo color

Agujas

Núm. 4,5

Cómo hacerlo

Montar 87 p.

Tej. 6 vtas. a punto bobo (todas las pasadas a p.der.)

Seguir con punto mariposa hasta tener 130 cm de largo total:

1ª, 3ª, 5ª, 7ª, 9ª, 13ª, 15ª, 17ª y 19ª vtas. Trab. todos los p. al der.

2ª, 4ª, 6ª, 8ª, 10ª y 22ª vtas. 6 p.der., 5 p.rev. *Pas. 5 p. al rev. sin h. con el hilo del., 5 p.rev.* Rep. de * a * y term. con 6 p.der.

11ª vta. 6 p.der. *7 p.der., 1 p.alarg., 7 p.der.* Rep. de * a * y term. con 6 p.der.

12ª, 14ª, 16ª, 18ª y 20ª vtas. 6 p.der. Pas. 5 p. al rev. sin h. con el hilo del. *5 p.rev. Pas. 5 p. al rev. sin h. con el hilo del.* Rep. de * a * y term. con 6 p.der.

21ª vta. 6 p.der. *2 p.der., 1 p.alarg., 7 p.der.* Rep. de * a * y term. con 2 p.der., 1 p.alarg., 8 p.der.

Rep. las vtas. 2ª a 21ª cont.

Doblar la labor dejando en el delantero 50 cm y en la espalda 80 cm. Doblar los 30 cm de la capucha uniendo los extremos en el centro y coser de lado (por el revés).

Coser los botones a cada lado, uniendo entre sí las 2 piezas.

El patrón

! Idea plus

Para tejer este saco en
dos tonos, lo más fácil es
reservar otro color para
trabajar el punto bobo de
todo el contorno y elegir
unos botones a juego
para cerrar la labor por
ambos lados.

Vestido de niña

Un vestido para niña, de forma ligeramente acampanada a partir de la cintura. Este efecto se consigue con solo unos pliegues. Las indicaciones son para tejer una talla 4.

Dificultad

Media

Materiales

3 ovillos de lana mezclada con acrílico (100 g)
2 botones de madera decorados
Hilo rojo

Agujas

Núm. 4,5

Cómo hacerlo

Para la espalda

Montar 78 p.

1ª y 3ª vtas. *1 p.der., 1 p.rev.* Rep. de * a *.

2ª y 4ª vtas. *1 p.rev., 1 p.der.* Rep. de * a *

5ª vta. Trab. todos los p. al der.

6ª vta. Trab. todos los p. al rev.

Rep. las vtas. 3ª y 4ª hasta tener 23,5 cm de largo.

7ª vta. 9 p.der., crr. 13 p., 34 p.der., crr. 13 p., 9 p.der.

8ª vta. Trab. todos los p. del rev.

Seguir tejiendo Rep. las vtas. 5ª y 6ª hasta tener 36 cm de largo total. Iniciar las vtas. de meng. para las sisas:

1ª vta. meng. 2 p.jtos.der., 2 p.jtos.der., 48 p.der., 2 p.jtos.der., 2 p.jtos.der.

2 vta. meng. 2 p.jtos.rev., 2 p.jtos.rev., 44 p.rev., 2 p.jtos.rev., 2 p.jtos.rev.

3ª vta. meng. 2 p.jtos.der., 42 p.der., 2 p.jtos.der.

4ª vta. meng. 2 p.jtos.rev., 40 p.rev., 2 p.jtos.rev.

Seguir tejiendo rep. las vtas. 5ª y 6ª (p.jers.der.) 11 cm más. Crr. en 1 vta. der. los 26 p. centrales y tej. cada lado por separado. Trab. 1 cm más y crr. los p. rest. de cada hombro.

Trab. el **delantero** como la espalda realizada hasta las vtas. de meng. Tej. rep. las vtas. 5ª y 6ª unos 7 cm más. Crr. en 1 vta. impar los 12 p. centrales y seguir tej. cada lado por separado, cerrando al inicio de cada lado (LD) 3 p. en la primera vta. impar, 2 p. en la sig. vta. impar y 1 p. en la tercera y cuarta vta. impar.

A 12 cm del inicio de los meng., crr. los p. rest. Term. igual el otro hombro.

Para las **mangas,** montar 38 p.

Tej. 1 vez las vtas. 1 a 4 y seguir trab. Rep. las vtas. 5ª y 6ª. A 2 cm de largo, crr. en ambos lados al inicio de cada vta. 3 p. en la primera vta., 2 p. en la segunda vta., 1 p. en las 6 vtas. sig. y 2 p. en las 2 últimas vtas.

Tej. hasta tener 10 cm de largo total y crr. los p. rest. Trab. igual la otra manga.

Coser el hombro derecho. Recoger 66 p. del escote y tej. sig. las vtas. 1ª a 4ª.

Por el lado derecho de la labor, crr. 2 p.jtos. cada 6 p. en 1 vta.

Coser el hombro izquierdo. Girar la labor y coser por el lado del revés los pliegues a 24 cm del borde inferior. Coser los lados y las mangas con costura de lado. Finalmente, coser los botones sobre los pliegues.

Mantita a cuadros

Para el sofá, la butaca, la cama o la habitación de los niños. Una mantita con motivos geométricos fácil de tejer y muy vistosa para decorar cualquier rincón de la casa.

Dificultad

Fácil

Materiales

4 ovillos de lana merino blanco (50 g)
2 ovillos de lana merino azul claro (50 g)
2 ovillos de lana merino azul marino (50 g)

Agujas

Núm. 5

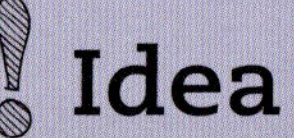

Tamaño final: 70 x 85 cm

Cómo hacerlo

Montar 132 p.

1ª a 6ª vtas. Trab. todos los p. del der. en blanco

7ª a 31ª vtas. impares. 36 p.der. en blanco, 30 p.der. en azul oscuro, 30 p.der. en azul claro y 36 p.der. en blanco.

8ª a 32ª vtas. pares. 6 p.der. en blanco, 30 p.rev. en blanco, 30 p.rev. en azul claro, 30 p.rev. en azul oscuro, 30 p.rev. en blanco, 6 p.der. en blanco.

33ª a 57ª vtas. impares. 66 p.der. en blanco, 30 p.der. en azul oscuro, 30 p.der. en azul cielo, 6 p.der. en blanco.

34ª a 58ª vtas. pares. 6 p.der. en blanco, 30 p.rev. en azul cielo, 30 p.rev. en azul oscuro, 60 p.rev. en blanco. 6 p.der. en blanco.

59ª a 83ª vta. impares. 6 p.der. en blanco, 30 p.der. en azul cielo, 60 p.der. en blanco, 30 p.der. en azul oscuro, 6 p.der. en blanco.

60ª a 84ª vtas. pares. 6 p.der. en blanco, 30 p.rev. en azul oscuro, 60 p.rev. en blanco, 30 p.rev. en azul claro, 6 p.der. en blanco.

85ª a 109ª vtas. impares. 6 p.der. en blanco, 30 p.der. en azul oscuro, 30 p.der. en azul cielo, 66 p.der. en blanco.

86ª a 110ª vtas. pares. 6 p.der. en blanco, 60 p.rev. en blanco, 30 p.rev. en azul cielo, 30 p.rev. en azul oscuro, 6 p.der. en blanco.

111ª a 135ª vtas. impares. 36 p.der. en blanco, 30 p.der. en azul oscuro, 30 p.der. en azul claro, 36 p.der. en blanco.

112ª a 136ª vtas. pares. 6 p.der. en blanco, 30 p.rev. en blanco, 30 p.rev. en azul claro, 30 p.rev. en azul oscuro, 30 p.rev. en blanco, 6 p.der. en blanco.

137ª a 142ª vtas. Trab. todos los p. del der. en blanco.

Crr. los p.

! Idea plus

Este patrón es perfecto para reutilizar restos de lana de otras labores y obtener una mantita tipo patchwork.

Jersey de estilo inglés

Un diseño clásico y atemporal para un jersey masculino, con el detalle de un cuello en pico tejido en alto y ligeramente abierto. El doble trenzado central es el toque final.

Media

12 ovillos de lana merino (50 g)

Núm. 4,5

Para una talla 44

Cómo hacerlo

Para la espalda

Montar 100 p.

1ª vta. *1 p.der., 1 p.rev.* Rep. de * a *.

2ª vta. *1 p.rev., 1 p.der.* Rep. de * a *.

Rep. las vtas. 1ª y 2ª hasta tener 3 cm de largo.

3ª vta. Trab. todos los p. al der.

4ª vta. Trab. todos los p. al rev.

Rep. las vtas. 3ª y 4ª hasta tener 37 cm de largo.

Crr. 3 p. en cada lado y seguir tej. rep. las vtas. 3ª y 4ª

24 cm más.

Crr. 30 p. por lado y dejar los 34 p. rest. en espera.

Para el delantero, montar 100 p. y Rep. las vtas. 1ª y 2ª hasta tener 3 cm.

5ª, 9ª y 41ª vtas. 30 p.der., 3 p.rev., 3 p.der., 3 p.rev., 3 p.der., 3 p.rev., 9 p.der., 3 p.rev., 3 p.der., 3 p.rev., 3 p.der., 3 p.rev., 30 p.der.

6ª vta. y resto vtas. pares. Trab. los p. como se presenten.

7ª y 39ª vtas. 30 p.der., 3 p.rev., 3 p.der., 3 p.rev., 3 p.der., 3 p.rev., 3 p.der. Pon. 3 p. en una ag.aux. del., tej. 3 p.der. y tej. los 3 p. de la ag.aux. al der. 3 p.rev., 3 p.der., 3 p.rev., 3 p.der., 3 p.rev., 30 p.der.

11ª y 43ª vtas. 30 p.der., 3 p.rev., 3 p.der., 3 p.rev., 3 p.der., 3 p.rev., 3 p.der. Pon. 3 p. en una ag.aux. det., tej. 3 p.der. y tej. los 3 p. de la ag.aux. al der. 3 p.rev., 3 p.der., 3 p.rev., 3 p.der., 3 p.rev., 30 p.der.

13ª vta. 30 p.der., 3 p.rev. Pon. 1 p. en una ag.aux. del., tej. 1 p.rev. y tej. los 3 p.de la ag.aux. al der. 2 p.rev., 3 p.der., 2 p.rev. Pon. 1 p. en una ag.aux. det., tej. 3 p.der. y tej. el p. de la ag.aux. al rev. 3 p.der. Pon. 3 p. en una ag.aux. del., tej. 1 p.rev. y tej. los 3 p. de la ag.aux. al der. 2 p.rev., 3 p.der., 2 p.rev. Pon. 1 p. en una ag.aux. det., tej. 3 p.der. y tej. el p. de la ag.aux. al rev. 3 p.rev., 30 p.der.

15ª vta. 30 p.der., 4 p.rev. Pon. 1 p. en una ag.aux. del., tej. 1 p.rev. y tej. los 3 p.de la ag.aux. al der. 1 p.rev., 3 p.der., 1 p.rev. Pon. 1 p. en una ag.aux. det., tej. 3 p.der. y tej. el p. de la ag.aux. al rev. 1 p.rev., 3 p.der., 1 p.rev. Pon. 3 p. en 1 ag.aux. del., tej. 1 p.rev. y tej. los 3 p. de la ag.aux. al der. 1 p.rev., 3 p.der., 1 p.rev. Pon. 1 p. en una ag.aux. det., tej. 3 p.der. y tej. el p. de la ag.aux. al rev. 4 p.rev., 30 p.der.

17ª vta. 30 p.der., 5 p.rev. Pon. 1 p. en una ag.aux. del., tej. 1 p.rev. y tej. los 3 p.de la ag.aux. al der. 3 p.der. Pon. 1 p. en una ag.aux. det., tej. 3 p.der. y tej. el p. de la ag.aux. al rev. 2 p.rev., 3 p.der., 2 p.rev. Pon. 3 p. en una ag.aux. del., tej. 1 p.rev. y tej. los 3 p. de la ag.aux. al der. 3 p.der. Pon. 1 p. en una ag.aux. det., tej. 3 p.der. y tej. el p. de la ag.aux. al rev. 5 p.rev., 30 p.der.

19ª y 27ª vtas. 30 p.der., 6 p.rev., 3 p.der. Pon. 3 p. en una ag.aux. del., tej. 3 p.der. y tej. los 3 p. de la ag.aux. al der. 3 p.rev., 3 p.der., 3 p.rev., 3 p.der. Pon. 3 p. en un ag.aux. del., tej. 3 p.der. y tej. los 3 p. de la ag.aux. al der. 6 p.rev., 30 p.der.

21ª, 25ª y 29ª vtas. 30 p.der., 6 p.rev., 9 p.der., 3 p.rev., 3 p.der., 3 p.rev., 9 p.der., 6 p.rev., 30 p.der.

23ª y 31ª vtas. 30 p.der., 6 p.rev. Pon. 3 p. en una ag.aux. det., tej. 3 p.der. y tej. los 3 p. de la ag.aux. al der. 3 p.der., 3 p.rev.,

3 p.der. Pon. 3 p. en una ag.aux. det., tej. 3 p.der. y tej. los 3 p. de la ag.aux. al der. 3 p.der., 6 p.rev., 30 p.der.

33ª vta. 30 p.der., 5 p.rev. Pon. 1 p. en una ag.aux. det., tej. 3 p.der. y tej. el p. de la ag.aux. al rev. 3 p.der. Pon. 3 p. en una ag.aux. del., tej. 1 p.rev. y tej. los 3 p. de la ag.aux. al der. 2 p.rev., 3 p.der., 2 p.rev. Pon. 1 p. en una ag.aux. det., tej. 3 p.der. y tej. el p. de la ag.aux. al rev. 3 p.der. Pon. 3 p. en una ag.aux. del., tej. 1 p.rev. y tej. los 3 p. de la ag.aux. al der. 5 p.rev., 30 p.der.

35ª vta. 30 p.der., 4 p.rev. Pon. 1 p. en una ag.aux. det., tej. 3 p.der. y tej. el p. de la ag.aux. al rev. 1 p.rev., 3 p.der., 1 p.rev. Pon. 3 p. en una ag.aux. del., tej. 1 p.rev. y tej. los 3 p. de la ag.aux. al der. 1 p.rev., 3 p.der., 1 p.rev. Pon. 1 p. en una ag.aux. det., tej. 3 p.der y tej. el p. de la ag.aux. al rev. 1 p.rev., 3 p.der., 1 p.rev. Pon. 3 p. en una ag.aux. del., tej. 1 p.rev. y tej. los 3 p. de la ag.aux. al der. 4 p.rev., 30 p.der.

37ª vta. 30 p.der., 3 p.rev. Pon. 1 p. en una ag.aux. det., tej. 3 p.der. y tej. el p. de la ag.aux. al rev. 2 p.rev., 3 p.der., 2 p.rev. Pon. 3 p. en una ag.aux. del., tej. 1 p.rev. y tej. los 3 p. de la ag.aux. al der. 3 p.der. Pon. 1 p. en una ag.aux. det., tej. 3 p.der y tej. el p. de la ag.aux. al rev. 2 p.rev., 3 p.der., 2 p.rev. Pon. 3 p. en una ag.aux. del., tej. 1 p.rev. y tej. los 3 p. de la ag.aux. al der. 3 p.rev., 30 p.der.

45ª vta. Crr. 3 p., 30 p.der., crr. 34 p., 30 p.der., crr. 3 p.

46ª vta. Trab. los p. al rev.

47ª vta. Trab. los p. al der.

Rep. las vtas. 46ª y 47ª hasta tener 24 cm más.

Para las mangas, montar 34 p.

Rep. las vtas. 1ª y 2ª hasta tener 3 cm de largo.

Rep. las vtas. 3ª y 4ª hasta tener 50 cm de largo. Aumentar 1 p. cada 6 y 8 vtas. alternativamente hasta tener 70 p. Crr.

Para el cuello, montar 34 p.

Rep. las vtas. 1ª y 2ª hasta tener 60 cm de largo.

Coser el cuello al delantero y la espalda con punto de lado. Coser los hombros y después las mangas y los lados del jersey.

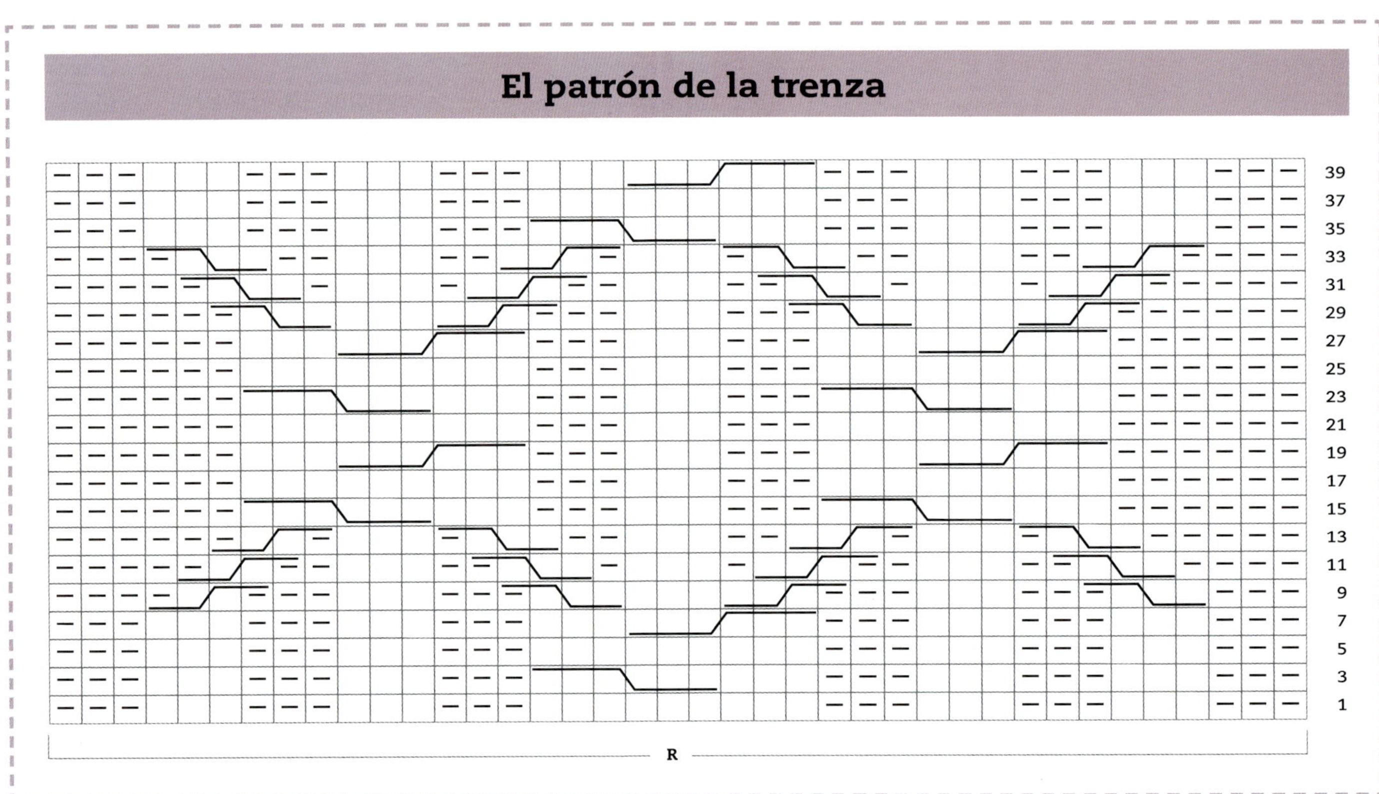

El patrón de la trenza

Una gran alternativa a los clásicos guantes son los mitones, que dejan libres las puntas de los dedos. Estos son muy fáciles de tejer.

Dificultad

Fácil

Materiales

1 ovillo de lana multicolor (100 g)

Agujas

Núm. 5,5

Crr. 4 p. por cada lado. Seguir tejiendo 2 cm más.

Crr. todos los p. y coser los lados, dejando libres los 4 p. cerrados en primer lugar (hueco para el pulgar).

Hacer el otro mitón igual.

Cómo hacerlo

Montar 40 p.

1ª vta. *2 p.der., 2 p.rev.* Rep. de * a *.

2ª vta. *2 p.rev., 2 p.der.* Rep. de * a *

Rep. las vtas. 1ª y 2ª hasta tener 16 cm (o el largo que se desee desde la muñeca hasta la base del pulgar).

Chaqueta corta

Una rebeca se convierte en una prenda de diseño cuando intervienen los calados. Este modelo se teje de una sola pieza al través, eliminando las costuras laterales.

Dificultad

Media

Materiales

12 ovillos de algodón 100 % (50 g)
6 botones de nácar
Hilo marrón

Agujas

Núm. 4,5

Para una talla 42

Cómo hacerlo

Montar 98 p.

1ª, 3ª y 5ª vtas. *1 p.der., 1 p.rev.* Rep. de * a *.

2ª, 4ª y 6ª vtas. Trab. los p. como se presenten.

7ª vta. 1 p.der., 1 p.rev., 1 p.der., 1 p.rev., 1 p.der., 52 p.rev. *Pas. 1 p. sin h., tej. 1 p., pas.enc. el p. sin h. 4 p.der., 5 heb., 4 p.der., 2 p.jtos.der. Pas. 1 p. sin h., tej. 1 p., pas.enc. el p. sin h. 1 heb., 2 p.der.* Rep. 2 veces de * a *. 1 p.der., 1 p.rev., 1 p.der., 1 p.rev., 1 p.der.

Idea plus

Puedes simular un efecto calado transversal en la chaqueta. Al tejer las mangas, trabaja el calado a la altura del codo, iniciando el dibujo a 10 cm del puño y dejando otros 10 cm lisos al final de cada manga.

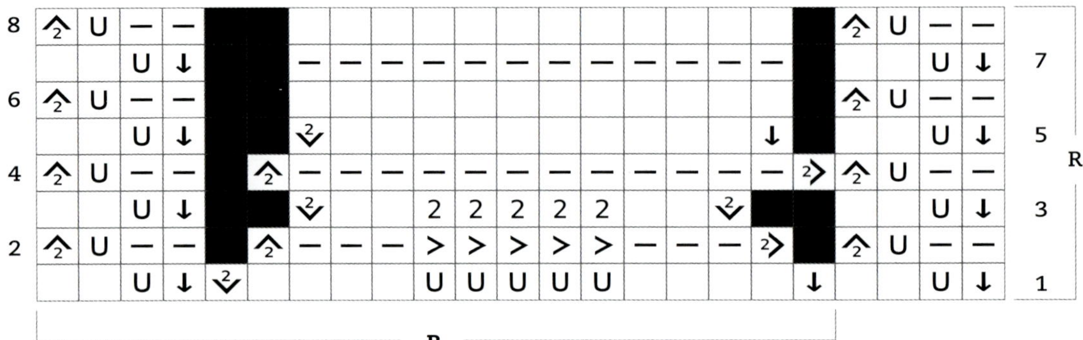

8ª vta. 1 p.der., 1 p.rev., 1 p.der., 1 p.rev., 1 p.der. *2 p.jtos.rev., 1 heb., 2 p.rev., 2 p.jtos.rev., 3 p.rev., 5 p.rev.retor., 3 p.rev., 2 p.jtos.rev.retor.* Rep. 2 veces de * a * y tej. 52 p.der., 1 p.rev., 1 p.der., 1 p.rev., 1 p.der., 1 p.rev.

9ª vta. 1 p.der., 1 p.rev., 1 p.der., 1 p.rev., 1 p.der. 52 p.rev. *2 p.jtos.der., 2 p.der., 5 p.der. con heb., 2 p.der., 2 p.jtos.der. Pas. 1 p. sin h., tej. 1 p. y pas.enc. el p. sin h. 1 heb., 2 p.der.* Rep. de * a * 2 veces. 1 p.der., 1 p.rev., 1 p.der., 1 p.rev., 1 p.der.

10ª vta. 1 p.der., 1 p.rev., 1 p.der., 1 p.rev., 1 p.der. *2 p.jtos. rev., 1 heb., 2 p.rev., 2 p.jtos.rev., 12 p.rev., 2 p.jtos.rev.retor.* Rep. 2 veces de * a * y tej. 52 p.der., 1 p.rev., 1 p.der., 1 p.rev., 1 p.der., 1 p.rev.

11ª vta. 1 p.der., 1 p.rev., 1 p.der., 1 p.rev., 1 p.der. 52 p.rev. *Pas. 1 p. sin h., tej. 1 p., pas.enc. el p. sin h. 10 p.der., 2 p.jtos.der. Pas. 1 p. sin h., tej. 1 p., pas.enc. el p. sin h. 1 heb., 2 p.der.* Rep. 2 veces de * a *. 1 p.der., 1 p.rev., 1 p.der., 1 p.rev., 1 p.der.

12ª y 14 vta. *2 p.jtos.rev., 1 heb., 2 p.rev., 12 p.der.* Rep. 2 veces de * a * y tej. 52 p.der., 1 p.rev., 1 p.der., 1 p.rev., 1 p.der., 1 p.rev.

13ª vta. 1 p.der., 1 p.rev., 1 p.der., 1 p.rev., 1 p.der. 52 p.rev. *12 p.rev. Pas. 1 p. sin h., tej. 1 p., pas.enc. el p. sin h. 1 heb., 2 p.der.* Rep. de * a * 2 veces. 1 p.der., 1 p.rev., 1 p.der., 1 p.rev., 1 p.der.

Rep. las vtas. 7ª a 14ª hasta 16 cm de largo. Poner 18 p. en una ag.aux. y tej. los p. como se presenten. Crr. 1 p. al inicio al derecho de la labor 5 veces (1 cada 6 vtas.). A 31 cm de largo,

crr. 34 p. en el derecho de la labor y añadir en la sig. vta. por el revés 34 p.

Trab. 12 vtas. y aumentar 1 p. al final de cada 6 vtas. del revés (5 veces).

A 46 cm de largo, añadir los p. de la ag.aux. y tej. todos los p. como se presenten.

A 65 cm de largo, crr. 34 p. en el derecho de la labor y aumentar otros 34 en la sig. vta. del rev. A 95 cm de largo, añadir. los p. de la ag.aux. y tej. todos los p. como se presenten.

Para las **mangas,** montar 48 p.

1ª, 3ª y 5ª vtas. *1 p.der., 1 p.rev.* Rep. de * a *

2ª, 4ª y 6ª vtas. Trab. los p. como se presenten.

7ª vta. y sig. impares (hasta 31 cm de largo). *1 p.rev., 1 p.der.* Rep. de * a *.

8ª vta. y sig. pares (hasta 31 cm de largo). *1 p.der., 1 p.rev.* Rep. de * a * aumentando 1 p. cada 4 y 6 vtas. (10 p. total).

Crr. las mangas.

Coser los hombros, encarar las mangas en hombros y sisas, y coser toda la manga, hasta el puño.

Superfácil y muy vistoso, este cuello de punto bobo se teje con agujas grandes y lana gruesa. ¡Listo en muy poco tiempo! Una idea perfecta para principiantes.

Dificultad

Fácil

Materiales

1 ovillo de lana de fantasía (100 g)

Agujas

Núm. 12

! Idea plus

Las lanas de fantasía con hilos metalizados crean bonitos efectos brillantes, perfectos para piezas oscuras.

Cómo hacerlo

Montar 18 p.

1ª vta. Trab. todos los p. al der.

2ª vta. Trab. todos los p. al der.

Rep. las vtas. 1ª y 2ª hasta tener 60 cm de largo.

Crr. los p. y coser el cuello de lado.

Peto de bebé

Precioso peto para bebé, tejido en algodón de dos colores. Las indicaciones se dan para una talla de 3 meses. Mira las botitas a juego en las páginas 172 y 173.

Dificultad

Media

Materiales

1 ovillo de algodón 100 % color verde lima (50 g)
1 ovillo de algodón 100 % color crudo (50 g)
7 botones a juego
Hilo verde lima

Agujas

Núm. 3,5

Cómo hacerlo

Para la espalda

Montar 20 p. en hilo verde.

1ª, 3ª, 5ª, 7ª, 9ª y 11ª vtas. *2 p.der. 2 p.rev.* Rep. de * a *.

2ª, 4ª, 6ª, 8ª, 10ª y 12ª vtas. *2 p.rev., 2 p.der.* Rep. de * a *.

13ª vta. Con hilo crudo, tej. 15 p.der., 1 p.der. y tej. el mismo p. al der., 5 p.der.

14ª y 16ª vtas. Trab. todos los p. al rev. con hilo crudo.

15ª vta. Trab. todos los p. al der. con hilo crudo.

Dejar los p. en espera en un gancho auxiliar y tej. la pierna izq. de la misma forma a la inversa.

Trab. los 21 p. de la pierna der., añadir los p. en espera y los 21 p. de la pierna izq.

Tej. rep. las vtas. 15ª y 16ª hasta tener 26 cm de largo, cambiando de color cada 4 vtas.

17ª vta. En color verde, trab. todos los p. del der.

18ª vta. 20 p.rev., 2 p.jtos.rev., 20 p.rev., 2 p.jtos.rev., 8 p.rev.

19ª vta. Crr. 2 p., 2 p.der. *2 p.der., 2 p.rev.* Rep. de * a * y term. con 2 p.der. y crr. 2 p.

20ª vta. 2 p.rev. *2 p.rev., 2 p.der.* Rep. de * a * y term. con 2 p.rev.

21ª, 23ª, 25ª, 27ª, 29ª, 31ª, 33ª y 35ª vtas. 2 p.der., 2 p.jtos. der. *2 p.der., 2 p.rev.* Rep. de * a * y term. con 2 p.der. y 2 p.jtos. der.

22ª, 24ª, 26ª, 28ª, 30ª, 32ª, 34ª y 36ª vtas. 3 p.rev. *2 p.rev., 2 p.der.* Rep. de * a * y term. con 3 p.rev.

37ª vta. 5 p.der., crr. los 20 p. centrales, 5 p.der.

38ª, 40ª, 42ª y 44ª vtas. Trab. todos los p. del rev.

39ª, 41ª y 43ª vtas. Trab. todos los p. del der.

Crr. los 5 p. de cada lado.

Para el **delantero derecho,** montar 20 p. con hilo verde.

1ª, 3ª, 5ª, 7ª, 9ª y 11ª vtas. *2 p.der., 2 p.rev.* Rep. de * a *.

2ª, 4ª, 6ª, 8ª, 10ª y 12ª vtas. *2 p.rev., 2 p.der.* Rep. de * a *.

13ª y 15ª vta. Trab. todos los p. al der. con hilo crudo.

14ª y 16ª vta. Trab. todos los p. al rev. con hilo crudo.

17ª vta. Con hilo verde, montar 1 p. nuevo y tej. todos los p. al der.

18ª y 20ª vtas. Trab. todos los p. del rev.

19ª vta. Trab. todos los p. al der.

21ª vta. Con hilo crudo, montar 4 p. y trab. todos los p. al der.

22ª y 24ª vtas. Trab. todos los p. del rev.

23ª vta. Trab. todos los p. del der.

Rep. las vtas. 23ª y 24ª hasta tener 26 cm de largo, cambiando de color cada 4 vtas.

25ª vta. En color verde, 3 p.der. *2 p.der., 2 p.rev.* Rep. de * a * y term. con 2 p.der.

26ª vta. Crr. 2 p., 1 p.rev. *2 p.rev., 2 p.der.* Rep. de * a * y term. con 2 p.rev.

27ª, 29ª, 31ª, 33ª, 35ª, 37ª, 39ª y 41ª vtas. 2 p.jtos.der., 2 p.der. *2 p.der., 2 p.rev.* Rep. de * a * y term. con 2 p.der.

28ª, 30ª, 32ª, 34ª, 36ª, 38ª, 40ª y 42ª vtas. 3 p.rev. *2 p.rev., 2 p.der.* Rep. de * a * y term. con 2 p.rev.

43ª vta. Crr. 10 p. y trab. los 5 p. rest. al der.

44ª, 46ª , 48ª y 50ª vtas. Trab. los p. al rev.

45ª, 47ª y 49ª vtas. Trab. los p. al der.

Crr. los p.

Trab. el **delantero izquierdo** igual a la inversa.

Recoger en todo el lado izq. del delantero der. 76 p. con hilo crudo.

1ª y 3ª vta. 3 p.der. *2 p.der., 2 p.rev.* Rep. de * a * y term. con 3 p.der.

2ª y 4ª vta. 3 p.rev. *2 p.rev., 2 p.der.* Rep. de * a * y term. con 3 p.rev.

Crr. los p.

Recoger en todo el lado der. del delantero izq. 76 p. con hilo crudo.

1ª vta. 3 p.der. *2 p.der., 2 p.rev.* Rep. de * a * y term. con 3 p.der.

2ª y 4ª vta. 3 p.rev. *2 p.rev., 2 p.der.* Rep. de * a * y term. con 3 p.rev.

3ª vta. *1 p.der. Crr. p. para un ojal, 10 p.der.* Rep. de * a * y term. con 3 p.der.

Coser las 3 piezas por los hombros y los lados exteriores. Coser el interior de las piernas y, finalmente, coser los botones enfrentándolos a cada ojal.

! Idea plus

Sustituir los botones por una práctica cinta de velcro en la parte delantera puede ser una gran idea. Basta con coser la cinta fijadora a la tapeta tejida en punto bobo con hilo resistente.

Bufanda calada

Las lanas gruesas se tejen en puntos calados para que sean más ligeras. Es el caso de esta bufanda extralarga, que se teje muy rápidamente.

Dificultad

Fácil

Materiales

2 ovillos de lana gruesa multicolor (100 g)

Agujas

Núm. /

Cómo hacerlo

Montar 24 p.

1ª vta. *2 p.der., 1 heb., 2 p.jtos.der.* Rep. de * a *.

2ª vta. *2 p.rev., 1 heb., 2 p.jtos.rev., 2 p.rev., 1 heb., 2 p.jtos.der.* Rep. de * a *.

Rep. las vtas. 1ª y 2ª hasta tener 150 cm de largo.

Crr. los p.

Bolso con asa

Un bolso lleno de encanto inspirado en los diseños más clásicos de jerséis trenzados. El mismo diseño sirve para tejer una funda para la bolsa de agua caliente.

Dificultad

Media

Materiales

3 ovillos acrílico (100 g)
1 m de cuerda
Hilo del mismo color

Agujas

Núm. 6,5

Cómo hacerlo

Montar 40 p.

1ª vta. 2 p.der. *2 p.der., 2 p.rev.* Rep. de * a * y term. con 2 p.der.

2ª vta. 2 p.der. *2 p.rev., 2 p.der.* Rep. de * a * y term. con 2 p.der.

Rep. las vtas. 1ª y 2ª hasta tener 17 cm de largo.

3ª vta. *Tej. 2 veces el mismo p. al der.* Rep. de * a * 5 veces. 30 p.der. *Tej. 2 veces el mismo p. al der.* Rep. de * a * 5 veces.

4ª vta. y resto vtas. pares. Trab. los p. como se presenten, excepto los 8 primeros y los 8 últimos, que se trab. del der.

5ª, 7ª, 11ª y 13ª vtas. 8 p.der., 16 p.rev., 12 p.der., 16 p.rev., 8 p.der.

9ª vta. 8 p.der., 16 p.rev. Pon. 3 p. en una ag.aux. por det., tej. 3 p. al der. y tej. los 3 p. de la ag.aux. al der. Pon. 3 p. en una ag.aux. por det., tej. 3 p. al der. y tej. los 3 p. de la ag.aux. al der. 16 p.rev., 8 p.der.

15ª vta. 8 p.der., 16 p.rev., 3 p.der. Pon. 3 p. en una ag.aux. por del., tej. 3 p. al der. y tej. los 3 p. de la ag.aux. al der. 3 p.der., 16 p.rev., 8 p.der.

Rep. las vtas. 3ª a 16ª hasta tener 38 cm de largo (55 cm de largo total).

17ª vta. *2 p.jtos.rev.* Rep. de * a * 5 veces. 30 p.der. *2 p.jtos. rev.* Rep. de * a * 5 veces.

18ª vta. Trab. los p. como se presenten.

Tej. rep. las vtas. 1ª y 2ª hasta tener 17 cm más de largo.

Cortar la cuerda a la medida deseada para las asas. Medir el ancho de la cuerda y montar tantos p. como sea necesario para envolverla. Medir el largo de cada asa. Tej. al mismo largo la pieza, trab. las vtas. impares todos los p. al der. y las pares todos los p. al rev. Crr. los p. Repetir la otra asa.

Cubrir cada trozo de cuerda con esta pieza tejida y coser con la misma lana en la parte interior. Rematar en los extremos.

Doblar el cuello de canalé por la mitad, pasar el asa forrada y coser por la parte interior. Repetir con el otro lado. Finalmente, coser los lados del bolso para cerrarlo.

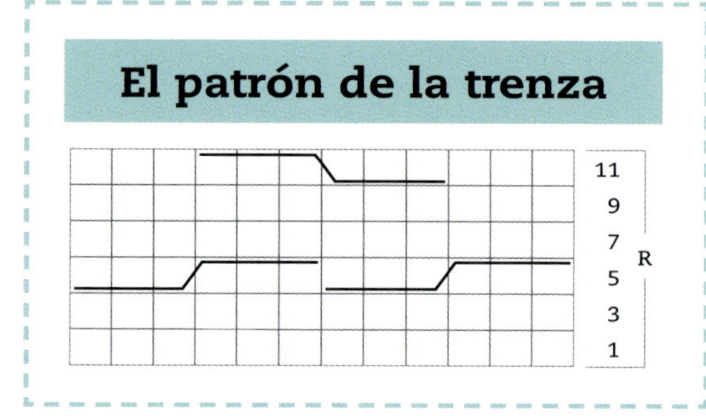

El patrón de la trenza

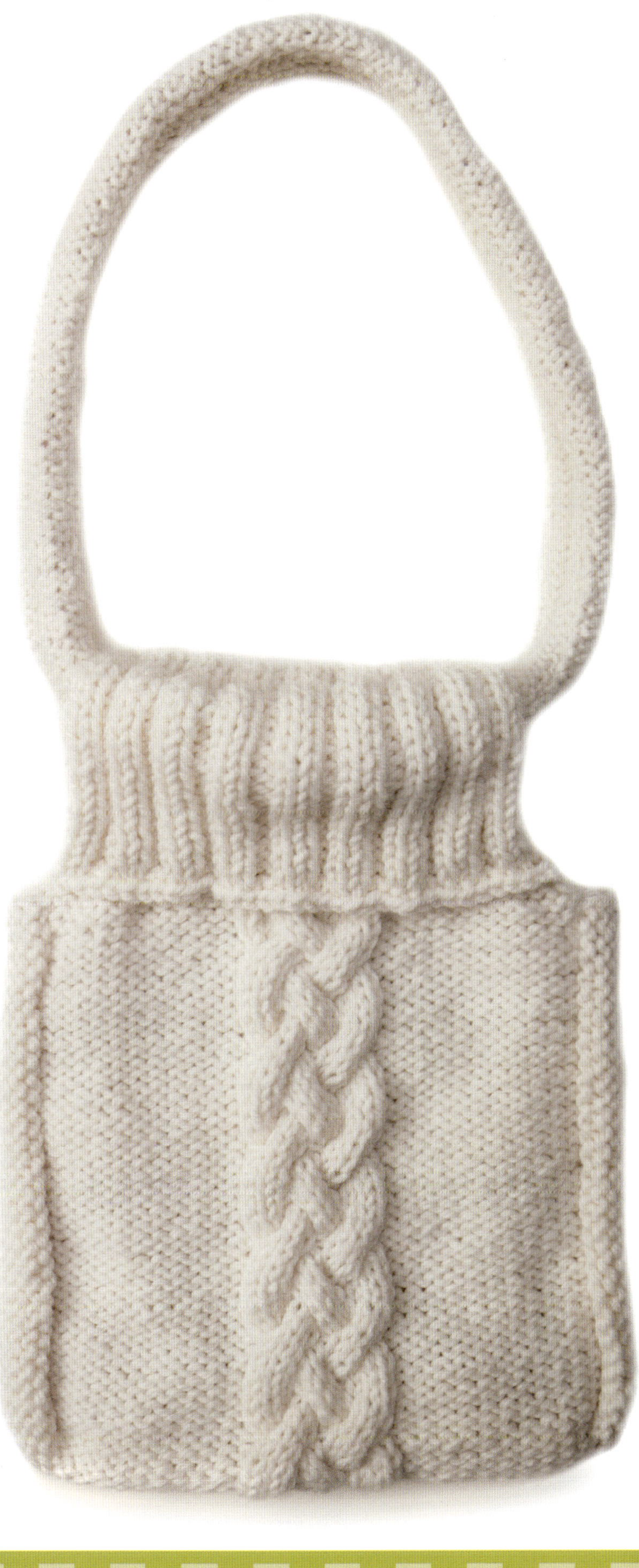

Idea plus

Las asas pueden adquirirse ya hechas, en cuerda o piel. En ese caso, deberán coserse los mosquetones a ambos lados del cuello de canalé y fijar las asas con las hebillas metálicas que incorporan.

Unir las asas

La cuerda se forra y se unen ambos extremos antes de cerrar. La unión queda escondida en el cuello de canalé.

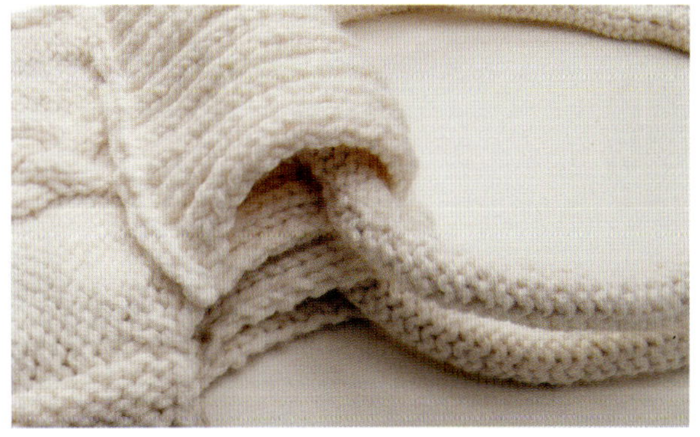

Chaqueta infantil

Un modelo de chaqueta unisex para los más pequeños de la casa, que combina el punto liso con un delicado motivo calado. Estas explicaciones corresponden a una talla para 6 años.

Dificultad

Media

Materiales

4 ovillos de algodón 100 % color rojo (50 g)
2 botones rojos
Hilo rojo

Agujas

Núm. 2,5

Cómo hacerlo

Para la espalda

Montar 91 p.

1ª y 3ª vtas. Trab. todos los p. del der.

2ª y 4ª vtas. Trab. todos los p. del rev.

5ª y 7ª vtas. Trab. todos los p. del rev.

6ª y 8ª vtas. Trab. todos los p. del der.

9ª y 17ª vtas. 2 p.jtos.der., 1 heb., 1 p.der., 1 heb., 1 p.der. Pasar 1 p. sin h., tej. 1 p.der. y pas.enc. el p. sin h. 2 p.jtos.der., 1 p.der., 1 heb., 1 p.der., 1 heb. Pasar 1 p. sin h., tej. 1 p.der. y pas.enc. el p. sin h. *2 p.jtos.der., 1 heb., 1 p.der., 1 heb., 1 p.der. Pasar 1 p. sin h., tej. 1 p.der. y pas.enc. el p. sin h.2 p.jtos.der., 1 p.der., 1 heb., 1 p.der., 1 heb. Pasar 1 p. sin h., tej. 1 p.der. y pas.enc. el p. sin h.* Rep. de * a * y term. con 2 p.jtos.der., 1 heb., 1 p.der., 1 heb., 1 p.der. Pasar 1 p. sin h., tej. 1 p.der. y pas.enc. el p. sin h. 1 p.der.

10ª vta. y resto vtas. pares. Trab. los p. como se presenten y las heb. del rev.

11ª y 15ª vtas. 2 p.jtos.der., 1 p.der., 1 heb., 1 p.der., 1 heb. Pasar 1 p. sin h., tej. 1 p.der. y pas.enc. el p. sin h. 2 p.jtos.der., 1 heb., 1 p.der., 1 heb., 1 p.der. Pasar 1 p. sin h., tej. 1 p.der. y pas.enc. el p. sin h. *2 p.jtos.der., 1 p.der., 1 heb., 1 p.der., 1 heb. Pasar 1 p. sin h., tej. 1 p.der. y pas.enc. el p. sin h. 2 p.jtos.der., 1 heb., 1 p.der., 1 heb., 1 p.der. Pasar 1 p. sin h., tej. 1 p.der.

y pas.enc. el p. sin h.* Rep. de * a * y term. con 2 p.jtos.der.,
1 p.der., 1 heb., 1 p.der., 1 heb. Pasar 1 p. sin h., tej. 1 p.der. y
pas.enc. el p. sin h. 1 p.der.

13ª vta. 2 p.jtos.der., 2 p.der., 1 heb., 4 p.der., 1 heb., 2 p.der.
Pasar 1 p. sin h., tej. 1 p.der. y pas.enc. el p. sin h. *2 p.jtos.der.,

2 p.der., 1 heb., 4 p.der., 1 heb., 2 p.der. Pasar 1 p. sin h., tej. 1
p.der. y pas.enc. el p. sin h.* Rep. de * a * y term. con 2 p.jtos.
der., 2 p.der., 1 heb., 3 p.der.

19ª vta. 2 p.der., 1 heb., 2 p.der. Pasar 1 p. sin h., tej. 1 p.der.
y pas.enc. el p. sin h. 2 p.jtos.der., 2 p.der., 1 heb., 2 p.der.

2 p.der., 1 heb., 2 p.der. Pasar 1 p. sin h., tej. 1 p.der. y pas.enc. el p. sin h. 2 p.jtos.der., 2 p.der., 1 heb., 2 p.der. Rep. de * a * y term. con 2 p.der., 1 heb., 2 p.der. Pasar 1 p. sin h., tej. 1 p.der. y pas.enc. el p. sin h. 1 p.der.

Rep. las vtas. 9ª a 20ª hasta tener 25 cm de largo total. Rep. las vtas. 5ª a 8ª 1 vez.

Pasar a p.jers.der. menguando de la siguiente forma:

1ª vta. meng. 2 p.jtos.der., 2 p.jtos.der., 2 p.jtos.der., 2 p.jtos. der. *1 p.der.* Rep. de * a * y term. con 2 p.jtos.der., 2 p.jtos.der., 2 p.jtos.der., 2 p.jtos.der.

Vtas. pares meng. Trab. todos los p. del rev.

3ª, 5ª y 7ª vtas. meng. 2 p.jtos.der., 2 p.jtos.der. *1 p.der.* Rep. de * a * y term. con 2 p.jtos.der., 2 p.jtos.der.

9ª y 11ª vtas. meng. 2 p.jtos.der. *1 p.der.* Rep. de * a * y term. con 2 p.jtos.der.

Seguir a p.jers.der. (vtas. impares todos los p.der. y vtas. pares todos los p. del rev.) A 39 cm de largo, crr. los 47 p. centrales y trab. cada lado por separado. A 40 cm de largo total, crr. los 9 p. rest. Tej. el otro hombro de la misma forma.

Para el **delantero derecho,** montar 48 p. y tej. las vtas. 1ª a 6ª 1 vez. Rep. las vtas. 9ª a 20ª usadas en la espalda hasta tener 25 cm de largo total. Rep. de nuevo 1 vez las vtas. 5ª a 8ª.

Pasar a p.jers.der. y repetir las vtas. de meng., cerrando en una vta. par (LR).

A 30 cm de largo total, crr. en vtas. impares (LD) al inicio de cada vta.: 14 p. en una vta. impar, 3 p. en la sig., 2 p. en la tercera y 1 p. en las 7 vtas. sig. Seguir tej. y a 40 cm de largo, crr. los 9 p. rest.

Trab. el **delantero izquierdo** como el der., a la inversa.

Para las **mangas,** montar 53 p. y tej. las vtas. 1ª a 6ª 1 vez. Rep. las vtas. 9ª a 20ª aum. 5 p. en cada vta. Tej. hasta tener 28 cm de largo total y rep. 1 vez las vtas. 5ª a 8ª.

Crr. en ambos lados al inicio de cada vta. impar (LD): 5 p. en una vta. impar, 1 p. en las 17 vtas. sig., 2 p. en la sig. y 1 p. en sig. vta. Seguir tej. y a 40 cm de largo, crr. los 9 p. rest.

Trabajar igual la otra manga.

Coser los hombros. Recoger 104 p. del escote y tej. 6 vtas a p.jers.rev. (vtas. impares del rev., vtas. pares del der.). Crr. los p.

Recoger 106 p. en el delantero der. para tej. la tapeta a p.rev. A la altura del fin del calado, hacer un ojal crr. 3 p. en una vta. impar y aumentándolos en la sig. vta. impar. Rep. el ojal poco antes del final de la tapeta. Rep. lo mismo en el delantero izq., sin hacer los ojales.

Coser las mangas a las sisas con punto de lado por el LR. Coser los lados, los laterales de las mangas y finalmente los botones.

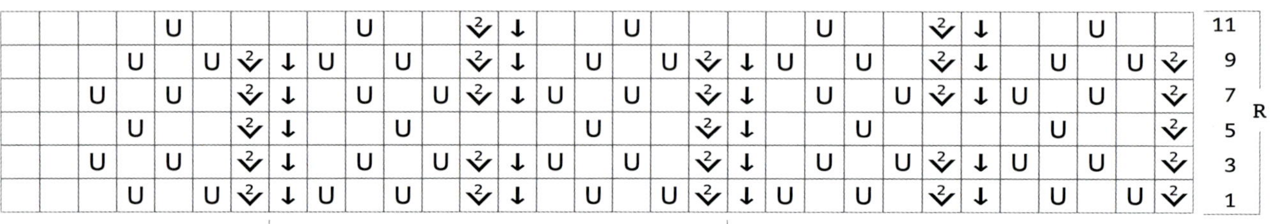

El patrón del calado

Bufanda trenzada

Muchas lanas multicolor combinan tonos vivos y ofrecen tejidos con mucha personalidad, como esta práctica bufanda.

Dificultad

Fácil

Materiales

2 ovillos de lana gruesa multicolor (100 g)

Agujas

Núm. 10

Cómo hacerlo

Montar 24 p.

1ª vta. y resto vtas. impares. 4 p.der. Pasar 3 p. a una ag.aux., tej. 3 p.der. y tej. los 3 p. de la ag.aux. al der. 4 p.der. Pasar 3 p. a una ag.aux., tej. 3 p.der. y tej. los 3 p. de la ag.aux. al der. 4 p.der.

2ª vta. y resto vtas. pares. 4 p.der., 6 p.rev., 4. p.der., 6 p.rev., 4 p.der.

Tej. hasta tener el largo deseado. Crr. los p.

Jersey de cuello redondo

Uno de los diseños más clásicos, el jersey de cuello redondo, se transforma en una prenda especial gracias al relieve que marcan los distintos puntos. Un modelo unisex para tejer con cualquier tipo de hilo.

Dificultad

Fácil

Materiales

10 ovillos de algodón 100 % (50 g)

Agujas

Núm. 3,5

Para una talla 44

Cómo hacerlo

Para la espalda

Montar 120 p.

1ª vta. *1 p.der. 1 p.rev.* Rep. de * a *.

2ª vta. *1 p.rev., 1 p.der.* Rep. de * a *.

Rep. las vtas. 1ª y 2ª hasta tener 3 cm de largo.

3ª, 5ª y 7ª vtas. Trab. todos los p. del der.

4ª, 6ª y 8ª vtas. Trab. todos los p. del rev.

9ª y 10ª vtas. Trab. todos los p. del der.

11ª , 13ª y 15ª vtas. Trab. todos los p. del der.

12ª, 14ª y 16ª vtas. Trab. todos los p. del rev.

17ª y 18ª vtas. Trab. todos los p. del der.

19ª, 21ª, 23ª, 25ª, 27ª, 29ª, 31ª, 33ª, 35ª, 37ª, 39ª, 41ª, 43ª, 45ª, 47ª, 49ª, 51ª y 53ª vtas. Trab. todos los p. del der.

20ª, 22ª, 24ª, 26ª, 28ª, 30ª, 32ª, 34ª, 36ª, 38ª, 40ª, 42ª 44ª, 46ª, 48ª, 50ª, 52ª y 54ª vtas. Trab. todos los p. del rev.

55ª y 56ª vtas. Trab. todos los p. del der.

57ª, 59ª, 61ª, 63ª, 65ª, 67ª, 69ª, 71ª, 73ª, 75ª, 77ª, 79ª, 81ª, 83ª, 85ª, 87ª, 89ª y 91ª vtas. Trab. todos los p. del der.

58ª, 60ª, 62ª, 64ª, 66ª, 68ª, 70ª, 72ª, 74ª, 76ª, 78ª, 80ª, 82ª, 84ª, 86ª, 88ª, 90ª y 92ª vtas. Trab. todos los p. del rev.

Rep. las vtas. 11ª a 92ª. A 37 cm de largo, en una vta. impar, crr. 4 p. por ambos lados. Seguir tejiendo rep. las vtas. 11ª a 92ª hasta tener 24 cm más.

Crr. 36 p. en ambos lados y dejar los p. centrales en espera.

Tejer el **delantero** igual que la espalda hasta tener 37 cm de largo. Crr. 4 p. a cada lado y seguir 18 cm más.

Iniciar las vtas. de cierre para el cuello.

1ª vta. cierre. 42 p.der., crr. 20 p., 42 p.der.

2ª vta. cierre. 38 p.der., crr. 8 p., 38 p.der.

3ª vta. cierre. 34 p.der., crr. 6 p., 34 p.der.

4ª vta. cierre. 31 p.der., crr. 6 p., 31 p.der.

Para las **mangas,** montar 54 p.

Rep. las vtas. 1ª y 2ª hasta tener 3 cm de largo.

Rep. las vtas. 11ª a 92ª hasta tener 50 cm de largo, aumentando cada 6ª y 8ª vta, alternativamente 1 p. por cada lado hasta tener 100 p.

Crr. los p. de la manga. Tej. la otra manga igual.

Coser un hombro uniendo la espalda y el delantero. Recoger los p. en redondo para el cuello, levantándolos, y tej. 3 cm de canalé Rep. las vtas. 1ª y 2ª.

Coser el otro hombro y coser las mangas al jersey. Finalmente, coser los lados para cerrar.

Punto listado

La repetición de punto jersey derecho y punto bobo en diferentes grosores crea la sensación de relieve listado.

Osito de lana

Crear juguetes de lana para los más pequeños es una gran idea. Como este osito de tamaño mediano, un regalo perfecto para los niños.

Cómo hacerlo

Para la espalda

Montar 4 p. en lana multicolor.

1ª vta. Trab. los p.rev.

2ª vta. 1 p.der., 1 heb., 1 p.der., 1 heb., 1 p.der., 1 heb. 1 p.der., 1 heb.

3ª y 5ª vtas. Trab. los p. del rev.

4ª y 6ª vtas. Trab. los p. del der.

7ª, 9ª, 11ª y 13ª vtas. Trab. los p. del der.

Resto vtas. pares. Trab. los p. del rev.

Dejar los p. en espera y repetir las vtas. 1ª a 14ª para la pierna izq.

Pasar los p. suspendidos a una ag., aum. 2 p. y tej. los p. de la pierna der.

Trab. las vtas. impares con p.der. y las vtas. pares con p.rev. hasta 14 cm de largo. Aum. 7 p. en cada lado durante 2 vtas. y seguir trab. en p.jers.der. A 18 cm, crr. 10 p. en cada lado.

Seguir en p.jers.der. aum. 1 p. en ambos lados cada 4 vtas. Cuando la cabeza mida 5 cm de largo, crr. 1 p. en ambos lados cada 4 vtas. A 10 cm, crr. todos los p.

Trabajar el **delantero** igual que la espalda. Encarar las 2 piezas y unirlas con pespunte por el revés.

Alrededor de los puños, recoger 14 p. en cada brazo y tej. a p.jers.rev. A 3 cm, tej. los p. de dos en dos y a los 4 cm crr. todos los p.

Unir todas las piezas del revés cosiendo a pespunte. Rellenar el osito con guata o algodón y cerrar.

Para las **orejas**, recoger 8 p. en cada lado de la cabeza y tej. 6 vtas. a p.bobo. Crr. 1 p. a ambos lados 2 vtas. seguidas. Crr. los p. rest. y coser las orejas a la cabeza. Coser los botones como ojos y boca.

Para la **bufanda**, montar 8 p. con lana de angora y tej. a punto
bobo. A 30 cm, crr. todos los p. y anudar la bufanda al cuello
del osito.

Bolso de mano

Las clásicas carteras de mano, tan indicadas para las veladas especiales, también pueden tejerse en lana. Este modelo se ha hecho en punto bobo y se decora con una pequeña flor de lana con perlitas.

Dificultad

Fácil

Materiales

1 ovillo acrílico rojo (100 g)
Hilo con cuentas

Agujas

Núm. 7 para el bolso

Núm. 3,5 para la flor

Cómo hacerlo

Montar 18 p.

1ª a 7ª vtas impares. *1 p.der., 1 p.rev.* Rep. de * a *.

Vtas. pares. Trab. todos los p. al contrario de como se presenten.

9ª, 11ª, 13ª y 15ª vtas. 1 p.der., 1 heb. *1 p.der., 1 p.rev.* Rep. de * a * y term. con 1 heb., 1 p.der.

17ª vta. y sig. impares. *1 p.der., 1 p.rev.* Rep. de * a *.

Tej. hasta tener 36 cm de largo total. Crr. los p.

Doblar la labor de forma que la parte recta quede por la mitad y la menguada como solapa. Coser por los lados la parte recta.

Hacer una flor con hilo decorado con cuentas y coserla con el mismo hilo en el frente del bolsito (ver recuadro).

Remates de pasamanería

Otra buena idea para decorar un bolso de mano tan sencillo de tejer es coser en el borde de la solapa un remate de pasamanería, como una cinta con pelo. También se pueden hacer pequeños flecos con hilo metálico o tejer una cadeneta con el mismo hilo utilizado en la flor y coserlo por toda la solapa. Lo más fácil para cerrar, un botón de cierre.

Cómo se hace la flor

Montar 10 p.

1ª vta. Trab. 2 veces del der. cada p.

2ª y 4ªvtas. Trab. todos los p. del rev.

3ª y 5ª vtas. Trab. todos los p. del der.

6ª vta. 1 p.der. *Coger la heb. que queda entre p. y p. y ponerla en la ag. izq. Tej. 1 p.der. y pas.enc. el p. anterior.* Rep. de * a *.

Enrollar para formar la flor y coser en la solapa con la misma lana.

Funda para vaso

Un sencillo vaso puede convertirse en un contenedor especial gracias a una banda de lana tejida. Puede tejerse en cualquier medida, para adaptarse incluso a jarrones o vasos altos.

Dificultad

Media

Materiales

1 ovillo de algodón 100 % (50 g)

Agujas

Núm. 2,5

Cómo hacerlo

Montar 92 p.

1ª vta. *3 p.der., 3 p.rev., 3 p.der., 3 p.rev., 3 p.der., 3 p.rev., 3 p.der. Pas. 3 p. a una ag.aux. det., tej. 3 p.der. y tej. los 3 p. de la ag.aux. al der. 3 p.rev., 1 heb., 2 p.der. Pas. 1 p. sin h., tej. 2 p.jtos.der., pas.enc. el p. sin h. 2 p.der., 1 heb., 3 p.rev. Pas. 3 p. a una ag.aux. del., tej. 3 p.der. y tej. los 3 p. de la ag.aux. al der.* Rep. de * a *.

Vtas. pares. *3 p.rev., 3 p.der., 3 p.rev., 3 p.der., 3 p.rev., 3 p.der., 9 p.rev., 3 p.der., 7 p.rev., 3 p.der., 6 p.rev.* Rep. de * a *.

3ª, 5ª, 7ª, 9ª y 11ª vtas. *3 p.der., 3 p.rev., 3 p.der., 3 p.rev., 3 p.der., 3 p.rev., 9 p.der., 3 p.rev., 1 heb., 2 p.der. Pas. 1 p. sin h., tej. 2 p.jtos.der., pas.enc. el p. sin h. 2 p.der., 1 heb., 3 p.rev., 6 p.der.* Rep. de * a *.

Rep. las vtas. 1ª a 12ª hasta tener 12 cm de largo.

Crr. los p.

Con la misma lana, cerrar la pieza de forma que quede un cilindro. Cortar el hilo y rematar.

El patrón del dibujo

Con agujas circulares

Este modelo puede tejerse de una pieza con las agujas circulares. En ese caso, montar los 92 puntos en las agujas y señalar con un marcador el inicio de cada vuelta.

Rebeca de verano

El punto alargado es uno de los más indicados para trabajar la cinta de algodón en prendas frescas de entretiempo o verano, como esta chaqueta corta.

Dificultad

Fácil

Materiales

6 ovillos de cinta de algodón (50 g)
3 botones de madera

Agujas

Núm. 7

Para una talla 46

Cómo hacerlo

Para la espalda

Montar 60 p.

1ª, 3ª y 5ª vtas. Trab. todos los p. al der.

2ª, 4ª y 6ª vtas. Trab. todos los p. al rev.

7ª y 8ª vtas. Trab. todos los p. al der.

9ª vtas. *1 p.der., 1 heb.* Rep. de * a *.

10ª vtas. *1 p.rev. y soltar la hebra.* Rep. de * a *.

11ª y 12ª vtas. Trab. todos los p. al der.

Rep. las vtas. 1ª a 12ª hasta tener 25 cm de largo. En una vta. del der., montar 10 p. nuevos a cada lado y seguir tej. rep. las vtas. 1ª a 12ª hasta tener 47 cm de largo total. Crr. los p.

Para el delantero izquierdo, montar 30 p.

1ª, 3ª y 5ª vtas. Trab. todos los p. al der.

2ª, 4ª y 6ª vtas. Trab. todos los p. al rev.

7ª y 8ª vtas. Trab. todos los p. al der.

9ª vta. *1 p.der., 1 heb.* Rep. de * a *.

10ª vta. *1 p.rev. y soltar la hebra.* Rep. de * a *.

11ª y 12ª vtas. Trab. todos los p. al der.

Rep. las vtas. 1ª a 12ª hasta tener 25 cm de largo.

En una vta. del derecho, montar 10 p. nuevos al inicio de la vta. y seguir tej. Rep. las vtas. 1ª a 12ª term. con 2 p.jtos.der. en cada vta. impar. Tej. hasta tener 47 cm de largo total.

Para el delantero derecho, montar 30 p.

1ª, 3ª y 5ª vtas. Trab. todos los p. al der.

2ª, 4ª y 6ª vta. Trab. todos los p. al rev.

7ª y 8ª vtas. Trab. todos los p. al der.

9ª vta. *1 p.der., 1 heb.* Rep. de * a *.

10ª vta. *1 p.rev. y soltar la hebra.* Rep. de * a *.

11ª y 12ª vtas. Trab. todos los p. al der.

Rep. las vtas. 1ª a 12ª hasta tener 25 cm de largo.

En una vta. del derecho, montar 10 p. nuevos al final de una vta. y seguir tej. Rep. las vtas. 1ª a 12ª empezando con 2 p.jtos. der. en cada vta. impar. Tej. hasta tener 47 cm de largo total.

Coser los hombros con costura invisible y cerrar la prenda cosiendo los lados. Finalmente, coser los botones a la altura de los ojales.

Ojales sin tejer

El listado con hebras de este modelo permite utilizar estas hebras largas como ojales sin necesidad de tejerlos. Tan solo es necesario escoger un botón a la medida de la hebra final.

Zapatillas

Unas prácticas zapatillas cerradas tejidas en lana, para abrigar los pies en invierno. Un modelo bicolor que puede decorarse con bordados en el empeine.

Dificultad

Media

Materiales

1 ovillo acrílico color violeta (100 g)
1 ovillo acrílico color gris (100 g)
Lana merino blanca para el bordado

Agujas

Núm. 6,5

Cómo hacerlo

Para la suela, montar 6 p. en color gris.

1ª vta. *1 p.der., tej. el mismo p. al der.* Rep. de * a *.

2ª, 4ª y 6ª vtas. Trab. todos los p. del rev.

3ª vta. *2 p.der., 1 p.der., tej. el mismo p. al der.* Rep. de * a * y term. con 2 p.der.

5ª vta. Trab. todos los p. del der.

Rep. las vtas. 5ª y 6ª hasta tener 20 cm de largo.

Seguir tejiendo la misma pieza para realizar la puntera.

1ª vta. 4 p.der. Pas. 1 p. sin h., tej. 1 p.der. y pas.enc. el p. sin h. 4 p.der., 2 p.jtos.der., 4 p.der.

2ª, 4ª, 6ª y 8ª vtas. Trab. todos los p. del rev.

3ª vta. 4 p.der. Pas. 1 p. sin h., tej. 1 p.der. y pas.enc. el p. sin h. 2 p.der., 2 p.jtos.der., 4 p.der.

5ª vta. 4 p.der. Pas. 1 p. sin h., tej. 1 p.der. y pas.enc. el p. sin h. 2 p.jtos.der., 4 p.der.

7ª vta. 4 p.der. Pas. 1 p. sin h., tej. 1 p.der. y pas.enc. el p. sin h. 4 p.der.

Cortar el hilo dejando un trozo bastante largo, enhebrar una aguja lanera con este hilo y pasarlo por los p. rest. Ajustar bien para crr., y coser para rematar con la misma lana.

Para el empeine, montar 6 p. en lana lila.

1ª vta. *1 p.der., tej. el mismo p. al der.* Rep. de * a *.

2ª, 4ª, 6ª y 8ª vtas. Trab. todos los p. del rev.

3ª vta. *2 p.der., 1 p.der., tej. el mismo p. al der.* Rep. de * a * y term. con 2 p.der.

5ª vta. *3 p.der., 1 p.der., tej. el mismo p. al der.* Rep. de * a * y term. con 3 p.der.

7ª vta. Trab. todos los p. del der.

Rep. las vtas. 7ª y 8ª hasta tener 15 cm de largo.

9ª vta. 3 p.der., 1 p.der., tej. el mismo p. al der., 3 p.der., 1 p.der. y tej. el mismo p. al der., 1 p.der. 1 p.der. y tej. el mismo p. al der. Colocar los p. rest. en un gancho auxiliar.

10ª y 12ª vtas. Trab. todos los p. al rev.

11ª vta. Trab. todos los p. al der.

Rep. las vtas. 11ª y 12ª 10 cm más.

Iniciar las vtas. acortadas:

Vta. acortada. 1 p.der. Dejar en espera este punto. 5 p.der. Girar la labor y tej. 10 p.der. Girar de nuevo y tej. 8 p.rev. Girar la labor y tej. 10 p.der. Recoger el p. en espera.

El bordado

Enhebrar una aguja lanera con
una lana blanca más fina que
la utilizada en las zapatillas.
Con puntadas rectas, dibujar
el motivo. Ver más ideas para
bordar sobre punto en página 78.

Rep. la vta. acortada 2 veces más y tej. rep. las vtas. 11ª y 12ª unos 10 cm más.

Coser de lado los 12 p. de la ag. con los 10 p. que han quedado en espera.

Finalmente, coser la suela al empeine de la zapatilla, por el LR.

Tej. la otra zapatilla igual que la primera.

Gorro unisex

Fácil de tejer y perfecto para regalar. El clásico gorro unisex, tejido en lana multicolor para obtener un resultado espectacular con muy poco trabajo.

Dificultad

Fácil

Materiales

1 ovillo de lana multicolor (100 g)

Agujas

Núm. 5,5

El ajuste perfecto

El truco para obtener un gorro impecable está en cerrar bien los puntos en la parte superior.

Una vez tejida la pieza del gorro, se corta una hebra larga del ovillo con el que se está tejiendo. Luego, se enhebra una aguja lanera con esta hebra y se pasa por todos los puntos de la aguja de tejer. Se retira la aguja recta y se tira fuerte de la aguja lanera para que la hebra ajuste perfectamente el cierre.

Cómo hacerlo

Montar 72 p.

1ª, 3ª, 5ª y 7ª vtas. *1 p.der., 1 p.rev.* Rep. de * a *.

2ª, 4ª, 6ª y 8ª vtas. *1 p.rev., 1 p.der.* Rep. de * a *.

9ª a 39ª vtas. impares. *3 p.rev., 2 p.der.* Rep. de * a *.

10ª a 40ª vtas. pares. Trab. todos los p.der.

41ª y 43ª vtas. *1 p.der. Pas. 1 p. sin h., tej. 1 p.der. y pas.enc. el p. sin h.* Rep. de * a *.

42ª y 44ª vtas. Trab. todos los p. del rev.

Cortar una hebra larga, enhebrar una aguja lanera y pasar por todos los p. Tirar bien para crr. y aprovechar la hebra para coser el gorro de arriba abajo con costura en un lado.

! Idea plus

Para conseguir la medida
perfecta del gorro, basta
con medir el contorno de la
cabeza y ajustar el número
de puntos según una
muestra (ver más detalles
sobre cómo adaptar un
patrón en la página 52)

Diccionario de punto

A

a
Símbolo utilizado en las explicaciones que indica que deben repetirse los puntos entre asteriscos.

Abreviaturas
Contracciones de los términos más habituales utilizados en las instrucciones.

Aguja de tejer
Aguja, con una punta en un extremo y un tope en el otro, para tejer punto.

Aguja auxiliar o de trenzar
Aguja de doble punta con hendidura central para cruzar los puntos al hacer trenzas.

Agujas circulares
Agujas unidas por un cable empleadas para tejer de una pieza prendas redondas.

Aguja de doble punta
Aguja para hacer guantes y calcetines, con dos extremos en punta.

Aguja lanera
Aguja de ojo grande y punta roma.

Aguja de tapicería
Aguja de ojo grande y punta afilada.

Agujas intercambiables
Agujas circulares, de distintos tamaños, que se unen a un cable para convertirse en agujas circulares.

Algodón
Fibra natural procedente de la planta del mismo nombre.

Asentar
Lavado y planchado de una prenda tejida para fijar su forma definitiva.

Aumentar
Tejer puntos extra.

B

Bodoque
Nudo tejido con lana.

Bordado de puntos
Motivo decorativo con hilo de color sobre una prenda ya tejida

Borla
Aplicación de remate para prendas realizada con lana cortada y anudada en un extremo.

C

Calados
Patrones que menguan y aumentan puntos creando huecos en el tejido.

Calibre de agujas
Número o medida del diámetro o grosor

de las agujas de
tejer.

Cambio de color
Al tejer una prenda con
varios hilos, el paso de
utilizar un color u otro.

Canalés
Patrones que combinan
punto derecho y
punto revés para crear
texturas con surcos o
elásticos para bajos y
puños.

Canesú
Pieza de hombros y
cuello de una pieza

Cerrar puntos
Remate del tejido de
punto para finalizar
una pieza.

Contrariar los puntos
Tejer los puntos al
revés de como se
presentan: los puntos
derecho al revés y
los puntos revés al
derecho.

Costura invisible
Costura que oculta
el hilo al unir las
diferentes piezas
de una prenda
tejida.

Cuentavueltas
Marcador con contador
que se inserta en la
aguja de tejer para
indicar el número de

vuelta que se está
tejiendo.

D

Dedal
Funda para proteger
el dedo en costura y
bordado.

Delantero
Pieza delantera de una
pieza tejida. También
pueden ser dos, si se
trata de una prenda
abierta.

Deslizar un punto
Pasar un punto de
una aguja a otra sin
tejerlo.

Disminuir un punto
Pasar un punto sin
hacer, tejer un punto
derecho y montar
el punto pasado por
encima del punto sin
hacer.

E

Echar hebra
Lazada que se realiza
con el hilo alrededor
de la aguja derecha
antes de tejer un
punto.

Empatar hilo
Unir hilos durante la
labor para utilizar un
nuevo ovillo.

Equivalencias
Correspondencia entre
los distintos sistemas
de medir el calibre de
las agujas de tejer.

Espalda
Pieza trasera de una
prenda tejida.

Estilo inglés
Forma de tejer en la
que el hilo se sujeta
entre los dedos de la
mano derecha.

Estilo continental
Forma de tejer en la
que el hilo se sujeta
entre los dedos de la
mano izquierda.

Etiqueta
Ficha de identidad de
las hilaturas en la que
se indica el grosor de
las agujas que deben
utilizarse, el número de
lote para el color y las
instrucciones de lavado.

F

Fibra natural
Fibra para tejer
de origen animal
o vegetal.

Fibra sintética
Fibra manufacturada
industrialmente
con materiales no
presentes en la
naturaleza.

G

Ganchillo
Aguja con un extremo
en forma de gancho
que se utiliza al tejer
con agujas de lana para
coger puntos, trabajar
bordes o hacer flecos.

Girar la labor
Dar la vuelta al tejido
cambiando de manos
las agujas. Se utiliza
para tejer vueltas cortas.

Gráfico
También llamado
patrón. Dibujo con
símbolos para cada
punto que se va a tejer.

Grosor
Tamaño del hilo usado
al tejer. Lo habitual es
tejer con agujas finas
las lanas más delgadas
y con agujas gruesas
las hilaturas más
voluminosas.

H

Hilera
Producto de tejer todos
los puntos presentes en
la aguja izquierda.

Hilo
Para coser botones
y otras aplicaciones.
Debe elegirse un hilo
resistente y coser
siempre con hilo doble.

Hilaturas de fantasía
Hilos para tejer
confeccionados con
hebras metálicas,
cuentas o lentejuelas.

I

Intarsia
Tejido de punto
que utiliza varios
colores sin cruzar
los hilos, como
sucede en el punto
jacquard.

Imperdible
Gancho auxiliar
con cierre que se
utiliza para dejar
puntos en espera sin
que se caigan de la
labor.

Instrucciones
Explicaciones
detalladas para
realizar una labor.
Indican los puntos que
se van a tejer en cada
vuelta.

J

Jacquard
Patrones de color que
indican los cambios
de hilo para realizar
determinados dibujos.
Las vueltas impares se
tejen del derecho y las
pares del revés.

L

Lado derecho
El frente de la labor,
que será el exterior de
la prenda.

Lado revés
El revés de la labor, que
será el interior de la
prenda.

Lana
Hilo de fibra natural
procedente de la oveja.

Lana multicolor
Lana realizada en
distintos tonos en un
solo hilo, para tejer
prendas de varios
colores sin necesidad
de cambiar de hilo.

Largo
Longitud de la labor. Es
la medida que se utiliza
en las instrucciones
para señalar hasta
dónde hay que tejer
siguiendo unas mismas
vueltas.

Levantar puntos
Recoger puntos de
una pieza tejida para
trabajar cuellos o
remates. También se
usa para coser las
distintas piezas entre sí.

Lino
Fibra natural que se
extrae de la planta del
mismo nombre.

Lote
Número identificador
de ovillos y madejas
para garantizar la
misma tintada y
textura del hilo.

M

Marcador de puntos
Anillo abierto que se
utiliza para marcar
un punto durante la
labor.

Menguar
Reducir el número de
puntos. Habitualmente
se realiza tejiendo
varios puntos juntos.

Montado tubular
Montar puntos en
agujas circulares o en
juegos de cuatro agujas
para tejer piezas sin
costuras.

Montar puntos
Crear nuevos puntos
con el hilo en la aguja
de tejer.

Muestra
Primer tejido con el
hilo, de 10 x 10 cm, que
indicará el número
de puntos y vueltas
necesarios según
la forma de tejer.
Imprescindible para
adaptar las medidas de
un patrón.

O

Ocho
Grupos de puntos que
se cruzan formando
una trenza.

Ojal
Abertura en la prenda
para fijar los botones.
Puede trabajarse en
horizontal o en vertical.

P

Pasar el hilo
Llevar detrás el hilo del
color que no se va a
utilizar.

Patrón
Gráfico con
instrucciones para tejer
una prenda de punto.

Pespunte
Coser las piezas tejidas
con lana como si
fueran tela, hilvanando
para unir.

Portaovillo
Especie de estuche de
plástico para introducir
el ovillo, con un solo
agujero por el que
pasa el cabo, evitando
enredos al tejer.

Protectores de agujas
Topes plásticos donde
se insertan las puntas
de las agujas de tejer
para protegerlas de

roturas y astillados.
También sirve para que
los puntos no caigan de
la labor.

Punto sin hacer
Punto que se pasa de
una aguja a otra sin
tejer y que se trabaja
del revés en la pasada
siguiente.

Punto bobo
Se teje haciendo todos
los puntos de todas las
vueltas al derecho.

Punto elástico
Punto de canalé que
se utiliza en cuellos,
puños y cintura.

Punto de orillo.
El primer y último
punto de cada vuelta,
que se teje de forma
diferente para crear un
borde bien terminado.

Punto jersey derecho
Se teje alternando
una vuelta con punto
derecho y otra con
punto revés.

Punto jersey revés
Tejido de punto jersey
en que el frente de la
labor son las vueltas
del revés.

Punto pasado
Punto que se desliza
de una aguja a otra sin
tejer.